소버린 마인드
투자록

소버린 마인드
투자록 ❶

ⓒ 김용현, 2025

초판 1쇄 발행 2025년 11월 28일

지은이	김용현
펴낸이	이기봉
편집	좋은땅 편집팀
펴낸곳	도서출판 좋은땅
주소	서울특별시 마포구 양화로12길 26 지월드빌딩 (서교동 395-7)
전화	02)374-8616~7
팩스	02)374-8614
이메일	gworldbook@naver.com
홈페이지	www.g-world.co.kr

ISBN 979-11-388-5013-1 (04320)
  979-11-388-5012-4 (세트)

- 가격은 뒤표지에 있습니다.
- 이 책은 저작권법에 의하여 보호를 받는 저작물이므로 무단 전재와 복제를 금합니다.
- 파본은 구입하신 서점에서 교환해 드립니다.

불확실성의 시대,
생각의 주권이 무기가 된다

소버린 마인드
투자록 ①

김용현 지음

좋은땅

서문

이 책은 투자를 다루고 있지만, 투자 전문서적이나 자문서라고 부르고 싶지 않다. 어디까지나 개인적인 이야기를 담은 책이고, 다만 그 개인이 하고 싶은 주제가 투자일 뿐이다. 그래서 나는 이 책을 에세이라 부르고 싶다. 나에게 가장 많은 영감을 준 나심 니콜라스 탈레브가 자신의 저서를 에세이라 부른 것도 같은 이유다. 에세이는 특정한 이론이나 방법을 강요하는 글이 아니라, 스스로 성찰한 내용을 자유롭게 풀어내는 글이기 때문이다. 책에서 나는 확실한 투자 비법을 말하지 않는다. 그런 비법을 알고 있지도 않다. 특정 종목으로 큰돈을 벌었다는 영웅담이나 자서전도 아니다. 내가 기록하고 싶은 것은 전업투자자로 살아오며 경험한 사고의 과정과 태도, 그리고 시장 앞에서 얻은 배움이다. 그래서 이 책은 지침서라기보다, 나의 성찰을 드러낸 기록에 가깝다. 독자가 이 글을 통해 각자의 투자 여정을 돌아보게 된다면 그것으로 충분하다.

또 나는 누군가를 가르치려는 마음으로 이 책을 쓰지 않았다. 다만 "전업투자자로서 어떤 투자를 하십니까?"라는 질문에 대한 긴 대답이라고 생각해 주었으면 한다. 실제로 그런 질문을 수도 없이 받았지만, 늘 한마디로 답하기 어려웠다. 말이 없어서가 아니라 하고 싶은 말이 너무 많았기 때문이다. 차라리 하루 종일 투자 이야기를 할 수도 있지만, 그런 기회는 좀처럼 주어지지 않는다. 그래서 글로 남기기로 했다. 이 책에는 다양한 주제가 담겨 있다. 어떤 독자에게는 과하다고 느껴질 수도 있다. 그러나 그 모든 조각이 모여 지금의 나를 만들었다. 누군가에게는 하찮아 보일지 모르지만, 내게는 가족을 먹여 살릴 수 있는 직업을 가능케 한 힘이었다.

내가 이 책을 쓰는 이유는 네 가지다. 첫째, 수년간 쌓아 둔 메모와 글을 정리하고 싶었다. 여기저기 흩어진 생각을 모아 체계화하고 싶었고, 그 방법으로 책을 택했다. 둘째, 자녀를 위해서다. 언젠가 농담처럼 "아빠가 읽은 책을 다 읽으면 유산을 물려주겠다"고 말한 적이 있다. 이 책은 그 농담의 연장선이자, 아빠가 어떤 생각으로 살았는지를 보여 주는 또 하나의 유산이다. 셋째, 배움 때문이다. 사실 이 이유가 가장 크다.

칼 포퍼는 인간의 세계를 세 가지로 구분했다. 제1세계는 물리적 세계, 제2세계는 인간의 의식, 제3세계는 기록되고 외부화된 지식의 세계다. 생각은 머릿속에만 머물면 검증할 수 없다. 그러나 글로 남기는 순간 제3세계로 들어가고, 비판과 반증을 거치며 진짜 지식으로 자리 잡는다. 나는 내 정신의 세계를 글로 외부화해 제3세계에 남기고 싶었다. 그것이 다시 누군가의 의식을 자극해 새로운 생각을 낳을 때, 나의 배움 역시 확장된다고 믿는다.

마지막으로 전업투자자로서의 삶을 설명하기 위해서다. 나는 1인 투자법인을 운영한다. 흔히 전업투자자라고 하면 매일같이 매매를 하는 트레이더를 떠올리지만, 나는 거의 매매하지 않는다. 매수는 분할로 천천히, 매도는 1년에 몇 번 될까 말까다. 실제로 내 일의 본질은 매매가 아니라 준비다. 하루의 절반 가까이를 독서에 쓰며, 특정 종목을 넘어 다양한 산업과 주제를 공부한다. 지금 당장은 쓸모없어 보이는 책이나 자료가 어느 순간 결정적 단서가 되곤 한다. 독서는 씨앗을 심는 일이고, 준비의 시간은 결국 투자로 이어진다. 그렇기에 전업투자자의 하루를 설명하는 일은 언제나 어렵다. 매일 매매를 하지 않으니 시간적으로 자유로워 보이지만, 동시에 스스로 규율을 정하지 않으면 자유는 금세 무의미하게 흘러간다. 매수·매도 버튼을 누르는 순간은 짧지만, 그 순간을 뒷받침하는 긴 준비의 시간을 기록하고 싶었다.

  집필 과정은 쉽지 않았다. 내가 책을 쓸 자격이 있는지, 누군가 끝까지 읽어 줄 만한 글인지 의심하기도 했다. 나는 슈퍼개미도 아니고, 누구나 따라 할 수 있는 비법을 가진 것도 아니다. 다만 남들과 다른 방식으로 투자해온 경험이 있을 뿐이다. 글을 쓰며 확인한 것은, 결국 이 작업은 독자를 위한 것이 아니라 나 자신을 위한 기록이라는 점이었다. 그래서 때로는 많이 읽히지 않기를 바라기도 했다. 그러나 원고를 마주하니 후회보다 만족이 컸다. 흥미롭게도, 글을 쓰는 동안 이미 다음 책의 구상까지 마쳤다. 쓰는 일은 힘들었지만, 오히려 더 많은 아이디어와 방향이 떠올랐다. 그래서 나는 많은 사람들이 단지 책을 읽는 데 그치지 않고, 언젠가는 직접 글을 써 보기를 권하고 싶다. 대단한 사람이 아니어도 누구든 책을 쓸 수 있다. 이번 도전을 통해 내가 얻은 가장 큰 깨달음은 바로 그 사실이다.

프롤로그

나는 이 책이 어려운 책이라고 생각하지 않는다. 다만 취향의 문제에서 모든 독자가 쉽게 공감하며 읽기는 어려울 수 있다. 워낙 다양한 주제를 다루기에 같은 마음으로 모두 즐기기 힘들 수 있기 때문이다. 그래서 독자에게 조금이라도 도움이 되기를 바라며, 먼저 책의 구조와 흐름을 간단히 소개하고자 한다.

이 책은 네 개의 파트로 이루어져 있다. 첫 번째 파트는 책 전체를 관통하는 핵심 주제, 소버린 마인드다. 소버린은 본래 '주권, 독립, 절대 권위'를 뜻하는 단어로, 라틴어 *superanus*(위에 있는, 최고)에서 유래했다. 여기서 말하는 소버린은 단순히 국가의 주권을 넘어, 외부 간섭 없이 스스로 판단하고 결정할 수 있는 독립적 자아를 뜻한다. 대한민국 국민이라면 주권을 잃은 국가가 얼마나 비참한지 잘 알 것이다. 투자자에게도 마찬가지다. 외부 정보와 금융 시스템의 소음 속에서 스스로의 이득을 지키려면 무엇보다 주권적 태도가 필요하다. 그래서 첫 번째 파트의 제목을 '소버린 마인드'라 붙였지만, 이는 단순히 한 파트의 주제가 아니라 책 전체를 꿰뚫는 핵심 철학이다.

1장은 책과 투자에 관한 이야기다. 나는 뉴스보다 책에서 더 많은 투자 아이디어를 얻는다. 정보가 넘쳐 나는 시대일수록 신호와 소음을 구분하지 못하면 결국 남의 해석을 따라가게 된다. 정보는 본질적으로 누군가의 해석을 거친 것이며, 우리는 그 편향을 다시 자신의 편향으로 걸러 낸다. 따라서 정보 이전에 태도가 중요하다. 나는 그 태도를 만드는 가장 좋은 수단이 책이라고 믿는다.

2장은 해석에 관한 이야기다. 우리는 모두 자신만의 틀 안에서 해석할 수 있다. 한스 게오르크 가다머의 전이해 개념은 우리의 사고와 판단이 어디에서 비롯되는지를 보여 준다. 3장은 편견에 관한 이야기다. 인간은 편견에서 자유로울 수 없지만, 그것을 이해하려는 태도가 있어야 생각의 주권을 지킬 수 있다. 4장은 대중에 관한 이야기다. 인간은 집단에서 벗어날 수 없는 존재이며, 오르테가 이 가세트의 《대중의 반역》을 통해 우리는 스스로가 대중인지 소수인지 성찰할 수 있다. 이어지는 5장과 6장은 대중의 특성인 '평균인'과 '자연인'을 다루며, 소버린 마인드가 지켜 내야 할 대중의 본질을 분석한다. 7장은 네트워크 과학을 통해 왜 대중의 영향에서 자유롭기 어려운지를 보여 주고, 8장은 대중이 군중으로 변하며 역사 속에서 어떻게 이용당했는지를 살펴본다.

두 번째 파트는 불확실성이다. 9장은 불확실성을 극복하려 했던 인류의 역사와, 지금도 삶을 지배하는 기계론적 세계관을 다룬다. 10장은 기계론적 세계관 속에서 인간이 미래를 예측하려 한 노력을 살펴본다.

2권으로 넘어가서 세 번째 파트는 세계관 자체를 주제로 삼는다. 불확실한 환경 속에서도 왜 투자해야 하는지를 설명하기 위해, 먼저 세계관의 역사를 짚는다. 11장은 제국주의 세계관, 12장은 브레튼우즈 1기와 2기, 13장은 브레튼우즈 3기, 즉 미국주의 세계관을 다룬다.

네 번째 파트에서 비로소 투자를 본격적으로 다룬다. 14장은 불확실성 속에서의 투자, 15장은 회의주의적 투자자에 대한 이야기, 16장은 역발상 투자, 17장과 18장은 행동경제학과 뇌과학을 통해 투자자의 의사결정이 어떤 편향에 휘둘리는지를 살펴본다. 그리고 마지막 19장에서 자유의지에 대한 이야기로 마무리한다. 인간에게 자유의지가 있는가? 만약 자유의지가 없다면 소버린 마인드 투자철학이 의미가 있는가? 이 질문에 대한 답을 찾는 과정을 다룬다.

결국 이 책은 네 개의 파트, 열아홉 개의 장으로 나뉘어 있지만, 모든 장은 하나의 주제, 소버린 마인드로 연결된다. 겉보기에 전혀 다른 이야기처럼 보여도, 자기 스스로 사고하는 투자자로 나아가기 위한 과정이라는 점에서 하나로 귀결된다. 독자가 이 흐름을 염두에 두고 읽는다면, 다소 어렵게 보이는 주제도 보다 선명하게 다가올 것이다.

목차

서문	4
프롤로그	7

Part 1   소버린 마인드 철학

들어가며	16
1장 책 그리고 투자	22
물리적인 책	22
자주 보아야 읽힌다	25
반(反)서재	28
초병렬 독서법	32
2장 전이해	37
해석	37
경험으로 탄생하는 전이해	40
3장 편견	44
망치를 든 사람	44
확증편향	48
수평적 권위주의 세계관	52
과학기술이 삶에 미치는 영향	56
설계자들	60

	열린 사회의 모습을 한 닫힌 사회	66
	친구의 역설(독재와 독점 그 사이)	70
4장	**대중을 의심하라**	80
	소수의 독식	80
	운과 실력을 구분하지 못하는 사람들	89
	생존자 편향	95
	비교평가	98
	대중의 얼굴	101
	대중의 반역	106
5장	**평균인**	115
	쟁탈과 안주	115
	판옵티콘	122
	샤덴프로이데	132
	운과 실력 그리고 냉소	142
	아우라의 몰락	146
6장	**자연인**	153
	문명의 혜택	153
	불가능한 삼위일체론	157
	나! 연필	162
	보이는 것과 보이지 않는 것	164
	자연인에서 벗어난 투자자	168

7장 견해 — 172
- 평균인의 견해 — 172
- 자연인의 견해 — 180
- 견해의 원천 — 184
- 도수 중심성 — 189
- 고유벡터 중심성 — 192
- 확산 중심성 — 197
- 구조에서 투자의 방법을 찾다 — 200

8장 군중심리 — 203
- 침묵하는 대중, 행동하는 군중 — 203
- 러시아 혁명 — 208
- 프랑스 혁명 — 211
- 개인의 상실 — 217
- 피리부는 사나이 — 222
- 환상을 좇는 사람들 — 231

Part 2 불확실성 인정하기

  들어가며   236

9장 예측을 대하는 세계관   239
  세계관의 이해   239
  세계관 속으로   244
  가르시아 장군에게 보내는 편지   248
  세계관으로의 초대   255
  그리스 철학   260
  기독교적 세계관   267
  기계론적 세계관   272
  뉴턴, 기계론적 세계관을 완성하다   278
  기계론적 세계관의 계승자들   282
  불가능한 계산, 그리고 예측   289

10장 미래를 보고 싶은 사람들   292
  예측 그 달콤한 유혹   292
  예언자를 원하는 사람들   296
  전문가의 예측   301
  멈출 수 없는 예측   310

Part 1

소버린 마인드 철학
(스스로 생각하는 투자자)

들어가며

첫 번째 주제는 소버린 마인드, 즉 자기로부터 시작되는 투자에 관한 이야기다. 모든 일이 그렇듯, 투자에서 가장 중요한 것도 결국 자신의 생각이다. 자신이 어떤 생각을 하는지조차 모른다면 그 많은 선택과 판단의 기준은 어디에서 비롯될까? 원칙이란 게 존재할 수나 있을까? 사람은 세상에 태어날 때 이미 많은 것을 가진 채 출발한다. 인류 보편의 본능과 본성, 유전자처럼 모두가 공유하는 요소가 있고, 오직 나만이 가진 기질이나 부모로부터 물려받은 특징들도 있다. 이 모든 유산은 나라는 존재의 바탕을 이루는, 보이지 않는 자산이다. 그렇게 태어난 뒤에도 우리는 끊임없이 다양한 신호와 상호작용의 영향 속에서 자란다.

가장 먼저 마주하는 건 가족이다. 부모의 신념, 말투, 행동방식, 세상을 바라보는 태도까지 모든 것이 아이의 삶에 자연스럽게 스며든다. 가족은 무엇이 옳고 그른지, 무엇이 위험하고 안전한지, 무엇을 꿈꿔야 하는지에 대해 끊임없이 신호를 보낸다. 시간이 흐르면서 그 영향의 범위는 더 넓어진다. 지역의 문화, 경제적 환경, 또래 집단의 암묵적 규칙이 개인의 성격과 가치관을 서서히 빚어 낸다. 학교에 들어가면 교육은 더욱 조직적이고 체계적으로 변한다. 학교는 지식과 정답을 전달하는 곳을 넘어, 사회가 만들어 놓은 규범과 규칙, 사회적 합의를 자연스럽게 내면화시키는 공간이다. 우리는 학교를 통해 무엇이 바람직한지, 무엇이 허용되고 금지되는지, 집단 속에서 어떻게 살아야 하는지를 배운다. 친구들과의 관계, 선생님과의 상호작용이 더해지며, 인정받고 소외되지 않으려는 마음, 기대에 부응하려는 마음이 내 안의 기준과 태도를 더욱 굳힌다. 결국 학교는 사회라는 거대한 틀의 축소판이다. 그 안에서 우리는 알지 못하는 사이 사회가 정한 기준과 타인의 기대에 익숙해진다. 여기에 대중문화와 미디어가 덧붙는다. TV, 유튜브, SNS, 뉴스, 광고는 무엇이 아름다운지, 무엇이 가치 있는지, 어떤 삶이 성공인지, 어떻게 행동하고 말해야 하는지까지 끊임없이 영향을 준다. 유행하는 콘텐츠, 반복되는 영상, 자극적인 뉴스와 해설, 인기 인플루언서와 전문가의 견해는 강력한 외부 자극이 되어 머릿속에 각인된다. 어느 순간 우리는 그 기준에 따라 사고하고 느끼며 행동하고 있음을 깨닫게 된다.

결국 내 인생 전체는 인류 공통의 본성, 나만의 고유함, 부모로부터 물려받은 유산, 그리고 수많은 외부 신호와 해석이 차곡히 쌓여 만들어낸 하나의 틀, 혹은 스펙트럼 위에 놓여 있다. 지금의 나는 그 모든 영향이 빚어 낸 결과다. 그렇게 만들어진 틀 안에 오래 머물다 보면, 내 생각의 출발점이 어디인지조차 흐려진다. 내가 정말로 원하는 것이 무엇인지, 내 안의 목소리가 무엇인지, 스스로 질문하는 힘이 희미해진다. 타인의 해석, 사회의 기준, 집단의 기대에 맞춰 사는 일이 자연스러워질수록, 진짜 나의 목소리는 작아진다. 우리는 수많은 신호 속에 둘러싸여 있지만,

그 본질을 늘 볼 수 있는 것은 아니다. 우리가 세상을 이해하는 방식은 결국 누군가의 해석에 의존하며, 반사된 신호를 받아들이는 것에 가깝다. 당연하다고 여기는 것들 가운데 당연하지 않은 것이 적지 않다. 이를테면 사과는 빨갛다고 자연스럽게 믿지만, 그 믿음의 바탕에는 어떤 비밀이 숨어 있을까?

사람들은 오래전부터 무지개를 신비롭게 바라보았다. 모두가 색의 배열과 아름다움을 즐겼지만, 왜 그 현상이 나타나는지, 색이 왜 그 순서로 보이는지 정확히 아는 이는 드물었다. 뉴턴은 한 걸음 더 나아가 그 원리를 파헤쳤다. 빛이 방을 통과하는 틈에 프리즘을 대자 평범한 햇빛이 벽에 일곱 색의 띠로 퍼졌다. 무지개는 환상이 아니라 빛이 여러 파장으로 분해되는 자연의 질서라는 사실을 보여 준 것이다. 하지만 여기에도 해석이 있다. 뉴턴은 처음 다섯 가지 색만 구분했으나, 이후 음계처럼 일곱으로 정했다. 빨강, 주황, 노랑, 초록, 파랑, 남색, 보라. 각 색은 특정 파장에 대응하지만, 우리는 그 파장을 빨강이라 부르기로 합의했을 뿐, 실제로 각자가 느끼는 감각은 확인할 길이 없다. 결국 무지개를 일곱 가지로 나누고 이름을 붙이는 일조차 사회적 약속의 산물이다. 적록색맹을 예로 들면 이 문제는 더 분명해진다. 사회적 구분이 존재해도, 감각의 차이는 각자의 내면에서 다르게 작동한다. 더 나아가 누군가가 태어날 때부터 내 초록의 감각으로 빨강 파장을 받아들이며 자라 왔다면, 그는 평생 자신이 다르다는 사실을 모를 수도 있다. 우리는 같은 단어를 쓰면서 전혀 다른 감각을 살고 있을지 모른다.

이 지점에서 매리의 방 사고실험이 떠오른다. 매리는 색에 관한 모든 이론과 정보를 꿰고 있었지만, 흑백만 존재하는 방에서 살았다. 어느 날 방을 나와 생애 처음 빨간 사과를 본 순간, 그녀는 그 어떤 이론으로도 설명할 수 없던 느낌을 처음 경험했다. 이것이 퀄리아의 미스터리다[*]. 아무리 많은 지식을 쌓아도, 직접 겪지 않으면 결코 알 수 없는 것이 있다. 투자 역시 그렇다. 데이터를 공부하고 타인의 경험담을 아무리 들어도, 내 자산이 오르내릴 때의 감정 변화는 직접 겪어야만 알 수 있다. 뒤바뀐 스펙트럼 문제도 같은 말을 한다. 우리는 같은 대상을 보고 같은 이름을 붙이지만, 실제로 무엇을 느끼는지는 공유할 수 없다. 그래서 투자의 해석은 결국 내 감각으로 닿아야 한다.

달 착시 현상 또한 이를 뒷받침한다. 달은 거의 변하지 않지만, 지평선 근처에 떠 있으면 주변 사물과의 비교 때문에 훨씬 커 보인다. 본질은 그대로인데 맥락이 인식을 바꾼다. 우리의 뇌는 대상을 항상 배경과 함께 해석한다. 그렇기에 중요한 것은 착각을 완전히 피하는 방법이 아니라, 내가 보는 모습이 맥락과 뇌의 해석이 빚은 산물임을 자각하는 일이다. 이 자각이 들어오면 판단을 한 번 더 점검하게 된다. 투자 정보, 뉴스, 전문가의 해설을 받아들일 때도 마찬가지다. 세상은 수많은 정보와 해석, 사회적 소음으로 가득하다. 그럴수록 필요한 것은 무조건적인 수용이 아니라, 스스로 질문하고 의심하며 해석하는 습관이다. 내 해석이 언제나 정답일 수는 없지만, 무비판적 수용보다 한 번 더 의심하고 분석하는 태도가 본질에 가까워지게 만든다. 그렇게 스스로 해석하려는 사람이 더 멀리, 더 깊이 본다. 이것이 곧 자기로부터 시작되는 혁명의 출발점이다.

---

[*] 철학에서 말하는 '퀄리아(qualia)'는 개인이 경험하는 고유한 감각의 질을 뜻한다. 예컨대 내가 보는 '빨강'이 타인에게도 같은 느낌일지 확인할 방법은 없으며, 이처럼 내면적 경험은 본질적으로 공유될 수 없다는 점이 퀄리아의 미스터리다.

스스로 사유하는 힘, 크리슈나무르티의 말을 빌리면 창조*할 수 있는 투자자가 되는 것. 이것이 내가 이 책에서 가장 먼저 말하고 싶은 주제다. 전업투자자로 살며 가장 절실하게 느꼈던 것이 바로 '나만의 사고'였다. 시장에서 조금 더 오래 버틴 순간, 남들과 다른 결론에 닿았던 순간을 돌아보면, 그 배후에는 언제나 내 안에서 우러난 질문과 그 질문에 대한 나만의 답이 있었다. 이 주제로 다음과 같은 이야기를 이어 가겠다.

첫째, 책이다. 책은 타인의 생각을 글이라는 형태로 옮긴 결과물이다. 니체나 쇼펜하우어가 책을 경계하라고 한 이유도 여기에 있다. 남의 생각에 휩쓸려 나만의 사고를 잃지 말라는 뜻이다. 그러나 역설적으로 내 생각을 갖기 위해서는 타인의 생각과 부딪쳐야 한다. 중요한 것은 태도다. 책을 단순히 흡수하는 데서 그치지 말고, 그 속에서 나만의 질문을 만들고 내 생각을 세우는 도구로 삼아야 한다.

둘째, 전이해다. 우리는 태어날 때부터 수많은 신호와 상호작용 속에서 자란다. 인지 용량에는 한계가 있어, 결국 각자의 기준으로 정보를 거른다. 그 기준 또한 과거의 경험과 배움이 만든다. 문제는 경험 자체가 언제든 왜곡될 수 있다는 점이다. 내 경험, 감정, 기억은 결코 절대적이지 않다. 그래서 신호를 거르는 기준을 점검하고, 그 기준이 어떻게 형성되었는지 이해해야 한다. 가다머가 말한 전이해를 의식하는 것, 그 인식이 창조적 투자자로 가는 첫걸음이라 믿는다.

셋째, 대중과 군중이다. 스스로 사유하는 일이 왜 중요할까? 집단의 생

---

* 크리슈나무르티가 말하는 창조는 단순히 그림을 그리고 발명품을 만드는 것처럼 눈에 보이는 결과물을 뜻하지 않는다. 그는 우리가 과거의 기억, 습관, 지식에 매여 있을 때는 진짜 새로움이 나올 수 없다고 했다. 오직 마음이 자유롭고 고요할 때, 순간을 있는 그대로 바라볼 때 비로소 전혀 다른 관점과 새로움이 생겨나는데, 그 상태를 그는 창조라고 불렀다.

각과 다수의 움직임이 항상 답이 아니기 때문이다. 역사 속에서 집단은 생존의 방편이었지만, 시장에서는 오히려 함정이 된다. 대중의 심리와 집단의 편향은 투자에서 위험으로 돌아오는 경우가 많다. 결국 남들과 다르게 생각하고, 자기만의 해석과 판단을 내릴 수 있느냐가 생존을 가른다.

그래서 이 책의 첫 장은 스스로 생각하고 창조할 수 있는 힘, 그 힘의 근원을 찾아가는 여정으로 시작된다. 책, 전이해, 대중과 군중이라는 서로 동떨어져 보이는 주제들도 결국 하나의 맥락으로 모인다. 내가 실제로 경험했고 시장에서 부딪치며 확인한 현실이 그 흐름의 뼈대다. 투자든 삶이든 나의 생각을 세우는 일은 쉽지 않다. 그럼에도 나는 그 길의 출발점과 이어질 여정을 솔직하게 기록해 두고 싶었다. 이 여정의 끝에서, 독자 역시 스스로 사유하는 힘을 함께 발견하기를 바란다.

1장

책 그리고 투자

물리적인 책

읽는다는 건 단순히 문자를 따라가는 것이 아니라,
그 속에서 자신을 발견하는 일이다.

-움베르트 에코-

　이 책은 각 장이 독립된 주제를 다루지만, 단락과 단락의 흐름이 자연스럽게 이어지도록 서사적인 연결을 의식하면서 썼다. 앞장을 읽지 않아도 뒤의 내용을 이해하는 데 무리가 없지만, 전체적으로는 하나의 이야기로 엮인 구조가 되도록 노력했다. 특히 첫 장에서 다루는 주제는 이후 장들과 결이 조금 다를 수 있지만, 오히려 이 이야기를 서두에 둔 이유는, 책 전체의 통일성보다도 이 이야기가 가장 본질적인 출발점이라고 믿었기 때문이다. 1장의 주제는 책이다. 하지만 여기서 말하고 싶은 바는 책을 읽으면 투자에 도움이 된다거나, 책을 많이 읽으면 더 나은 사람이 된다는 식의 실용적 결론이 아니다. 내가 읽어온 책을 추천하거나, 책을 리뷰하는 목적도 아니다. 내가 정말로 전하고 싶은 것은 책이라는 도구가 단순히 정보를 습득하는 수단이 아니라는 점이다. 나는 책을 읽는 행위 자체뿐만 아니라, 책을 고르고, 사서 모으고, 책장에 꽂아 두고, 어느 날 다시 꺼내 보는 그 모든 과정에 의미가 있다고 생각한다. 단순히 한 권을 읽고 덮는 데서 끝나는 것이 아니라, 내 삶의 흐름 속에서 책이 어떤 위치를 차지했는지, 그 속에 쌓인 경험과 기억, 감정이 어떻게 내 안에 스며들고 변화해 왔는지를 들여다보고 싶었다. 그래서 이 장에서는 책을 읽어야 한다는 주장이나, 이 책을 추천한다는 단순한 나열이 아니라, 책과 관련해 내가 실제로 겪고 느낀 경험들을 구체적으로 풀어 보고자 한다. 우선, 책을 대하는 나만의 태도와 습관에서 시작해, 독서가 내 일상에 어떻게 스며들고, 그 시간이 내 사고와 투자, 삶의 결에 어떤 영향을 미쳤는지 차례로 이야기할 예정이다.

특히 다음과 같은 질문을 던진다. 첫째, 나는 왜 이렇게까지 책을 가까이하는가? 단순히 읽는 것뿐 아니라, 사 모으고, 분류하고, 진열하는 행위 자체가 내게 왜 중요한지, 그 이유를 살핀다. 둘째, 내가 책을 고르는 기준과 방식은 무엇이고, 그것이 어떻게 내 생각과 경험의 지도를 만들어 왔는가? 책을 소유하는 취미에서부터, 직접 밑줄 긋고 메모를 남기는 습관까지, 내 서재와 그 안에 담긴 시간의 흔적에 대해 이야기할 것이다. 셋째, 나는 왜 읽지 않은 책에 집착하는가? 움베르트 에코의 '반서재' 개념처럼, 읽지 않은 책들이 내게 어떤 의미인지, 아직 모르는 것과 마주하는 태도가 어떻게 나를 성장시켜 왔는지 다룬다. 넷째, 나는 왜 한 권을 끝까지 읽지 않고 여러 권을 동시에 넘나드는가? 초병렬 독서법이라 불리는 내 독서 스타일이 어떻게 나만의 사고 흐름과 연결되는지, 그리고 이런 방식의 장단점을 구체적으로 짚는다. 다섯째, 책을 읽는다는 것이 단순한 정보 습득을 넘어 어떻게 내 감정과 경험, 그리고 투자에까지 영향을 미쳐 왔는지, 실전과 독서가 만나는 지점을 솔직하게 기록할 것이다.

이 장을 통해 나는 책과 함께한 나의 시간, 그리고 그 시간이 내 사고와 습관, 투자자로서의 태도에 어떤 변화를 만들어 냈는지 보여 주고 싶다. 누군가는 책을 읽는 일이 너무 개인적이고 사소하다고 여길지 모르지만, 내가 경험한 바로는 어떤 책을 곁에 두고, 어떻게 읽으며, 어떤 순간에 다시 펼쳐 보는지가 그 사람의 사고방식과 감정, 심지어 인생 전체의 궤적까지 만들어 낸다. 그래서 이 장은 단순한 독서법에 관한 기록이 아니라, 책이라는 매개체를 통해 나 자신을 탐색하고, 그 과정에서 얻은 경험과 감정, 그리고 내면의 변화를 솔직하게 드러내는 하나의 고백이기도 하다.

책을 읽는다는 것은 결국 나를 읽는 일이다. 어떤 책을 사들이고, 어느 책에 밑줄을 긋고, 어떤 책을 책장 맨 앞에 세워 두는지. 그 모든 과정에는 내 생각과 취향, 경험의 결이 남아 있다. 이 장은 그 흔적을 따라가며, 내가 책과 맺어 온 관계가 지금의 나를 어떻게 만들었고, 앞으로의 나를 어디로 이끌 것인지 스스로 성찰하는 출발점이 될 것이다.

자주 보아야 읽힌다

누군가 말했다. 책을 읽지 않아도 곁에 두기만 하면, 어느 날 갑자기 그 책이 나를 부르는 순간이 온다고. 그리고 그날, 마침내 그 책을 펼치게 된다고 말이다.

누군가 내게 취미가 무엇이냐고 물으면, 나는 주저 없이 독서라고 답한다. 영화를 보거나 게임도 좋아하지만, 하루 중 가장 많은 시간을 보내는 것은 결국 책과 함께하는 시간이다. 그래서 독서는 분명 나의 취미다. 그런데 곰곰이 생각해 보면, 책을 읽는 것만큼이나 애착을 느끼고 즐기는 일이 하나 더 있다. 바로 책을 사는 일이다. 책을 사는 것이 어떻게 취미가 될 수 있냐고 반문할 수도 있다. 하지만 누군가 피규어나 소장품을 수집하고 진열하는 일을 취미라고 할 수 있다면, 책을 사서 모으고 책장에 꽂아 두는 행위 역시 분명 취미가 될 수 있다고 생각한다. 책을 사는 데에는 단순한 구매를 넘어서는 뭔가가 담겨 있다. 어떤 책을 고를지 고민하는 순간부터 이미 취미는 시작된다. 바로 이 지점에서, 내가 어떤 기준으로 책을 고르는지, 그 선택이 어떻게 쌓이고 변화하는지를 들여다보는 일이 이 장의 주제와 맞닿아 있다.

나는 지금까지 꽤 많은 책을 사서 모아 왔다. 이사를 할 때마다 가장 신경 쓰는 것도 언제나 책장이었다. 책을 단순히 읽는 데 그치지 않고, 책장에 차곡차곡 꽂아두는 일 자체가 내게는 중요한 일과였다. 그래서 유독 아쉬웠던 시기는 해외에서 지내던 몇 년이었다. 해외생활이 특별히 불편한 건 아니었지만, 책을 사서 진열할 수 없다는 점만큼은 늘 아쉬움으로 남았다. 전자책 시스템이 잘 갖춰진 덕분에 읽고 싶은 책은 비교적 쉽게 읽을 수 있었지만, 직접 종이책을 사서 책장에 꽂는 그 감각까지 대체할 수는 없었다. 결국 참지 못하고 한국에 두고 온 책 중 절반을 해외로 옮기기로 했다. 책 운반비가 책값만큼 들었지만, 그 정도는 충분히 감수할 만한 일이었다. 큰 책장 두 개를 구해서 그동안 모아온 책을 가득 채워 두고 나니, 억눌렸던 욕구가 어느 정도 해소되는 기분이었다. 물론 그 마저도 모든 책을 가져올 수는 없어서 아쉬움이 남았지만, 당시에는 충분히 만족스러웠다.

그러나 아이가 태어나고, 여러 고민 끝에 다시 한국으로 귀국하기로 결정하면서 상황이 바뀌었다. 역이민을 준비하며, 어렵게 해외로 옮겼던 책들이 이번에는 다시 짐이 되었다. 책을 다시 한국으로 옮기려니 더 많은 비용이 들었고, 결과적으로 책 한 권당 몇 배의 값을 치르게 됐다. 한때는 이 책들을 현지 한인 도서관에 기부하고, 한국에 와서 새로 사는 것도 고민했지만 포기했다. 이유는 단 하나, 각 책마다 직접 밑줄 긋고, 메모를 남긴 흔적들이 아까웠기 때문이다. 내게 책은 지식을 담는 매체이기 이전에, 내가 사유했던 흔적이 차곡히 쌓인 도구였다.

혹시 이런 내 행동이 낭비처럼 보일 수도 있다. 이미 읽은 책을 굳이 비싼 운반비를 들여 옮길 필요가 있냐고, 전자책이면 충분하지 않냐고 묻는 사람도 있을 것이다. 그런데 내 경험상, 한 번도 읽지 않은 책은 많아도, 끝까지 읽은 책 중에 한 번만 읽고 덮는 책은 거의 없다. 끝까지 못 읽은 책도 언젠가는 다시 꺼내 읽는다. 이 이야기는 나중에 더 자세히 하겠지만, 적어도 내게 책을 진열한다는 건 과시가 아니라, 내가 남긴 생각의 흔적들을 곁에 두기 위한 행위다. 그래서 내 책장은, 단순한 장식장이 아니라 삶의 전반적인 생각들과 연결되어 있는 공간이다. 누군가 그랬다. 책을 읽지 않더라도 곁에 두고 있다 보면, 어느 날 문득 그 책이 나를 부르는 순간이 온다고. 그때 비로소 책을 펼치게 된다는 것이다. 내게는 이 말이 책을 진열하는 이유를 가장 잘 설명해 준다. 실제로 책을 소장하고 진열하는 일에 집착하는 사람이 나뿐만은 아니다. 영화 평론가 이동진 역시 비슷한 유형이다. 그는 자신의 작업실을 파이아키아라 부르고, 그곳에 2만 3천 권이 넘는 책과 애장품을 모아 두었다. 이동진 평론가는 책을 좋아하는 이들의 특징에 대해, "책을 읽는 행위뿐 아니라 책과 관련된 모든 걸 다 좋아한다"[1]고 말한 적이 있다. 이 말에 나는 깊이 공감한다. 나 역시 책을 읽는 데서 그치지 않고, 어떤 책을 살지 고민하는 시간, 책장을 채우는 과정, 그리고 이미 소장한 책을 다시 꺼내 보는 그 모든 순간이 즐겁다. 이동진 평론가는 책이 많다 보니, 그 분류와 정리에 많은 신경을 쓴다고 한다. 나 역시 그 정도는 아니지만, 꽤 많은 책을 소장하고 있어 분류가 중요한 일이 됐다. 단순히 주제별로 나누어 꽂는 걸 넘어서, 내가 필요할 때 원하는 책을 바로 꺼낼 수 있도록 나만의 기억의 지도를 만드는 작업에 가깝다. 책장 하나, 배열 하나에도 나만의 질서가 있고, 그 질서가 생각과 경험의 흐름을 따라 움직인다. 그래서 내게 책장을 정리한다는 건, 단순한 수납이나 인테리어가 아니라, 내 기억과 취향을 정돈하는 일이나 다름없다.

반(反)서재

우리가 읽은 책보다, 읽지 않은 책이 더 중요하다. 왜냐하면 읽은 책은 이미 내 것이 되었지만, 읽지 않은 책은 내가 아직 무엇을 모르는지 말해 주기 때문이다.

-움베르트 에코-

《장미의 이름》과 《푸코의 진자》의 작가 움베르트 에코*는 박학다식한 인문학자였다. 그가 소장한 3만 권이 넘는 책이 가득한 거대한 서재는, 방문하는 사람마다 감탄을 자아냈다. 그리고 어김없이 "이 많은 책을 다 읽으셨어요?"라는 질문이 이어졌다. 나는 이 상황이 흥미롭다. 왜냐하면 나 역시 같은 질문을 수도 없이 받기 때문이다. 몇만 권은커녕, 그저 천여 권 정도만 진열해도 집에 찾아오는 사람들은 늘 책장을 둘러보다 "이거 다 읽었어?"라고 묻는다. 아내조차 집으로 배달되는 책 더미를 보며, 진짜 다 읽으려고 사는 건지 의심한다. 나 역시 직접 움베르트 에코나 이동진의 서재를 본다면, 다 읽지 않았을 걸 알면서도 본능적으로 똑같은 질문을 던졌을지 모른다. 하지만 나는 이 질문이 좋다. 바로 이 지점이, 내가 책을 대하는 태도와 이 장의 핵심을 가장 잘 보여 주기 때문이다.

---

* 움베르토 에코(Umberto Eco, 1932~2016)는 이탈리아의 기호학자, 중세철학 연구자, 문화비평가이자 소설가다. 토리노 대학교에서 중세 철학과 토마스 아퀴나스를 주제로 박사 학위를 받았으며, 이후 기호학과 해석학, 대중문화 연구에 걸친 폭넓은 저술 활동을 펼쳤다. 학문 외에도 지적 미스터리 소설을 통해 대중적 명성을 얻었으며, 복잡한 철학적 개념을 서사 안에 녹여 낸 작가로 평가받는다. 평생에 걸쳐 지식의 경계를 넘나드는 통섭적 사고를 실천한 인물로, 그의 작업은 학문과 문학, 비평을 넘나드는 융합적 지적 모범으로 간주된다.

움베르트 에코는 자신의 서재를 찾는 사람들을 두 부류로 나눴다. 첫 번째는 "이 많은 책을 다 읽으셨어요?"라고 묻는 사람들이고, 두 번째는 그 공간이 읽은 책을 자랑하기 위한 전시장이 아니라, 탐구와 사유를 위한 장소임을 직감적으로 이해하는 이들이다. 에코가 더 반가워했을 부류는 두말할 필요도 없다. 그렇다. 서재란 읽은 책을 나열하는 공간이 아니다. 오히려 읽지 않은 책이 더 많아야 제 기능을 다하는 공간이다. 나심 니콜라스 탈레브*는 이를 "움베르트 에코의 반(反)서재"라 부르며, 지식이란 지금 얼마나 알고 있느냐보다 앞으로 얼마나 더 배울 것이 남아 있는지를 자각하는 태도에 있다고 강조했다. 그런 의미에서 서재에 읽지 않은 책이 많다는 사실은 결코 부끄러움이 아니다. 그것은 배우고자 하는 태도, 지식을 존경하는 마음, 앞으로 더 나은 나를 만들어가고자 하는 자세가 녹아 있는 증거다. 책장이란, 나 자신이 무엇을 알지 못하는지 기억하고, 아직 배우지 못한 것을 채워나가려는 공간이기 때문이다.[2]

나는 책을 고르는 순간부터 이미 취미가 시작된다고 믿는다. 여기에는 아주 단순한 이유가 있다. 나는 읽을 책을 산 적이 별로 없다. 물론 당장 읽고 싶어 구입하는 경우도 있지만, 대부분의 책은 '지금 읽지 않을 것'을 알면서도 미리 사두는 쪽을 택한다. 절판이 두렵기 보다는, 읽고 싶은 순간이 찾아왔을 때 곧바로 꺼내 읽을 수 있다는 점이 중요하다. 그래서 책

---

* 나심 니콜라스 탈레브(Nassim Nicholas Taleb, 1960~)는 레바논 출신의 사상가, 수학자, 통계학자, 그리고 옵션 트레이더 출신의 투자 철학자다. 그는 《블랙 스완》(2007)을 통해 예측 불가능한 극단적 사건이 역사와 인간 삶에 미치는 결정적 영향을 조명하며 세계적 명성을 얻었다. 《행운에 속지 마라》, 《안티프래질》 등으로 이어지는 저작에서 그는 인간의 인지 편향, 확률적 사고의 한계, 시스템의 회복력 개념 등을 전개하며 불확실성과 무지를 인정하는 태도를 강조했다. 그는 학문적 이론보다 실전적 통찰을 중시하며, 전문가주의·정량주의·예측 중심 세계관에 비판적 입장을 취해 왔다.

을 구매할 때는 주제를 중심으로 고른다. 예를 들어 서점에 가면, 관심 분야 코너로 직행한다. 만약 생명과학이 궁금하다면, 생명과학 서가에서 제목과 서문, 저자 약력 등을 훑어본 뒤 10권쯤 한꺼번에 집어 올린다. 한 번에 여러 권을 고르는 습관은 내게는 자연스러운 일이다. 요즘은 직접 서점에 가기보다는 인터넷 주문이 더 많아졌다. 그 이유도 단순하다. 책을 여러 권 사면 들고 다니는 일이 번거롭고, 무엇보다 내가 찾는 책들이 대개 신간이나 베스트셀러가 아니어서 오프라인 매장에 없는 경우가 많기 때문이다. 그렇다고 해서 서점 방문의 즐거움이 사라지는 것은 아니다. 오히려 직접 서점에 가면 진열대에서 우연히 마주치는 책들이 생긴다. 손에 들어보고, 표지를 넘겨보는 그 짧은 시간 속에서 인터넷 주문과는 다른 경험이 만들어진다. 즉흥적으로 사게 되는 책들은 종종 내 생각의 흐름을 바꾸거나, 예기치 못한 영감을 주기도 한다. 이런 발견들이 쌓여서, 책을 고르는 일 자체가 내게는 특별한 취미이자 일상의 중요한 일부가 되어 있다.

나는 인터넷으로 책을 살 때도 지금 읽고 싶은 책보다 언젠가 읽고 싶어질 책을 기준으로 고른다. 주로 특정 주제나 단어를 검색해서 관련된 책들을 한 번에 묶어 산다. 예를 들어 최근에는 '양자'라는 키워드를 중심으로 책을 주문했다. 그 과정에서 양자역학은 물론이고, 양자의 불확실성을 다룬 인문 분야, 양자 심리학, 양자 경제학, 심지어 양자 생물학까지 다양한 영역의 책을 골랐다. 이런 식으로 매년 약 300권 정도의 책을 산다. 전자책 구독 서비스도 자주 활용한다. 어떤 주제가 갑자기 궁금해질 때, 즉시 찾아볼 수 있다는 점에서 종이책과는 또 다른 장점이 있다.

나에게 어떤 책을 살까? 라는 질문은 단순한 소비가 아니라, 일종의 진지한 놀이이자 준비 과정이다. 왜냐하면 나는 읽고 싶은 책을 고르는 것이 아니라, 언젠가 내게 필요해질 책을 곁에 두기 위해 고르기 때문이다. 이 방식은 누군가에게는 비효율적으로 보일 수 있다. 당장 읽지 않을 책, 혹은 엉뚱한 분야의 책까지 구입하는 일이 낭비처럼 보일 수도 있다. 하지만 나는 인간이란 존재가 원래 예측 불가능하고, 수많은 변수에 영향을 받는다고 생각한다. 오늘의 내가 내일의 나와 같으리란 보장도 없다. 예를 들어, 오늘은 햄버거가 먹고 싶지만, 내일은 뜬금없이 자장면이 당길 수도 있다. 내일의 입맛조차 정확히 예측할 수 없는 존재가 인간이다. 책도 마찬가지다. 어떤 날은 한 문장, 한 단어가 내 기분이나 환경에 따라 유난히 와닿고, 또 어떤 날은 전혀 관심 없던 주제에 끌릴 때도 있다. 그래서 나는 읽고 싶은 책을 그때그때 사기보다, 언젠가 나를 부를 책이 서가 어딘가에 놓여 있기를 바란다. 그런 책들로 가득 찬 공간, 바로 그곳이 내게 진짜 서재다.

초병렬 독서법

> 나는 한 권의 책을 끝까지 읽기보다는, 여러 권을 이리저리 넘나들며 나 자신과 대화한다.
>
> -미셸 드 몽테뉴-

나는 책을 읽을 때 한 권씩 완독하기보다는 여러 권을 동시에 읽는 방식을 자연스럽게 택하게 됐다. 대체로 열 권 안팎의 책을 함께 읽는데, 어떤 책들은 주제가 겹치기도 하고, 어떤 책들은 완전히 다른 분야의 이야기다. 이 방식의 가장 큰 장점은 그날그날 내 호기심과 컨디션에 따라 읽고 싶은 책을 자유롭게 골라 읽을 수 있다는 점이다. 그 덕분에 어떤 내용들은 오히려 훨씬 더 잘 이해되고, 서로 다른 주제가 예상치 못한 방식으로 연결되기도 한다. 겉으로 보면 산만해 보일 수도 있다. 한 우물을 파기보다 여기저기 기웃거리는 것처럼 보일 테니, 이런 방식을 비효율적이라 여기는 사람도 많다. 실제로 읽던 내용이 헷갈리거나, 어디까지 읽었는지 기억이 흐려질 때도 있다. 하지만 나는 이 단점들까지 포함해서 지금의 방식이 훨씬 더 나 다운 독서라고 느낀다. 완독 중심의 독서로 다시 돌아가고 싶지도 않다. 오히려 여러 권의 책을 한꺼번에 읽으면서, 필요할 때는 잠시 덮어 두었다가, 시간이 지난 뒤 다시 펼쳐 읽는 과정이 더 즐겁다. 감히 말하자면, 내게 "한 권씩 읽으라"고 조언하는 사람들 중에 나보다 독서를 더 즐겁게 하는 사람은 드물 것이라 생각한다. 나중에야 알았지만, 이런 독서법을 초병렬 독서법*이라고 부른다고 한다.

내 독서 풍경을 좀 더 구체적으로 그려보면 이렇다. 요즘은 인지편향에 대한 관심이 커지면서 자연스럽게 뇌과학 관련 책들에 손이 간다. 내 서재의 가장 왼쪽, 세로 칸 전체가 뇌과학과 인지, 신경과학 도서들로 채워져 있다. 그 중 《뇌 1.4킬로그램의 사용법》을 읽고 있다. 책상 한쪽에는 최근 손이 자주 가는 책들이 한 줄로 쌓여 있다. 칼 포퍼의 《삶은 문제해결의 연속이다》, 마커스 드 사토이의 《우리가 절대 알 수 없는 것들에 대해서》, 로버트 브레너의 《붐 앤 버블》, 에드워드 윌슨의 《통섭》, 한병철의 《서사의 위기》, 차란 란가나스의 《기억한다는 착각》, 고든 올포트의 《편견》, 지그문트 바우만의 《행복해질 권리》, 니콜라스 나심 탈레브의 《블랙스완》 같은 책들이다. 주제도 다채롭고, 성격도 다양하지만, 어떤 책도 억지로 읽지 않는다. 내 독서는 언제나 호기심과 우연의 흐름에 따라 움직인다. 내일 갑자기 베트남 전쟁에 관한 얘기를 듣게 된다면, 오른쪽 책장에 가득 꽂혀 있는 역사 관련 책들 중에서 마이클 매클리어의 《베트남 전쟁, 10,000일의 전쟁》을 꺼내 지금 읽고 있는 책들 위에 자연스럽게 올려 둘 것이다. 내 독서는 이런 식으로, 필요와 우연에 따라 유기적으로 흘러간다. 바로 이 유연함과 자유로움이 내가 독서를 사랑하는 이유다.

가끔 돌이켜보면, 학창시절 나는 공부를 잘하는 학생은 아니었다. 공부에 큰 흥미를 느끼지 못했으면서도, 이상하게도 책 읽기는 좋아했다.

---

* 초병렬 독서법은 하나의 책을 순차적으로 완독하기보다, 여러 권의 책을 동시다발적으로 읽으며 주제 간의 연관성과 사유의 흐름을 강화하는 독서 방식이다. 이는 책을 정보의 공급원이 아니라 사유의 촉매로 활용하려는 태도에서 비롯되며, 분야 간 경계를 넘나들며 '지식 간 연결성'을 중시하는 독자들에게 효과적이다. 일반적인 다독과 달리, 읽기 자체보다 책들 사이의 '대화'를 조직하는 데 초점을 둔다.

중·고등학교 시절에도 공부는 뒷전이었지만, 책은 꾸준히 읽었고 글도 썼다. 내 인생에서 가장 힘들었던 20대 후반에서 30대 초반, 삶이 막막하고 외로웠던 시기에도 책은 내 곁에 있었다. 그때 읽은 책들은 실질적인 도움이 되는 책들과는 거리가 멀었지만, 토머스 루이스, 패리 애미니, 리처드 래넌의《사랑을 위한 과학》[3*], 노명식의《프랑스 혁명에서 파리 코뮌까지, 1789~1871》[4] 같은 책들은 지금도 내 기억에 선명하게 남아 있다. 오히려 억지로 읽었던 교과서와 참고서들은 아무런 흔적도 남기지 않았다. 스스로 읽고 싶어서 집어 든 책은 오래 기억에 남는다. 그래서 나는 지금도 읽고 싶은 책이 있으면 그때 바로 읽어야 한다고 믿는다. 즐겁게 읽어야 깊이 남기 때문이다. 문제는, 읽고 싶은 주제가 생겼을 때 손에 딱 맞는 책이 없다는 것이다. 서점에 가거나 인터넷으로 주문해도 손에 들어오기까지 며칠이 걸리고, 그 사이에 관심사가 또 달라질 수 있다. 인간은 내일 어떤 책을 읽고 싶을지조차 예측할 수 없는 존재다. 그래서 나는 당장 읽지 않을 책도 미리 사 두고, 여러 권을 동시에 읽는다. 그것이 내가 책을 즐기고, 기억하고, 결국 삶과 연결시키는 방식이다.

나는 읽고 싶은 책을 사는 게 아니라, 언젠가 읽을지도 모를 책을 사 두는 편이다. 그래서 내게는 책을 분류하고 진열하는 과정 자체가 매우 중요하다. 나는 하루 대부분의 시간을 컴퓨터 앞에서 보내고, 책도 그 자리에서 읽는 경우가 많다. 책상 왼편에는 큼직한 책장이 있는데, 나는 하루

---

* 개인적으로《사랑을 위한 과학》은 나에게 뇌과학이라는 새로운 학문에 눈을 뜨게 해 준 책이었다. 처음 읽을 때는 단순히 뇌과학이라는 낯선 주제에 대한 호기심으로 그쳤지만, 시간이 지나 전업투자자로 성장하는 과정에서 이 책은 다른 의미를 갖게 되었다. 투자에 있어 특정 분야의 지식만으로는 한계가 있다는 것을 깨닫게 해 준 것이다. 여러 학문을 넘나들며 그 지식을 연결하고 적용하려는 태도, 바로 그것이 이 책을 통해 얻은 가장 큰 자산이었다.

에도 몇 번씩 무의식적으로 그 책장을 바라본다. 이 반복된 행동은 겉보기엔 별 의미 없는 습관처럼 보이지만, 내게는 꽤 중요한 역할을 한다. 내가 어떤 책을 가지고 있고, 그 책이 책장의 어느 위치에 있는지 기억하는 데 이 습관이 큰 도움이 되기 때문이다. 어느 날 갑자기 어떤 주제에 흥미가 생기면, 자연스럽게 책장의 그 부분과 그 책이 머릿속에 떠오른다. 김영하 작가는 "읽을 책을 사는 게 아니라, 산 책 중에서 읽는 것"이라고 말한 적이 있는데, 이 말은 내 독서 취향과도 정확히 들어맞는다. 그래서 나는 책장을 집착에 가깝게 중요하게 여긴다. 전자책에도 분류 기능이 있지만, 신기하게도 내 시선은 디지털 책장보다는 물리적인 책장에 훨씬 더 자주 머문다. 눈길이 자주 닿는 실제 책장은 그 자체로 강한 인지적 자극이 되기 때문이다. 그래서 나는 집 안에서 가장 잘 보이는 곳에 책장을 두고, 눈에 익히는 것을 습관처럼 즐긴다. 하지만 그저 눈에 띄는 자리에 책장을 둔다고 해서 되는 건 아니다. 분류가 제대로 되어 있지 않으면, 자주 본다 해도 내 머릿속에 책장의 지도가 선명하게 그려지지 않는다. 반면 주제별로 분류가 잘 되어 있다면, 그저 바라보는 것만으로도 책의 존재와 위치가 자연스럽게 기억에 각인된다. 결국 나는 책을 읽는 것 자체만큼이나, 바라보고, 기억하고, 분류하고, 다시 꺼내 보는 전 과정을 소중하게 여긴다. 책은 단순히 읽는 대상이 아니라, 삶을 대하는 나만의 방식이다.

나는 책을 단순히 배움이나 정보를 얻는 수단으로 읽지 않았다. 책은 곧 나 자신을 읽고 저장하는 도구였다. 어떤 책을 고르고, 사서 분류하고, 진열해 두었다가 다시 꺼내는 전 과정이 기억과 취향, 사고의 질서를 정리하며 나만의 생각 지도를 그려 주었다. 당연히 읽는 속도는 들여오는 속도를 따라가지 못했다. 그래서 "이 많은 책을 다 읽었느냐"는 질문을 자주 받았다. 그러나 내게 읽지 않은 책은 부족함의 증거가 아니라 무지와 가능성을 동시에 드러내는 반서재의 표식이었다. 언젠가 나를 부를 책을 곁에 두는 일, 그 자체가 독서 못지않은 선택이었다. 누군가의 눈에는 산만해 보일 수 있는 다양한 주제의 독서는 오히려 사유의 지평을 넓혔다. 완독을 목적에 두기보다 여러 권을 넘나드는 초병렬 독서는 겉으로는 집중이 흩어지는 듯 보이지만, 실제로는 더 강한 몰입을 끌어내며 책들 사이의 통섭을 가능하게 했다. 서로 다른 영역의 문장들이 부딪히고 맞물릴 때, 사고는 단선에서 벗어나 찰리 멍거가 말한 격자틀 모형처럼 입체적 구조로 변모했다.

　내게 책장은 과시의 진열대가 아니라 사유의 작업대였다. 책을 가까이에 두고 자주 바라보며, 손이 닿는 자리에 배치하는 습관은 일상과 정서를 다스리는 훈련이 되었다. 시선이 머무는 표지 하나, 무심코 펼친 목차 한 줄이 문제를 바라보는 각도를 매일 조금씩 수정했다. 그렇게 축적된 시간이 독서를 취미에서 태도로 바꾸었고, 투자자로서의 사고를 단련하는 일상의 루틴으로 자리 잡게 했다.

　이제 한 걸음 더 들어가려 한다. 왜 같은 책이 사람마다 전혀 다르게 읽히고, 서로 다른 흔적을 남길까? 핵심은 전이해다. 사람은 각자 자신이 지닌 경험과 기억, 세계관 위에서 문장을 해석한다. 똑같은 문장도 읽는 이의 배경에 따라 전혀 다른 의미로 빛난다. 이 사실을 통해 나는 독서가 객관적 사실을 받아들이는 수동적 행위가 아니라, 결국 나 자신을 비추는 거울이라는 점을 뼈저리게 깨달았다. 다음 장에서는 전이해라는 개념이 어떻게 우리의 독서를 규정하고, 그 전이해가 나의 투자적 사고와 어디에서 맞닿는지, 그 접점을 차근히 풀어 가고자 한다.

전이해

해석

> 해석은 독자의 전이해와 텍스트가 만나는 지점에서 일어난다.
> -한스 게오르크 가다머-

지금까지는 내가 책을 사고, 책장에 꽂고, 읽어 나가는 나만의 방식을 이야기했다. 책을 어떻게 대하고 다루는지, 그리고 그것이 내 삶 속에서 어떤 자리를 차지하는지도 충분히 전했으리라 생각한다. 내 삶의 대부분은 책과 함께 흘러왔고, 앞으로도 그럴 것이다. 가능하다면 내 자녀도 책과 가까이하는 삶을 살았으면 한다. 앞서 한 이야기가 책이라는 물리적 존재와 나의 관계에 관한 것이었다면, 이제부터는 그 책 속의 내용을 우리가 어떻게 읽고, 이해하고, 해석하는지로 시선을 옮기려 한다.

책이 삶이나 투자에 도움이 되느냐고 묻는다면, 나는 주저 없이 그렇다고 답할 것이다. 다만 그 도움은 어디까지나 보조적 성격이다. 축구에서

멋진 어시스트를 건네는 선수처럼, 책은 방향을 잡아 주지만 골을 넣는 건 결국 내 몫이다. 게다가 책은 같은 사람에게도 시기와 상황에 따라 전혀 다른 얼굴을 보여 준다. 내가 깊이 감명받은 책이 다른 누군가에게 똑같은 울림을 줄 거라 기대하는 건 무리다. 독서란 언제나 각자의 맥락 속에서, 각기 다른 방식으로 해석되는 철저히 개인적인 경험이기 때문이다.

여기서 중요한 단어가 해석이다. 책을 읽는다는 건 단순히 글자를 따라가는 행위가 아니다. 그것은 독자와 텍스트 사이에서 새로운 의미를 만들어 가는 과정이다. 배우들이 대본을 단순히 읽는 게 아니라, 인물의 감정과 상황을 끌어올려 대사를 해석하는 것과 같다. 독해와 해석은 다르다. 독해는 문장을 따라가며 구조를 이해하고 글쓴이의 의도를 짚어 내는 힘이다. 교육학이나 언어학에서 말하는 독해의 개념은 여기에 가깝다. 그러나 해석은 이해를 넘어서는 단계다. 이해가 글쓴이의 관점을 따라가는 일이라면, 해석은 그 글을 내 관점에서 다시 바라보는 일이다. 나는 이해와 해석을 순서로 본다. 이해가 먼저 오고, 해석이 뒤따른다.

가다머가 말했듯 해석은 내 전이해와 글쓴이의 말이 서로 만나 섞이는 지점에서 일어난다. 해석은 단순히 텍스트 속 의미를 끄집어 내는 작업이 아니라, 독자가 이미 가진 지식과 경험, 감정을 통해 재구성하는 작업이다. 글을 읽을 때 내 안에 자리 잡은 전이해가 텍스트와 결합해 나만의 해석을 만들어 낸다. 그 해석은 오로지 내 눈을 통해 구성된 세계이고, 나는 그 세계를 현실이라 믿으며 살아간다. 그렇기에 내가 보는 세상은 세상 그 자체가 아니라, 내가 만들어낸 해석의 결과물이다.[5]

이 점을 받아들이면 다른 사람의 행동이나 생각이 쉽게 이해되지 않는 것도 당연하게 여겨진다. 우리는 각자의 전이해와 관점으로 세상을 해석하기 때문에, 서로 다른 세계 속에서 살아간다고 해도 과언이 아니다. 정치 성향, 종교관, 스포츠 팬덤만 봐도 분명하다. 사람마다 관점이 이렇게 갈리는 이유는 경험이 다르기 때문이다. 타고난 기질, 자라면서 겪은 사건과 기억은 모두 시선의 간극을 만든다. 작은 차이는 시간이 흐르며 누적되고, 마침내 서로를 도무지 이해할 수 없는 거리로 벌어진다. 가다머가 말한 전이해란 바로 이렇게, 우리가 세상을 해석하기 훨씬 이전에 이미 내 안에 형성되어 있는 그 간극을 의미한다. 이 간극을 이해할 수 있어야 자기 자신을 온전하게 바라볼 수 있다.

경험으로 탄생하는 전이해

>이해란 단지 해석이 아니라, 사건이다.
>
>-한스 게오르크 가다머-

 전이해는 단순히 지식이나 정보를 얼마나 많이 알고 있느냐를 뜻하지 않는다. 선천적으로 타고나는 신체와 유전자는 물론, 사용하는 언어와 문화, 관습이 모두 전이해를 형성하는 토대가 된다. 여기에 살아가면서 마주치는 수많은 사건과 사람들, 학문적 지식이나 교육을 통해 습득하는 정보까지도 전이해에 포함된다. 그러나 전이해는 누군가 강제로 주입할 수 있는 것이 아니다. 어느 정도 영향을 줄 수는 있지만, 완벽하게 복사할 수는 없다. 존 로크*는 《인간 오성론》에서 이렇게 말했다. "이제 마음이 아무 글자도 적혀 있지 않고, 아무 개념도 담겨 있지 않은 흰 종이라고 가정해 보자. 그것은 어떻게 채워지는가? 그것은 어떻게 이성과 지식의 모든 재료를 갖게 되는가? 이에 대한 내 대답은 한마디로 '경험으로부터'라는 것이다."[6] 그는 이를 빈 서판** 이론으로 설명했다. 물론 로크의

---

* 존 로크(John Locke, 1632~1704)는 영국의 철학자이자 근대 경험론의 창시자로, 《인간 오성론》(An Essay Concerning Human Understanding, 1690)에서 인간은 태어날 때 '빈 서판과 같으며, 지식은 경험과 감각을 통해 획득된다'고 주장했다. 그는 인간이 선천적 관념을 가지고 태어난다는 데 반대하며, 인간의 본성은 본질적으로 수동적이며 형성 가능하다고 보았다. 이러한 관점은 교육과 환경이 인간 발달에 결정적이라는 사상으로 이어졌고, 계몽주의와 현대 심리학에도 지대한 영향을 주었다. 정치철학에서도 그는 왕권신수설과 절대권력을 비판하고, 자연권과 사회계약을 통해 제한된 정부의 정당성을 옹호했으며, 이는 훗날 자유주의 정치사상의 핵심 토대를 이루었다.

** 빈 서판 이론(tabula rasa)은 인간은 태어날 때 어떤 선천적 지식이나 개념도 갖고 있지 않으며, 모든 인식은 감각과 경험을 통해 획득된다는 사상이다. 이 개념은 고대 아리스토텔

주장은 신이나 왕의 권위에 맞서, 인간은 누구나 평등하게 태어난다는 점을 강조하기 위한 것이었지만, 그의 말처럼 인간의 모든 것이 오직 경험만으로 채워지는 것은 아니다. 이후에도 많은 사회학자들이 빈 서판 이론을 지지했다. 행동주의 창시자인 존 B. 왓슨*은 이렇게 말했다. "나에게 열두 명의 건강한 아기를 주고, 내가 설계한 환경에서 키우게 해 준다면, 그들의 재능이나 성향, 조상의 경력과는 무관하게 내가 원하는 유형의 사람 의사, 변호사, 예술가, 상인, 심지어 거지나 도둑으로 길러 낼 수 있다." 하지만 현실은 그들의 주장과 다르다. 아기는 부모가 마음대로 빚어낼 수 있는 찰흙이 아니다. 부모는 아이를 양육하는 책임을 지지만, 동시에 아이에게 유전적 형질을 물려주는 존재이기도 하다. 가다머가 말하

레스와 토마스 아퀴나스에게서 그 기원을 찾을 수 있으나, 근대 철학에서는 존 로크(John Locke)가 《인간 오성론》(1690)에서 이를 명확히 정식화하였다. 로크는 인간의 마음은 "백지 같은 상태(blank slate)"에서 출발하며, 이후 환경적 자극과 감각 경험이 마음에 '기록' 됨으로써 지식이 형성된다고 주장했다. 이 이론은 선천적 관념(nativism)에 반대하는 경험주의(empiricism)의 핵심 전제이며, 이후 계몽주의 사상과 근대 교육철학, 그리고 현대의 행동주의 심리학에도 큰 영향을 미쳤다. 다만 20세기 후반 이후, 언어학자 노엄 촘스키(Chomsky)의 보편문법 이론과 진화심리학자들의 연구는 일부 인지 구조가 유전적으로 내재되어 있을 가능성을 제시하며, 빈 서판 이론에 대한 비판과 수정이 이어지고 있다.

* 존 B. 왓슨(John B. Watson, 1878~1958)은 미국의 심리학자로, 인간 행동을 과학적으로 연구하기 위해 심리학을 관찰 가능한 자극과 반응의 관계로 환원한 행동주의(Behaviorism)의 창시자다. 그는 1913년 「심리학을 행동주의자의 관점에서 본다면」이라는 논문을 통해, 내면 상태나 의식 같은 주관적 요소를 배제하고, 인간 행동을 외적 환경에 의해 완전히 조건 지을 수 있다고 주장했다. 왓슨은 인간은 본질적으로 빈 서판(tabula rasa) 상태로 태어나며, 어떤 유전적 성향이나 선천적 자질보다 환경과 학습이 전적 영향을 미친다고 보았다. 그 대표적 주장으로 "나는 건강한 아이 12명을 주면, 그 어떤 전문가든 만들어 보이겠다"는 발언이 있으며, 이는 인간의 전면적 환경 결정론을 상징한다. 하지만 이후 언어학자 노엄 촘스키의 비판(특히 스키너에 대한 반박)과 진화심리학, 뇌과학의 발전은 인간 행동의 선천적 기제와 유전적 기반을 강조하면서 왓슨식 행동주의와 빈 서판 이론은 과도하게 단순화된 설명이라는 평가를 받는다. 오늘날 왓슨의 이론은 과학적 심리학의 기초를 놓았다는 점에서 평가받지만, 인간 본성에 대한 지나친 환경결정론은 제한된 관점으로 간주된다.

는 전이해는 이런 빈 서판 이론과 다르다. 전이해는 경험만으로 채워지는 것이 아니며, 그렇기에 똑같이 복제할 수 있는 것도 아니다. 모든 사람은 서로 다른 전이해를 지니고 살아간다. 이 단순한 사실은 책을 읽을 때도 그대로 적용된다. 책은 텍스트 그 자체로 존재하지만, 그것을 해석하는 눈은 각자 다르다. 전이해가 다르면 해석도 달라진다. 같은 책을 읽더라도 전이해가 변하면 전혀 새로운 책처럼 다가온다. 한 번 읽었을 때와 두 번, 세 번 읽었을 때 다르게 느껴지는 이유가 여기에 있다. 전이해는 고정된 틀이 아니라, 계속 변화하고 확장되는 성질을 가지고 있다.

  나는 책을 단순히 읽는 행위가 아니라 해석의 과정으로 받아들인다. 책장은 물리적으로 책을 담아두는 공간일 뿐이지만, 그 안의 내용은 언제나 내 전이해와 결합해 전혀 다른 얼굴로 다가온다. 같은 책을 여러 번 읽어도 시기와 맥락이 달라지면 새로운 의미가 생기는 이유가 바로 여기에 있다. 전이해는 타고난 기질과 언어, 문화, 그리고 살아온 경험들이 켜켜이 쌓여 만들어낸 해석의 토대. 뇌과학적으로 보아도 해마는 기억을 단순한 정보 목록이 아니라 맥락과 이야기로 저장하고, 새로운 정보는 기존 기억과 연결될 때에만 장기적인 의미를 갖는다. 결국 무엇을 받아들이고 무엇을 흘려보낼지는 주의와 의도의 문제이며, 이 선택의 과정 속에서 해석은 확장된다.

  그러나 전이해는 언제나 양날의 검이다. 해석을 가능하게 하지만, 동시에 우리가 이미 가진 생각에만 끼워 맞추는 오류를 만들기도 한다. 책을 읽을 때든, 세상을 바라볼 때든 우리는 완전히 객관적일 수 없다. 그렇기에 중요한 것은 어떤 책을 읽느냐보다 그 책을 읽는 내가 누구인가 하는 점이다. 내가 가진 전이해가 곧 내가 보는 세계를 결정하기 때문이다.

전이해는 누구에게나 주어진 도구지만, 그것이 언제나 정확하지는 않다. 편견은 전이해가 만든 그림자다. 앞으로는 이 편견이 어떻게 생겨나며, 왜 우리가 그것에서 쉽게 벗어나지 못하는지에 대해 살펴보려 한다.

3장

편견

망치를 든 사람

당신이 가진 유일한 도구가 망치라면, 모든 것이 못처럼 보이기 시작한다.

-에이브러햄 매슬로우-

  우리는 쉽게 인식하지 못하지만, 사실 매일 수많은 자극 속에 둘러싸여 살아간다. 수천 개의 광고판(상가의 간판 역시 일종의 광고다), 수만 개의 단어와 숫자, 스쳐 지나가는 수많은 사람들, 멈추지 않는 소리들, 그리고 냄새와 바람까지 이 모든 자극이 우리 뇌의 주의를 끌기 위해 끊임없이 유혹한다. 하지만 뇌는 에너지 효율을 가장 중요시하는 기관이다. 모든 정보를 받아들이는 대신, 그중 일부 조각만을 선택적으로 인식한다. 여기서 누군가가 당신에게 이렇게 묻는다고 해 보자. "여기까지 오는 동안 빨간 차를 몇 대나 보셨나요?" 아마 대부분의 사람은 쉽게 대답하지 못할 것이다. 왜냐하면 빨간 차는 우리의 주의를 끌지 못한 자극이기 때문이다. 뇌는 그것을 '기억할 가치가 없다'고 판단했기 때문에 그냥 스쳐 지나가 버린 것이다. 그런데 만약 누군가가 이렇게 덧붙인다면 상황은 완전히 달라진다. "내일 이 시간에 같은 질문을 드리겠습니다. 오늘 본 빨간 차 한 대당 돈을 드릴게요." 이제 거리에는 갑자기 빨간 차가 넘쳐 나기 시작한다. 적어도 그렇게 보인다. 이것이 바로 주의력이다. 그리고 의도가 결합된 주의는, 무엇을 보게 만들고 무엇을 놓치게 만들지를 결정한다. 이런 현상은 심리학에서는 바더-마인호프 현상[*], 혹은 빈도 착각이라고 부른다. 한번 눈에 들어오기 시작한 정보는, 갑자기 세상에 넘쳐 나는 것처럼 느껴진다. 유행하는 옷을 입고 나가면 거리엔 갑자기 그 옷을 입은 사람이 가득한 것 같고, 내가 산 자동차는 언제부터 이렇게 많이 다녔나 싶을 정도로 자주 눈에 띈다. 임산부는 임산부가 보이고, 망치를 든 사람은 모든 것을 못처럼 본다. 뇌는 이미 주목한 것에 관심을 집중하고, 그렇지 않은 것은 의식의 배경으로 밀어낸다. 결국 우리가 본다고 믿는 많은 것들이, 사실은 보고 싶은 것일지도 모른다.

투자자라면 바더 마인호프 현상을 꽤 유용하게 활용할 줄 알아야 한다. 투자에 관심을 두고 생활하는 사람에게 세상은 온통 투자 대상으로 가득 차 있다. 예를 들어, 부동산 투자자는 차를 타고 지나가면서도 아파트 단

---

[*] 바더-마인호프 현상은 어떤 정보를 처음 접한 뒤, 짧은 시간 내에 그 정보가 반복적으로 노출되는 것처럼 느껴지는 인지적 착각을 말한다. 이는 실제로 해당 정보의 빈도가 증가한 것이 아니라, 뇌가 주의를 기울이기 시작했기 때문에 더 자주 인식되는 것이다. 심리학에서는 이를 **빈도 착각(frequency illusion)** 또는 선택적 주의(selective attention)와 확증 편향(confirmatory bias)이 결합된 현상으로 설명한다. 이 명칭은 우연히 '바더-마인호프'라는 독일 극좌 테러 조직 이름을 연이어 들었다는 인터넷 게시글에서 유래하였으며, 이후 일상 속에서 널리 쓰이는 용어가 되었다.

지에 자연스럽게 시선이 간다. 그에게 네비게이션 지도는 일종의 '관심 종목 리스트'와 다르지 않다. 주식 투자자는 더하다. 세상 모든 것이 투자 대상으로 보인다. "요즘 세탁기는 참 편해졌어." 아내의 이 한마디가 증권사의 리서치 보고서보다 훨씬 더 실용적인 투자 힌트로 들릴 때도 있다. 거리의 간판을 보면 어떤 업종이 유행하는지 감이 오고, 마트 진열대를 보면 납품 회사의 매출을 유추할 수 있다. 그리고 이전에는 전혀 관심 없던 뉴스 속 국제 정세가, 투자에 관심을 갖기 시작하면 놀랍게도 귀에 쏙쏙 들어온다. 이는 뇌가 관심 있는 정보에 대해 주의의 우선순위를 바꾸기 때문이다. 그 순간부터 세상은 같은 모습인데, 전혀 다르게 보인다.

하지만 이 현상이 꼭 긍정적인 면만을 가지는 것은 아니다. 뇌가 외부 자극을 선택적으로 받아들인다는 말은, 곧 편향된 시선을 가졌다는 말이기도 하다. 그리고 이 편향은 때로, 의도하지 않아도 악의 없는 차별이나 폭력으로 이어질 수 있다. 예를 들어 보자. 만약 당신이 조선시대에 살고 있다고 가정해 보자. 어느 날 우연히 금발에 푸른 눈을 가진 사람을 마주친다면, 과연 당신은 그를 인종이나 외모로 차별하지 않고 현대적인 관점에서 그를 받아들일 수 있을까? 아마 무의식적으로 경계하거나, 거리를 두거나, 눈을 피할 것이다. 폭력적인 언행이 없어도 그것은 차별이다. 뇌는 익숙하지 않은 것에 대해 본능적으로 거부 반응을 보이기 때문이다. 이처럼 뇌의 편향은 생존을 위한 자동화된 시스템이지만, 같은 원리가 투자 세계에서도 작용하면 문제를 일으킬 수 있다. 예를 들어, 어떤 종목과 사랑에 빠진 투자자는 자신도 모르게 그 종목에 유리한 정보만을 수집하고, 부정적인 뉴스나 분석은 의도적으로 무시하거나 반박하게 된다. 그의 뇌는 그 종목의 장밋빛 미래를 중심으로 강력한 뉴런 연결망을 만들고, 그 신경망은 점점 확장된다. 그 결과, 남들이 보기엔 위험 신호로 보이는 정보조차도, 그에게는 긍정적인 증거로만 인식된다. 이것이 바로 확증편향이다. 인간은 본래 자신이 믿는 것을 강화시켜 줄 정보에만 주목하고, 그 반대되는 증거는 무시하려는 자연스러운 성향을 지닌다. 그리고 바더 마인호프 현상처럼 선택적인 주의력은, 이 경향을 더 강화시킨다. 반대로 한쪽으로 편향된 시선은 좋은 투자 종목을 놓치는 결정적인 원인을 제공하기도 한다.

확증편향

사람들은 자신이 옳다고 생각하는 것을 확인해 주는 정보는 쉽게 받아들이지만, 자신이 틀렸을 수도 있다는 신호에는 거의 귀를 기울이지 않는다.

-대니얼 카너먼-

바더마인호프 현상은 내가 이미 알고 있는 사실을 더 쉽게 받아들이도록 만든다. 좋게 말하면 집중이지만, 나쁘게 말하면 결여다. 집중은 흔히 긍정적 가치로 포장되지만, 사실상 다른 것을 보지 못하는 터널 시야이기도 하다. 이 틈에서 우리는 종종 확증편향에 빠진다. 더 큰 문제는 그 대상이 믿음의 형태로 다가올 때다. 인간은 본능적으로 믿음에 취약하기 때문이다. 진화가 누적되어 왔듯, 진화의 산물인 지식도 누적되어 왔다. 우리는 곰을 직접 마주친 적이 없어도 곰이 위험하다는 사실을 알고, 물에 빠져 보지 않아도 물속에서 숨을 쉴 수 없다는 사실을 안다. 왜 아느냐는 질문에 우리는 "배웠기 때문"이라고 답한다. 부모와 교사, 책과 미디어를 통해 어떻게든 습득했기 때문이다. 여기서 다시 의문이 생긴다. 직접 경험하지도, 실험하지도 않았는데 왜 우리는 그것을 사실로 믿는가? 라는 점이다.

니콜라스 게오르게스쿠-뢰겐*은 인류가 신체적으로는 열세였음에도

---

* 니콜라스 게오르게스쿠-뢰겐(Nicholas Georgescu-Roegen, 1906~1994)은 루마니아 출신의 경제학자로, 엔트로피 법칙을 경제학에 도입해 생태경제학의 기초를 놓은 인물이다. 그는 경제 과정이 단순한 순환이 아니라, 에너지와 자원의 소모를 수반하는 비가역적 과정임을 강조했다. 특히 저서 《엔트로피 법칙과 경제 과정》에서 현대 산업 문명이 결국 자원의 고

지식체계를 통해 살아남아 지구의 지배종이 되었다고 보았다. 지식을 가진 이가 더 오래 생존하고 더 편리한 삶을 누린다는 사실을 인류는 일찍이 깨달았다. 그리고 남이 이미 겪어 습득한 지식을 배우는 일이, 위험을 감수해 직접 체험으로 얻는 것보다 훨씬 경제적이라는 것도 알았다. 이를 극단적으로 보여 주는 예가 있다. 좀비가 창궐해 집 밖이 위험으로 가득한 세상을 상상해보자. 식량을 얻으려면 마트까지 나가야 하지만, 길에 좀비가 있을지 없을지는 알 수 없다. 어느 날 집단의 한 사람이 마트 앞을 정찰하다 동료 몇을 잃고 겨우 돌아와 "그곳은 위험하다"고 말한다. 당신이 그 집단의 일원이라면 그의 말을 믿고 마트를 포기하겠는가, 아니면 "직접 확인해보지 않았으니"라며 다시 목숨을 걸 수 있을까? 답은 명확하다.

마이클 셔머는 다윈의 발자취를 따라 갈라파고스 제도를 탐사하던 중 정글에서 죽음의 공포를 체감했고, 그때 이렇게 말했다. "문명의 보호막이 사라지면, 죽음을 멀게 느낄 사람은 없다." 좀비의 세계에서는 누구도 안전하지 않다. 설령 정찰자가 평소 거짓말을 자주 했더라도, 그가 99번 거짓말을 했어도 단 한 번의 진실 때문에 목숨을 잃을 수 있기에 그의 말은 신뢰의 대상이 된다. 우리 조상들의 세계에 좀비는 없었지만, 그와 다르지 않은 맹수와 적대 집단이 도사리고 있었다. 그 속에서 직접 경험하지 않은 사실을 믿은 사람은 믿지 않은 사람보다 살아남을 확률이 높았다. 살아남은 이들이 더 많은 자손을 남겼고, 그 결과 신뢰 성향은 유전과 문화의 층위에 각인되었을 가능성이 크다. 다시 말해, 우리 DNA에는 남

갈과 환경 파괴로 이어질 수 있음을 경고했다. 그의 사상은 오늘날 지속가능성 논의와 탈성장 담론에 중요한 이론적 토대가 되고 있다.

을 믿는 경향이 남아 있다.

  믿음의 힘은 지식의 전승에만 머물지 않았다. 수렵, 채집에서 농경으로 넘어가며 인류는 정착했고, 더 큰 규모의 집단을 이루었다. 큰 집단은 외부 침략에 대항하고 사냥·농경에서 협력하기에 유리했다. 또한 집단이 클수록 지식이 더 빨리 축적되어 생존 경쟁에서도 우위를 점할 수 있었다. 그러나 규모가 커지면 다른 문제가 생겼다. 권력의 비대화, 구성원 간 격차, 불평등의 심화는 불신을 키워 분열과 몰락으로 이어지곤 했다. 이 난제를 완충한 것이 다시 '신뢰'였다. 믿음 없이는 협력도, 분배도, 집단의 존속도 불가능했다. 믿음은 감정이 아니라, 집단을 안정화하고 유지하기 위해 인류가 선택한 생존 장치였다. 이것이 의미하는 바는 분명하다. 집단이 클수록 지식을 얻고 전하는 사람은 많아지고, 그렇게 얻은 지식을 집단 내에 공유·보존하는 가치가 커진다. 인간에게 믿음은 생존과 직결될 만큼 중요했기에, 오랜 시간에 걸쳐 사회 구성원 간 신뢰를 뒷받침하는 본능적, 암묵적 틀이 형성되었다. 그러나 이 믿음이 과해지면 다른 그림자가 드리운다. 확증편향이다.

  확증편향은 자신이 이미 가진 신념이나 가설을 지지하는 정보만 받아들이고, 그와 충돌하는 증거는 무시하거나 축소하는 경향이다. 사회적 맥락에서는 집단 결속을 강화하는 장치였을 수 있으나, 현대의 복잡한 사회와 시장에서는 오히려 위험을 키운다. 정치적 신념, 종교적 교리, 투자에 대한 확신에서 우리는 이 편향을 매일 목격한다. 뇌과학적으로도 확증편향은 단순한 심리 현상을 넘어 신경회로의 작동과 깊이 얽혀 있다. 전두엽은 합리적 판단을 담당하지만, 우리가 '믿고 싶은' 정보가 들어올 때 보상 회로의 도파민 분비가 강화되어 쾌감을 준다. 반대로 기존 믿음과 충돌하는 정보는 편도체와 전측 대상피질(ACC)을 자극해 불쾌감과 불안을 유발한다. 뇌는 자연스럽게 불쾌를 회피하고 쾌감을 추구한다. 그래서 우리는 기존 신념을 강화하는 정보에 더 오래 머물고, 반대 증거는 시야 밖으로 밀어낸다. 확증편향은 정보 처리의 단순 오류가 아니라, '쾌락을 강화하고 불안을 회피한다'는 생존 전략이 낳은 부산물이다.

결국 확증편향은 믿음이라는 진화적 유산이 만들어 낸 그림자다. 믿음은 우리를 협력하게 하고 생존을 가능하게 했지만, 보상체계와 맞물리는 순간 인간은 스스로의 신념을 확인해 주는 신호만 선택적으로 받아들이게 된다. 과거에는 집단의 생존에 유리했을지 모르나, 오늘날의 복잡한 사회와 시장에서는 판단을 흐리고 위험을 증폭시키는 편향으로 작동한다. 이제 필요한 것은 믿음 자체의 부정이 아니라, 그 믿음을 끌고 가는 뇌의 기제를 이해하고, 의식적으로 균형추를 되돌리는 훈련이다. 그러지 않으면 우리는 신뢰의 덕을 보던 바로 그 장치로 인해, 시장의 소음 속에서 가장 중요한 신호를 놓치게 된다.

수평적 권위주의 세계관

민주주의 사회에서 다수의 압력은 자유보다 여론을 중시하게 만든다.

-알렉시 드 토크빌-

  종목과 사랑에 빠진 투자자는 확증편향에 쉽게 노출된다. 이는 리스크를 과소평가하게 만들어 투자자에게 큰 손실을 안겨 줄 수 있다. 하지만 아이러니하게도 투자자는 어떤 순간에는 확신이 반드시 필요하다. 확신과 확증편향은 종이 한 장 차이지만, 이 경계를 인식하고 균형을 잡는 일은 말처럼 쉬운 일이 아니다. 더욱이 결과만 놓고 보면, 확증편향에 빠졌음에도 큰 돈을 번 사람이 있고, 반대로 확신을 갖고 장기투자했지만 실패한 사람도 있다. 결국 이 모든 해석은 결과론에 사로잡힐 위험이 크며, 생존자 편향에 빠지기 쉽다. 그래서 나는 어떤 결론보다 그 판단이 어디서 비롯되었는지, 즉 그 사람의 전이해에 주목하고 싶다. 전이해는 우리가 어떤 정보에 주목하고, 어떻게 해석하며, 무엇을 믿고 행동하는지 결정짓는 중요한 틀이다. 하지만 이 전이해가 경직되면 편견이 된다.

  고든 올포트는 "편견은 단순한 오류가 아니다"[8]라고 말했다. 그는 만약 새로운 증거에 따라 자신의 판단을 수정할 수 있다면 그것은 단순한 오해이며, 편견은 오히려 불리한 증거 앞에서 더 정서적으로 저항한다고 보았다. 즉, 전이해가 고정되면 확증편향으로 이어지고, 확증편향은 편견이 되어 비합리적 사고를 강화한다. 그런데 문제는 여기서 끝나지 않는다. 현대 사회에서는 편견이 단지 개인의 사고 문제를 넘어서 하나의 정체성이 되어가고 있다. 특히 수평적 권위주의가 만연한 지금은, 예전처럼 권위자의 말이나 상위 질서에 의해 의견이 수렴되지 않는다. 오히려 사람들은 자신이 이미 갖고 있는 전이해와 편견을 확증하는 정보만을 찾아다닌다. 정보는 넘쳐나고, 입장은 고착되며, 타인의 의견을 들을 이유는 사라졌다. 이런 흐름은 정치 영역에서 먼저 뚜렷하게 나타났다. 1980년대 미국 공화당의 깅그리치 전략이 대표적이다. 1960~70년대 미국 정치의 특징은 중도성이었다. 민주당과 공화당은 여러 사안에서 당을 초월한 합의를 도출하곤 했고, 협치가 가능하던 시기였다. 그러나 1980년대에 들어서면서 상황은 바뀌었다. 공화당은 하원에서 민주당에 밀려 소수당으로 전락했고, 이를 타개할 정치 전략이 절실한 시점에 도달했다. 이때 조지아주 출신 하원의원 뉴트 깅그리치*는 공화당 내 젊은 보수 의원들을 규합해 별도의 모임을 만들고, 당의 전략적 재정비에 나섰다. 그는 민주당과의 협치보다 적대적 공세와 미디어 활용을 통해 지지층을 결집시키는 방식을 택했다. 당시까지만 해도 공화당과 민주당 의원들은 워싱턴에 거주하며 서로 자주 회동했고, 자녀들을 같은 학교에 보내고, 논쟁이 끝나면 골프를 치거나 함께 저녁을 먹으며 물밑 협상을 이어 가곤 했다. 겉으로는 치열한 정치적 대립이 있었지만, 서로의 입장을 이해하고 타협점을 찾으려는 최소한의 공감대는 존재했다. 그러나 깅그리치의 전략이 공

---

* 뉴트 깅그리치(Newt Gingrich, 1943~)는 미국의 정치인으로, 1995년부터 1999년까지 하원의장을 지낸 공화당 지도자다. 그는 1994년 중간선거에서 '미국과의 계약(Contract with America)'을 내세우며 공화당의 역사적 승리를 이끌었고, 이를 통해 민주당이 40년 넘게 장악해 온 하원을 뒤바꿨다. 이 이른바 '깅그리치 혁명'은 보수주의적 세금 감면, 정부 축소, 복지 개혁 등을 중심으로 연방정부의 역할에 대한 근본적 재조정을 시도했으며, 이후 미국 정치의 **양극화, 이념 대결, 정파적 언어 사용의 격화**를 촉진한 전환점으로 평가된다.

화당 주류로 자리잡자, 양당 사이의 초당적인 관계는 빠르게 붕괴되기 시작했다. 협상을 위한 대화는 사라지고, 남은 것은 비난과 적대뿐이었다. 공화당의 이런 변화는 곧 민주당에도 영향을 미쳐, 양측은 서로를 적으로 규정하며 정치를 전면전의 영역으로 밀어 넣었다. 결국 깅그리치가 주도한 이른바 깅그리치 혁명은 공화당의 하원 탈환이라는 단기적 성공을 안겨 줬지만, 이는 곧 정치적 극단화를 불러왔고, 미국 사회의 양극화를 심화시켰다. 더 이상 타인과의 대화를 통해 입장을 조율하는 '중도'는 설 자리를 잃었다. 대신 각자의 세계관 속에서 자신만의 진실을 강화하고 반복 소비하는 '편견의 시대'가 도래한 것이다.[9] 이처럼 투자자가 전이해에 갇혀 확증편향에 빠지고, 편견이 정체성이 되며, 그것이 현대의 수평적 권위주의 사회와 맞물릴 때, 그 위험은 훨씬 커진다. 나의 관점은 이 구조적 문제에 있다. 단순히 더 많이 배우고 더 많은 정보를 취득하는 것이 중요한 게 아니다. 우리는 자신의 전이해를 성찰하고, 낯선 관점을 받아들이는 유연함을 유지해야 한다. 투자든 정치든 마찬가지다. 편견은 결국 나의 판단을 구속하는 가장 강력한 족쇄가 된다.

나는 투자자가 전이해에 따라 확증편향에 빠지고, 이 확증편향이 다시 편견으로 고착되는 과정을 중요하게 본다. 그런데 현대사회는 이 문제를 더욱 악화시킨다. 정보가 넘쳐나는 시대에 우리는 다양한 해석과 의견 속에서 무엇이 옳은지 선택해야 한다. 그런데 이 선택이야말로 인간에게 가장 큰 불안의 원인이 된다. 에리히 프롬은 《자유로부터의 도피》[10]에서 "자유는 인간을 고립시키고 불안을 유발하며, 사람들은 그 불안을 피하기 위해 도그마적 신념으로 도피한다"고 말했다. 이는 현대의 수평적 권위주의 사회에서 특히 뚜렷하게 드러난다. 수직적 권위주의 사회에서는 대부분의 선택지가 강요되었다. 옳고 그름의 기준은 위로부터 주어졌기에, 개인은 복잡한 판단 없이 그 권위에 기대어 삶을 영위할 수 있었다. 반면 오늘날은 각자의 주관으로 정보를 해석하고 판단해야 한다. 누구도 내 대신 결정해 주지 않는다. 겉으로는 자유롭지만, 사실은 더 큰 혼란 속에 방치된 것이다. 자유는 선택의 가능성이지만, 동시에 방향을 잃게 만드는 고립의 상태이기도 하다. 마치 자유도가 너무 높은 오픈월드 게임처럼 처음에는 해방감을 느끼지만 곧 무엇을 해야 할지 몰라 방황하게 된다. 그래서 우리는 퀘스트를 원하고, 누군가가 정해 준 길을 걷고자 한다. 이 틈을 타 도그마가 다시 부활한다. 귀스타브 르봉은 《군중심리》[11]에서 "집단 속에 있는 개인은 이성보다 감정에 의해 움직이며, 선동가에 의해 쉽게 지배된다"고 말했다. 인간은 자유로운 듯 보이지만, 언제나 '따르고 싶은 대상'을 찾고 있다. 그 대상은 과거에는 왕이나 교황이었지만, 오늘날은 나와 생각이 일치하는 정치인, 유튜버, 혹은 SNS 인플루언서가 그 자리를 대신한다. 깅그리치가 공화당의 전략을 공격적이고 대결적인 노선으로 전환했을 때, 대중은 기꺼이 그것을 받아들였다. 오히려 온건한 태도보다는 강한 신념과 비난의 언어에 더 열광했다. 그렇게 수직적 권위는 붕괴되었지만, 그 자리를 새로운 수평적 권위가 차지하게 된 것이다. 현대인은 선택할 수 있는 자유를 얻었지만, 그 자유는 도리어 확증편향과 편견을 강화하는 데 기여한다. 고든 올포트가 말했듯, 새로운 증거를 접하고도 판단을 고치지 않는 것은 단순한 오류가 아니라 편견이다. 사람들은 자신이 지지하는 정치 성향, 투자 방식, 또는 철학적 태도에 대해 끊임없이 자신을 정당화하고, 반대 의견에는 증오와 냉소로 반응한다. 수평적인 사회에서는 서로가 권위자가 되고, 각자가 도그마를 갖는다. 결국 다수는 자유 속에서 방향을 잃고, 편견 속에서 안정을 찾는다.

과학기술이 삶에 미치는 영향

기술은 우리와 세상 사이에 끼어든다. 기술이 현실을 해석하는 방식에는 우리를 위한다는 목적만 있는 것이 아니다. 설계자의 엄청난 이익이라는 목적도 있다.

-크리스틴 로젠-

우리가 직면한 진짜 문제는 흔히 생각하는 것처럼 정치적인 권위주의나 독단 그 자체가 아니다. 권위주의는 어느 시대에나 존재했다. 과거에는 수직적 권위주의의 형태로 나타났고, 그것이 독재나 전체주의 체제로 이어진 경우도 많았다. 하지만 그 시대의 대중이 항상 그 권위주의에 저항했던 것은 아니다. 오히려 2차 세계대전과 냉전 시기처럼, 대중은 외부의 적에 대한 무조건적인 증오와 적개심으로 권위주의적 통제를 내면화하기도 했다. 깅그리치 혁명은 미국 정치에서 협치의 종말을 알리는 상징적 사건이었지만, 이와 유사한 양상의 정치적 대결구도는 미국에 국한되지 않는다. 지금 전 세계는 다양한 형태의 도그마와 독단이 서로 충돌하는 양상으로 치닫고 있다. 그 이유는 단지 정치나 이념의 문제가 아니라, 기술의 발달과 맞물린 인간 생활양식의 변화에서 비롯된 것이다. 과학기술의 발전은 진보라는 이름 아래 인간 삶을 편리하게 만들었다. 삶의 질이 향상된 것은 분명하다. 그러나 이 진보는 단순한 편의의 문제가 아니라, 인간의 사고방식과 행동양식 자체를 바꾸는 방식으로 작동해 왔다.

컴퓨터 과학자 요제프 바이첸바움은 "사람들은 배가 고프다는 느낌을 식욕을 자극하는 요소에서 제외시켜 버렸다. 대신 추상적인 모델이 특정 상태에 도달했을 때, 즉 시곗바늘이 문자판의 정오를 가리킬 때 식사를 한다"[12]고 지적했다. 그의 말은 인간의 생물학적 신호보다 기술이 지시하는 시간이 더 중요해졌다는 점을 날카롭게 꼬집는다. 배가 고파서가 아니라 '정오이기 때문에' 밥을 먹는 삶, 이것이 기술이 인간 삶을 어떻게 규정해 버리는지 보여 주는 단적인 사례다. 네비게이션은 운전의 효율을 극대화시켜 주지만, 정작 그것 없이는 방향을 찾지 못하고, 휴대폰이 없으면 가까운 지인의 번호조차 외우지 못한다. 식당 하나를 가기 위해서도 스마트폰 리뷰를 분석한 뒤 움직이는 것이 당연해졌다. 우리는 과학기술의 도움 없이 살기 어려운 상태가 되었다. 그런데 이런 과학기술이 인간의 사고방식에까지 영향을 주어, 권위주의와 독단, 다시 말해 도그마적 세계관을 만들어 내고 있다면 그것은 단순한 기술의 문제가 아니다. 이는 결코 과장이 아니다. 오히려 오늘날 인간은 기술에 의해 주어진 정답을 무비판적으로 받아들이는 데 익숙해졌고, 이는 다시 확증편향과 편견, 더 나아가 도그마로 이어지는 심리적 구조를 만들었다. 정치, 종교, 투자, 인간관계 그 어떤 분야에서도 사람들은 '고정된 해답'을 갈망한다. 기술이 제공하는 빠르고 효율적인 해결책이 우리를 훈련시켰기 때문이다. 그렇기에 지금 우리가 맞이한 진짜 문제는 더 이상 전통적인 권위주의가 아니라, 기술로 무장한 수평적 권위주의이며, 선택하지 않기 위해 신념에 도피하는 인간의 심리다.

전 세계 대다수의 사람들은 실제 삶만큼이나 6인치 화면 속에서의 삶도 중요하게 여기는 시대에 살고 있다. 2024년 현재 전 세계 스마트폰 보급률은 70%에 달하며, 한국의 경우 성인 인구의 98%가 스마트폰을 사용하고 있다. 전 세계적으로 약 55억 명이 스마트폰을 통해 또 하나의 세상에 접속하며 살아간다. 스마트폰은 시계만큼이나 인간의 삶을 근본적으로 바꿔 놓았다. 스마트폰 이전에도 사람들은 TV를 통해 현실로부터 잠시나마 벗어날 수 있었다. 그러나 스마트폰이 그 역할을 대체하면서 더 이상 단순한 도피처로 머물지 않게 되었다. TV는 우리에게 환상과 오락을 제공했지만, 대체로 사람들은 TV 속 세상이 현실이 아님을 자각하고 있었다. 물론 간혹 드라마의 악역에 대한 감정이 과하게 몰입되는 경우도 있었지만, TV의 본질은 풍자와 비유, 또는 환상의 세계로의 여행이었다. 반면 스마트폰은 단순히 TV의 자리를 차지한 것이 아니라 전혀 다른 차원의 기능을 수행한다. 특히 SNS의 등장 이후, 스마트폰은 오락이나 정보 소비를 넘어 사용자의 자아를 투영하고 구성하는 플랫폼이 되었다. TV가 의식적인 도피처였다면, SNS는 또 하나의 '현실'로 작동한다. 사람들은 SNS 속 세상이 비현실임을 인식하지 못한 채 그 안에서의 존재를 진짜 삶으로 받아들인다. 드라마 속 악역을 향한 분노는 TV를 끄면 사라졌지만, SNS 속 악역에 대한 분노는 기기의 전원이 꺼진 뒤에도 지속된다. 어떤 사람에게는 악역이지만, 또 다른 사람에게는 정신적 지도자인 이중적 존재들이 상존하며, 우리는 실제로 마주친 적도 없는 사람에게 정서적 에너지를 쏟고 감정을 소진한다. 이것이 바로 TV 시대와의 가장 큰 차이다. TV는 '끝'이 있는 매체였고, 그 종료와 함께 감정도 일단락되었지만, SNS는 끝이 없다. 실시간으로 갱신되고, 끝나지 않는 감정이 스마트폰 화면을 통해 이어진다. 사람들은 이 속에서 분노하고, 질투하고, 모방하고, 공격하며 살아간다. 스마트폰은 단순히 정보를 보는 기기가 아니라, 현대인의 감정 구조와 행동 양식을 실시간으로 재편성하는 도구가 된 것이다.

SNS의 이점도 물론 많다. 우리는 평소에 소통하기 어려웠던 사람들과도 자연스럽게 소통할 수 있게 되었다. 12시간의 시차가 있는 먼 나라 사람들과 실시간으로 메시지를 주고받을 수 있고, 같은 학교에 다니지만 학교에서는 한마디도 나누지 않았던 사람들과도 SNS에서는 자유롭게 이야기할 수 있다. 정치인, 연예인, 스포츠 스타, 존경하는 인물, 완전히 접점이 없던 사람들, 외국인까지 우리가 현실 세계에서는 마주칠 일이 거의 없던 다양한 사람들과도 연결될 수 있게 된 것이다. 인간은 본질적으로 사회적 동물이기에 이러한 연결은 겉보기에 인류의 진화 흐름과 충돌하지 않는 자연스러운 현상처럼 보인다. 하지만 SNS에는 이러한 장점을 가릴 만큼의 구조적이고 심각한 문제점들이 존재한다. 크리스틴 로젠의 말을 빌리자면 "기술은 우리와 세상 사이에 끼어든다. 기술이 현실을 해석하는 방식에는 우리를 위한다는 목적만 있는 것이 아니다. 설계자의 엄청난 이익이라는 목적도 있다."[13] 즉 우리의 삶 속에 깊숙이 자리 잡은 SNS는 처음부터 특정한 목적 아래 설계된 것이다. 그 목적은 인류의 진보나 연결의 이상 같은 것이 아니다. SNS는 기업이 만들었고, 기업은 이익을 추구한다. 그들이 만든 디지털 세계에 우리가 자발적으로 들어간 것처럼 보이지만, 사실 우리는 그들의 서비스를 이용하는 대가로 그들의 이익 구조 안에서 어떤 역할을 수행하게 된다. 문제는 그 역할이 매우 은밀하고 교묘하게 설계되었다는 점이다. 직접적인 과금이 아니라 우리의 감정, 시간, 주목, 행동, 선택, 심지어 신념까지도 그들의 수익모델 안에서 활용될 수 있도록 설계된 것이다. 우리는 광고를 보게 되고, 게시물에 반응하고, 콘텐츠를 추천하며, 데이터를 제공하고, 알고리즘을 정교하게 만들어 주는 행위를 끊임없이 수행한다. 그리고 그 모든 행위는 '자유로운 연결'이라는 명분 아래 진행되기에, 우리는 그것이 얼마나 촘촘히 짜인 경제적 시스템인지조차 자각하지 못한다. 바로 여기에 SNS의 가장 교묘하고도 위협적인 속성이 존재한다.

설계자들

SNS는 미덕보다 분노를 더 잘 전파한다. 화난 사람은 더 많이 공유하고, 더 오래 기억한다.

-조너선 하이트-

  이 설계자들이 돈을 버는 유일한 방법은 사람들의 주의를 끌어내는 것이다. 사람들의 주의를 오랜 시간 자신들이 만든 세계 안에 붙잡아 두는 것, 그것이 곧 그들의 비즈니스 모델이다. 따라서 설계자들이 가장 공을 들이는 부분은 사용자의 '주의력을 어떻게 효과적으로 사로잡을 것인가'이다. 쉽게 말해 사람들이 좋아할 만한 요소를 끊임없이 심어 놓는 것이다. 이런 면에서 TV와도 유사하다. 높은 시청률을 기록하는 프로그램에는 더 비싼 광고가 붙는다. 그래서 TV 프로그램 제작자는 가능한 많은 사람의 시선을 끌 수 있는 포맷과 콘텐츠를 만들어야 한다. 이는 전통적인 매체의 단순한 생존 원리였다. SNS의 설계자들도 이 원리를 그대로 이어 받았지만, 동시에 더 교묘하고 정교한 전략이 필요했다. 왜냐하면 그들이 상대해야 할 경쟁자는 이미 오랫동안 대중의 주의를 장악해온 TV라는 거대한 산이었기 때문이다.

  물론 시간이 지나며 스마트폰 보급률이 높아지고, TV는 점차 젊은 세대에게 외면받으며 주된 매체로서의 지위를 잃어 갔지만, SNS 초창기에는 TV의 영향력이 여전히 강력했다. 2000년대 초반의 웹사이트들은 대부분 사용자가 스스로 무엇인가를 검색해야 콘텐츠를 제공할 수 있었다. 즉 사용자의 '의도된 행동' 없이는 아무런 정보도 전달되지 않았다. 이는 기존 신문이나 방송이 정보를 제공하던 방식과 크게 다르지 않았다. 매체가 먼저 제공하는 콘텐츠를 받아 보는 것이 아니라, 사용자가 먼저 질문해야 답이 돌아오는 구조였다. 그러나 SNS의 등장은 이 생태계에 결정적인 변화를 일으켰다. 페이스북은 최초로 실명 기반의 관계망을 도입해 온라인상의 연결이 실제 인간관계와 연결된다는 감각을 사람들에게 각인시켰다. 이로써 오프라인과 온라인의 경계는 무너졌다. 2006년 출시된 트위터는 타임라인 구조를 도입해 글이 실시간으로 끊임없이 흘러나오도록 만들었고, 페이스북 역시 뉴스피드를 도입하면서 여기에 가세했다. 문제는 콘텐츠가 노출되는 순서였다. 어떤 글이 타임라인의 가장 위에 올라올까? 전통 매체에서의 콘텐츠 배열과 비교해보면 쉽게 이해할 수 있다. 9시 메인 뉴스의 첫 꼭지, 신문의 1면 머릿기사는 그날 하루 가장 중요한 사건이자 언론사가 공적으로 책임지는 콘텐츠다. 물론 편파적 편집과 논란이 존재하지만, 적어도 주요 뉴스에 대해서는 나름의 검증과 편집 기준이 존재한다. 그러나 SNS에서 가장 상단에 노출되는 콘텐츠는 전혀 다른 기준을 따른다. 그것은 진실 여부나 공익성, 사실성보다는 단 하나, 사람들이 얼마나 많이 반응했는가, 얼마나 공감했는가에 의해 결정된다. SNS 알고리즘은 인기 순으로 콘텐츠를 배열한다. 즉 사용자들이 타인의 관심을 끌기 위해선 무엇보다도 공감을 많이 받을 콘텐츠를 만들어야 하며, 점점 더 많은 이들이 같은 감정, 같은 분노, 같은 유행을 공유하게 되는 구조가 된다. 결국 SNS는 사람들로 하여금 '다수가 좋아할 만한 이야기'를 스스로 만들어내도록 유도한다. 개인의 생각은 점차 사라지고, 알고리즘에 최적화된 표현만이 살아남게 된다.[14]

    SNS는 단순한 기술이 아니다. 그것은 인간 본성을 정밀하게 겨냥한 설계의 산물이다. 설계자는 우리에게 끊임없이 힌트를 준다. 어떻게 하면 더 많은 사람들의 관심을 끌 수 있을까? 가장 효과적인 방법은 정서적 자극이다. 사람들은 감정적으로 반응한다. 공감을 얻고 싶다면, 감정을 흔드는 이야기를 해야 한다. 왜일까? 인간은 본능적으로 자기노출에 대한 욕구를 갖고 있기 때문이다. 생존을 위해 집단생활을 해온 인류는 사회적 교류에 민감하도록 진화했다. 우리는 타인의 반응을 통해 자신의 위치를 확인하고, 옳고 그름을 판단하며, 사회적 위계를 가늠한다. 실제로 우리가 자기 이야기를 할 때, 뇌의 많은 부위가 동시에 활성화된다고 한다. 뇌는 이것을 단순한 대화로 받아들이지 않는다. 그것은 보상받을 만한 행위로 간주된다. 그리고 실제로 쾌감을 느낀다. 즉, 우리는 단지 무언가를 말하는 것이 아니라, 그 행위를 통해 사회적 생존과 연결된 보상을 추구하고 있는 것이다.

SNS는 물리적 공간이 아니다. 그러나 그 안에서 형성되는 관계는 놀라울 만큼 사회적이다. 사람들은 그곳에서 인정받고 싶어 하고, 소속되고 싶어 하며, 반응을 갈망한다. 모든 사람이 자기 이야기를 하고 싶어 한다. 이 욕망은 본능에 가깝다. 그런데 문제는, 그 많은 이야기들을 기꺼이 들어 줄 청중이 없다는 데 있다. 말하고 싶은 사람은 넘치는데, 듣고 싶은 사람은 드물다. 이 모순적인 욕망 구조 속에서, SNS는 기막힌 해결책을 제시했다. SNS는 마치 청중이 항상 대기 중인 것처럼 보이도록 설계되었다. '좋아요', '댓글', '공유'. 이 기능들은 단순한 기술이 아니다. 그것은 누군가가 나의 이야기를 들었다는 '신호'이고, '보상'이다. 청중은 언제나 거기에 있는 것처럼 느껴진다. 그리고 나는 언제든 다시 말할 수 있다. 결국 SNS는, 말하고 싶은 사람과 들려 주고 싶은 이야기, 그리고 들어 줄 것처림 보이는 청중을 하나의 완벽한 시스템으로 연결해 낸 것이다.

그렇기 때문에 사람들은 SNS를 통해 끊임없이 자신을 드러내고, 타인의 반응을 통해 자신의 정체성을 재확인한다. 하지만 예일대 심리학자 폴 블룸은 "공감에 관한 최악의 오해 중 하나는 그것이 무엇보다 자비로운 감정이라는 생각이다"라고 지적했다. 그의 말처럼, 공감은 반드시 긍정적인 결과로 이어지는 감정은 아니다. 사람들은 공감한다는 행위를 통해, 실제로는 자신이 어떤 사회적 지위에 있는지를 확인하고 싶어 한다. 오르테가 이 가세트는 대중이란 존재는 평균의 지점에 자신을 올려둘 때 안정을 느낀다고 했는데, SNS의 공감 시스템은 이러한 심리를 극적으로 부추긴다. 그리고 무엇보다도, 공감의 가장 강력한 형태는 '분노'다. 사람들은 단순히 훈훈한 이야기보다, 누군가를 규탄하고 분노를 쏟아내는 게시물에 훨씬 더 강하게 반응한다. 물론 이런 반응도 결국은 우리 안에 각인된 본능이다. 스웨덴의 정신과 의사이자 뇌과학자인 안데르스 한센은 이렇게 설명한다. "우리 조상인 인류의 10~20%가 다른 사람에게 맞아 죽던 세계에서, 누가 누구에게 적의를 가지는지, 어떤 사람과 어울리는 게 좋은지에 대한 정보는 어디에 음식이 있는지를 아는 것만큼이나 중요했을 것이다."[15]

생존은 단지 사냥을 잘하는 문제만이 아니었다. 누구와 함께 있고, 누구를 피해야 하는지를 빠르게 구분하는 능력이 필수였다. 맹수보다도 인간에게 맞아 죽을 확률이 더 높았던 시대, 생존에 유리한 전략은 끊임없이 아군과 적을 구분하고 경계를 유지하는 것이었다. 그 생존 전략이 유전자로 각인되어 오늘날까지 이어지고 있는 것이다. 우리가 누군가의 공격적인 언사나 논쟁적인 콘텐츠에 즉각적으로 반응하는 이유. '분노'라는 감정에 유난히 예민하게 반응하는 이유. 그것은 단순한 성격 문제가 아니다. 진화가 각인한 경고 시스템이 정상적으로 작동하고 있는 것이다. 그것이 중요하지 않은 시대에도 말이다.

분노는 가장 강력한 감정적 전염력을 가진 자극이며, SNS 설계자들은 이 점을 누구보다 잘 알고 있다. 이 시스템의 핵심은, 분노를 유발하는 콘텐츠가 상단에 노출되도록 만든다는 데 있다. 상단에 뜨는 게시글은 신뢰성이나 사실성과는 거의 무관하다. 단지 얼마나 많은 '좋아요'와 '조회수'를 기록했는지가 기준일 뿐이다. 이 구조는 사용자로 하여금 더 자극적이고 더 분노를 유발하는 콘텐츠를 만들게 만든다. 그리고 그 콘텐츠는 다시 많은 공감과 분노를 이끌어 내며, 보상으로써 좋아요와 조회수를 제공한다. 이렇게 형성된 '즉각적인 피드백'은 강한 만족감을 주고, 점차 사람들을 중독되게 만든다. 사용자가 분노를 표현한 게시물에 공감하거나 좋아요를 누르면, 맞춤형 알고리즘은 다음 순간 더욱 분노할 만한 콘텐츠를 큐레이션해 준다. 그렇게 SNS는 공감이라는 이름으로 분노를 양산하는 플랫폼이 되고, 사용자는 그 안에서 감정 소비자이자 감정 공급자가 된다. 그리고 이런 감정을 자극하는 콘텐츠를 지속적으로 공급하는 자, 즉 분노의 생산자와 감정의 설계자를 중심으로 수많은 추종 집단이 형성된다. 이들은 그들을 추종하는 이들에게 무한한 신뢰를 요구하고, 추종자들은 그 기대에 부응하기 위해 점차 단절과 폐쇄성, 도그마적 태도로 자신을 가둔다. 부족한 정보와 단편적 이해만을 가진 이들이지만, 자신이 속한 집단의 정체성과 동일시되며 오히려 더 큰 확신을 갖게 된다. 그 결과 사람들은 자격 없는 누군가에 의해 전이해가 구성되고 있다는 사실을 의심하지 않는다. 자신도 모르는 사이에 왜곡된 전이해가 내면화되고, 그에 기반해 또 다른 추종자들을 양산하는 구조가 형성된다.

이 문제의 본질은 단순히 특정 인물이나 집단의 문제가 아니라, 우리가 얼마나 쉽게 편견과 감정적 확신에 의존해 사고하는지를 보여 준다. 이를 해결하려면 먼저 자기 자신이 가진 인식의 한계를 자각하고, 편견을 극복하려는 최소한의 지적 겸손이 필요하다. 믿고 있던 사실에 대해 다시 검토할 수 있어야 하며, 새로운 증거가 등장했을 때 과거의 판단을 바꿀 수 있는 유연성과 결단이 필요하다. 이는 단지 개인의 미덕이 아니라, 우리가 정보 과잉과 감정 과잉의 시대를 살아가기 위한 최소한의 생존 전략이기도 하다.

열린 사회의 모습을 한 닫힌 사회

전체주의는 언제나 자유라는 이름으로 태어난다.

-한나 아렌트-

공감한다는 것은 게시자와 사용자가 같은 생각을 공유하고 있다는 뜻이다. 이는 단순한 감정의 동조를 넘어, 하나의 사회적 정체성을 형성하는 과정이다. 더 많은 사람들이 공감할수록 그 공감은 자기 증식하며 확산된다. 이는 일종의 사회적 증거, 혹은 밴드왜건* 효과라고 할 수 있다. 인간은 진화적으로 따라하는 존재에 가깝다. 생존을 위해 집단생활에 적응해야 했던 본능은 다수의 행동을 따를 때 더 큰 안전을 보장받았고, 더 오래 살아남아 후손을 남겼다.

이 때문에 SNS에서는 자극적인 게시물이 더 빠르고 널리 전파된다. 설계자들은 이러한 인간의 특성을 활용해 리트윗, 공유, 좋아요 버튼 같은 메커니즘을 고안했다. 단 한 번의 클릭으로 특정 게시글이 수천 명, 수만 명에게 확산될 수 있게 만든 것이다. 10명이 공감하면 그 중 일부가 이를 다시 공유하고, 그들 각각의 팔로워에게 다시 노출된다. 이러한 반복은 승수효과를 통해 기하급수적인 노출을 만든다. 문제는 이 과정이 우리의

---

* 밴드왜건 효과는 어떤 선택이나 행동이 대중적으로 인기를 끌거나 다수가 참여하고 있다는 이유만으로, 사람들이 그것을 따르게 되는 심리적 현상을 말한다. 원래는 정치 캠페인에서 유권자들이 승자 편에 서기 위해 지지율이 높은 후보에게 몰리는 현상을 가리켰으나, 이후 소비, 투자, 사회적 유행 전반으로 개념이 확장되었다. 이 효과는 인간이 소속감과 확신을 추구하는 심리, 즉 사회적 증거와 밀접히 연관되며, 비이성적 군중 행동이나 시장의 거품 현상에서도 자주 나타난다.

의지와 무관하게 진행된다는 점이다. SNS는 사용자가 원하지 않는 감정까지도 지속적으로 제공한다. 리트윗, 댓글, 추천 알고리즘을 통해 사용자는 원치 않았던 정보조차 수시로 접하게 된다. 이때 중요한 질문이 생긴다. 공감이 사회적 정체성을 만든다면, 공감하지 못하는 것, 즉 나와 반대의 정체성은 어떻게 받아들여지는가? SNS 알고리즘은 나의 취향에 맞춰 콘텐츠를 필터링하지만, 모든 정보가 걸러지는 것은 아니다. 아무리 같은 정치 성향의 사람을 팔로우했다 해도, 문화·경제·사회 문제에선 다른 견해를 가질 수 있다. 이처럼 서로 다른 정체성이 공존하는 구조 속에서 우리는 점차 다름 자체에 대한 거부감을 키워 간다.

현대의 권위주의는 더 이상 수직적이지 않다. 과거처럼 정권이나 제도가 위에서 일방적으로 명령하는 구조는 점점 줄고 있다. 대신 우리는 스스로 선택한 권위, 즉 수평적 권위주의에 따라 사고한다. 이는 겉으로 보기에는 자유롭고 민주적인 구조처럼 보이지만, 실상은 그렇지 않다. 왜냐하면 우리가 선택한 권위, 우리가 공감한 콘텐츠는 반박과 이견을 허용하지 않는 폐쇄성을 동반하기 때문이다. 칼 포퍼는 열린 사회를 주장하며 닫힌 사회를 경멸했다.[16] 그는 진리란 존재하지 않으며, 오직 반박될 수 없는 임시적 사실만 존재할 뿐이라고 보았다. 열린 사회란 반박과 논쟁, 수정 가능한 사고가 가능한 사회다. 그러나 오늘날 SNS는 겉으로는 다양한 의견이 존재하는 듯 보이지만, 실상은 나와 같은 의견만이 필터링되어 노출된다. 공감은 유사성을 확인하는 도구이자, 차이를 제거하려는 감정적 검열의 도구가 된다. 나와 다른 정치 이념, 문화, 국가, 인종, 심지어 응원하는 스포츠 팀까지도 적대의 대상이 되는 구조, 이것이 바로 현대의 수평적 권위주의이며, 이는 단지 모양만 달라졌을 뿐 결국 닫힌 사회의 또 다른 형태일 뿐이다.

SNS와 인터넷 커뮤니티는 더 이상 스마트폰과 모니터 속에만 존재하는 세상이 아니다. 그것은 이제 현실 그 자체이며, 어떤 이들에게는 현실의 삶보다 더 중요한 삶이 되었다. 기술의 진보는 우리의 삶을 편리하게 만들어 주었지만, 동시에 그 변화는 나 홀로 거부하기 어려운 것이기도 하다. 결국 인간은 혼자 살 수 없기 때문이다. 물론 SNS나 커뮤니티를 전혀 이용하지 않고도 아무 문제없이 살아가는 사람도 있다. 나 역시 자녀가 게임은 함께하되, SNS만큼은 최대한 늦게 접하길 바라는 입장이다. 하지만 당신이 투자자라면 이야기는 달라진다. SNS와 커뮤니티는 집단이 모이는 곳이며, 집단은 때로 위험하지만 동시에 기회의 장이기도 하다. 그곳에서 생성되는 수많은 정보와 분위기, 흐름을 전면적으로 무시하는 것은 결코 현명한 전략이 아니다. 지금까지 살펴본 SNS의 단점들을 다시 떠올려보자. 편향, 확증, 감정적 자극, 권위의 자의적 형성, 무비판적 공감과 배제. 이 모든 요소는 위험하지만, 그 위험을 인식하고 역으로 활용할 수 있다면 오히려 장점이 될 수도 있다. 편견에 빠지지 않고, 다양성을 존중하며, 맹신이 아닌 회의적 태도를 유지하되 냉소에 빠지지 않는 것. 이런 태도를 유지할 수 있다면, 우리는 SNS나 커뮤니티 속에서도 칼 포퍼가 말한 열린 사회*의 가능성을 발견할 수 있다. 정보의 시대는 누군가

---

* 칼 포퍼(Karl Popper, 1902~1994)는 오스트리아 출신의 과학철학자이자 정치철학자로, 《열린 사회와 그 적들》에서 전체주의를 비판하고 자유롭고 비판 가능한 사회의 중요성을 역설했다. 그는 고대 플라톤부터 헤겔, 마르크스에 이르기까지 역사의 법칙성을 주장하며 집단의 미래를 예언하려 한 사상들을 역사주의로 규정하고, 이를 전체주의로 이어지는 위험한 사유 방식이라 비판했다. 포퍼는 열린 사회란, 비판과 자기 수정이 가능한 사회, 다원성과 자유가 보장되는 사회를 의미하며, 이러한 사회만이 권력의 오용을 견제하고 진보를 가능케 한다고 주장했다.

에게는 절호의 기회가 되었고, 누군가에게는 걷잡을 수 없는 시간 낭비가 되었다. 결국 핵심은 기술 자체가 아니라 그것을 사용하는 우리의 태도다. 수평적 권위주의 세계관 속에서 살아가는 투자자라면, 권위주의라는 이름의 도그마에 빠지지 않고, 그것을 꿰뚫고, 비판적으로 이해하며, 필요할 때는 활용할 수 있어야 한다.

친구의 역설(독재와 독점 그 사이)

우리는 관계의 양을 키워가지만, 깊이를 잃어가고 있다.

-지그문트 바우만-

   수평적 권위주의의 중요한 점은 우리가 권위를 선택한다는 점이다. 그렇다면 선택할 수 있는 대상은 어디에서 나오는가? 사람들은 자기 자신을 드러내고 싶어 한다. 이것은 본능이다. 타인의 인정은 인간의 오래된 보상 체계에 뿌리 박혀 있다. 그러나 역설적으로도 사람들은 자신이 남긴 흔적이 오래도록 인터넷에 남는 것을 두려워한다. 노출은 원하지만, 흔적은 원하지 않는다. 그래서 많은 사람들은 인스타 스토리를 택한다. 24시간 후 사라지는 게시물은 이 욕망과 공포 사이에서 완벽한 타협점을 제공한다. 자신을 드러내되, 아무도 오래 기억하지 않기를 바라는 모순된 감정. 인스타 스토리는 그 욕망을 정교하게 포착한 기능이다.

   일시성과 즉흥성을 제공함으로써 사용자들은 더 솔직하고 과감하게 자신의 이야기를 할 수 있게 됐다. 시스템은 이러한 방식으로 사용자의 흑역사를 방지하는 기능도 갖췄다. 자기 노출을 즐기면서도 자기 통제를 중시하는 사람들의 취향에 맞춘, 전형적인 에페메랄 콘텐츠*라 할 수 있다. 하지만 이 일시적 자기 노출조차도 대부분의 사람들에게는 여전히

---

* 에페메랄 콘텐츠(ephemeral content)란 일정 시간이 지나면 자동으로 사라지는 디지털 콘텐츠를 말한다. 인스타그램의 스토리, 페이스북의 스토리 등이 대표적이다. 이러한 콘텐츠는 영구적으로 기록되지 않기 때문에 사용자에게 심리적 부담을 줄이고, 더 솔직하고 즉흥적인 자기 표현을 가능하게 한다. 동시에 사라진다는 특성 때문에 기록으로 남는 흑역사를 피할 수 있다는 점에서 매력을 가진다.

시도되지 않는다. 실제 페이스북 데이터를 보면, 전체 사용자 중 단 9%만이 게시물을 적극적으로 작성하고 소통한다. 나머지 91%는 말없이 피드만 넘긴다. 침묵하는 다수는 말이 없고, 드러나지 않으며, 흔적조차 남기지 않는다. 온라인 공간은 겉보기에 활발해 보이지만, 실상은 고요하다. 이 조용한 대다수가 만들어내는 관성 위에, 일부 소수의 존재가 강력한 영향을 미친다. 이것이 의미하는 바는 꽤 크다. SNS는 겉보기에는 수많은 사용자가 자유롭게 소통하는 공간처럼 보이지만, 실제 구조는 전혀 다르다. 소수의 사람들이 적극적으로 게시물을 올리고, 대다수는 그들이 만든 콘텐츠를 조용히 소비할 뿐이다. 결국, 소통은 모두가 함께 만드는 것이 아니라, 소수의 매개 중심자들에 의해 주도된다.

스탠퍼드 대학 경제학 교수 매슈 O. 잭슨은 이런 비유를 들었다. "당신이 작은 파티를 열었는데, 그 자리에 온 손님 대부분이 당신만 아는 사람이라면, 대화는 자연스럽게 당신을 중심으로 이뤄질 가능성이 높다." 이 말은 단순한 비유를 넘어선다. 당신은 그 자리에 모인 사람들의 공통점이나 관심사를 가장 잘 파악할 수 있는, 말 그대로 특별한 위치에 서게 되는 것이다. 그리고 더 중요한 사실은, 바로 그 파티에서 실질적인 영향력을 행사할 수 있는 거의 유일한 발언권자가 된다는 점이다.

여기서 친구의 역설이 등장한다. 이 개념은 네트워크 이론에서 파생된 것으로, 대부분의 사람들은 자기 친구들보다 친구 수가 적다는 사실에 기반한다. 이 말은 곧, 연결망 내에서 소수가 과도하게 많은 연결을 차지하고 있다는 뜻이다. SNS에서도 마찬가지다. 우리는 대부분 자기보다 더 활발히 활동하는 사람들, 더 많이 노출된 사람들만을 보게 되어 있다. 실제로 트위터 통계에 따르면, 98퍼센트 이상의 이용자가 자신이 팔로우하고 있는 사람들보다 팔로워 수가 적다. 더 나아가, 트위터 사용자가 팔로우하는 사람은 평균적으로 그보다 10배나 많은 팔로워를 가지고 있다.[17] 이처럼 오늘날의 SNS는 침묵하는 다수와 과잉 노출된 소수가 공존하는 비대칭적 구조다. 이 구조 속에서 영향력은 민주적으로 분산되지 않는다. 오히려 몇몇 노출된 개인들이 의견의 대표성까지 획득하며 말의 권력을 독점한다. 우리는 그것이 다수의 의견인 줄 착각하지만, 실제로는 소수의 반복된 자기표현일 뿐이다. 그 결과, 온라인에서의 다수 의견은 현실의 다수와 종종 괴리를 만든다. SNS는 겉으로는 자유롭고 평등한 소통의 공간처럼 보이지만, 실제로는 특정 인물들의 지속적인 자기표현이 전체 의견처럼 가장되는 무대다. 말하는 사람은 적고, 듣는 사람만 많은 구조. 이것이 우리가 마주한 새로운 여론의 풍경이다.

　이해하기 쉽게 말하자면 이런 구조다. SNS에서 적극적으로 소통하는 소수의 사람들의 경험과 이야기는 엄연히 '소수의 경험'이다. 하지만 그들은 수많은 팔로워를 거느리고 있고, 이로 인해 다수의 사람들과 연결되어 있다. 그래서 소수의 이야기임에도 불구하고, 그것이 마치 다수의 이야기처럼 느껴진다. 인기가 많은 인플루언서가 어떤 게시글을 하나 올리면, 그 게시물은 동시에 수많은 사람들에게 노출된다. 우리는 그것을 우연히 마주친 개인의 경험이 아니라, 마치 '내 주변에서 흔히 일어나는 일'로 착각하게 된다. 그 착각은 개인의 인식에만 머물지 않는다. 그런 착각을 하는 사람이 많아질수록, 결국 그 현상은 평균처럼 여겨진다. 말 그대로 평균의 종말이다. 소수의 기준이 평균이 됐을 때 많은 사람들은 박탈감을 느낄 수밖에 없다. 결과적으로 SNS에서는 소수의 적극적 이용자가 콘텐츠의 유포에서 결정적인 역할을 하게 되고, 그들이 말하는 방식과 생각은 다수의 판단에 큰 영향을 끼친다. 특히 청소년에게 이 구조는 더욱 치명적일 수 있다. 아직 세계를 균형 있게 바라보는 눈이 형성되지 않은 시기이기 때문이다. 그들은 소수 유명인의 이야기를 전체 현실로 오해할 수 있고, 그러한 오해는 때로 자존감과 비교, 불안을 부추기기도 한다.

친구의 역설은 사실 직관적으로 이해하기 어렵지 않다. 인기가 많은 사람은 많은 사람이 친구가 되고 싶어하기 때문이다. 반면, 친구가 적거나 인기가 없는 사람은 그만큼 타인의 관심을 덜 받는다. 학교를 떠올려 보자. 학창시절 인기가 많은 아이들은 언제나 과대대표된다. 그들이 입는 옷, 하는 행동, 좋아하는 음악과 브랜드, 말투와 제스처까지 친구들에게 쉽게 영향을 미친다. 왜냐하면 그들의 친구 수가 많기 때문이다. 영향력은 네트워크의 폭과 직결되며, 많은 사람과 연결된 이들은 자연스럽게 더 빠르고 넓게 퍼져 나가는 힘을 가진다. 그리고 이 구조는 학교라는 물리적 공간에만 머무르지 않는다. 인기가 많은 아이는 SNS상에서도 영향력 있는 사람을 팔로우할 확률이 높고, 그 아이를 따라다니는 주변 친구들 역시 같은 영향을 받는다. 학교 안의 소수 영향력자와, SNS 속의 인기 인플루언서가 맞물려 한 개인의 일거수일투족이 순식간에 확산되는 구조다. 그 파급력은 상상을 초월한다. 결국 SNS라는 공간은 과잉 대표된 소수의 이야기가 다수의 현실처럼 소비되는 비대칭 구조 위에 세워져 있다. 이러한 구조 속에서 우리는 알게 모르게 그들의 언어, 그들의 관심사, 그들의 판단을 '표준'처럼 받아들이고 살아간다. 청소년은 물론이고 성인조차도 이 영향력에서 자유롭기 어렵다. 우리는 스스로 선택하고 있다고 믿지만, 어쩌면 이미 과잉 대표된 소수의 권위에 자발적으로 복속되어 있는지도 모른다. 그것은 위계적 권위가 아닌, 자율적으로 복종하는 '수평적 권위주의'다. 누구도 강요하지 않았지만, 모두가 따라야만 할 것 같은 기이한 강박 속에 우리는 놓여 있다.

2024년 방송통신위원회의 조사에 따르면, 만 6세 이상 대한민국 인터넷 이용자 중 65.2%가 SNS를 사용하고 있다고 응답했다.[18] 이들이 꼽은 주요 이용 이유는 '친교'였다. 실제로 많은 사람들이 기존의 메신저 대신 SNS 메시지를 사용하고 있고, 타인의 게시물을 살펴보는 행위 역시 일종의 관계 맺기로 인식하고 있다. 그러나 이 지점에서 우리는 스스로에게 한 가지 질문을 던질 필요가 있다. 그것이 정말 '소통'인가, 아니면 일방적인 전달일 뿐인가?

우리는 매일같이 수없이 쏟아지는 피드를 스크롤하며 무언가를 보고, 읽고, 반응하지만, 과연 그 속에서 나의 '의견'은 얼마나 작동하고 있는가? 나도 모르게 타인의 콘텐츠에 감정을 이입하고, 그들의 판단을 나의 견해로 착각하며, 때로는 깊은 숙고 없이 지나치게 많은 에너지를 쏟고 있는 것은 아닐까? 그것이 진정한 공감인지, 아니면 무분별한 동일시인지 경계해야 한다. 정보의 시대라지만, 정보의 흐름에 휩쓸려 스스로 사고할 틈조차 잃어버린다면, 그것은 관계가 아니라 피로다. 네트워크 과학에서는 이러한 연결 구조를 도수 중심성이라고 부른다. 도수란 특정 네트워크 내에서 개인이 가지고 있는 연결의 수를 의미하며, 링크가 많을수록 해당 개인은 더 큰 직접적 영향력을 행사할 수 있다. 쉽게 말해, 더 많은 사람과 연결된 개인은 그만큼 더 많은 이들에게 영향을 줄 수 있다. 우정의 역설에서 비롯된 이 중심성 편향은 사실 이미 우리의 일상 깊숙이 침투해 있다. 우리는 과잉 연결된 소수의 삶을 더 자주, 더 가까이에서 보게 되어 있다. 팔로워 수가 많고, 게시물의 노출 빈도가 높은 이들은 우리의 피드에 끊임없이 등장한다. 그렇게 자주 보게 되면, 우리는 어느 순간 그들의 말이 곧 세상의 대세라고 착각한다. 심리학에서는 이를 베스트셀러 효과, 혹은 사회적 증거*라고 부른다. 많은 사람이 보고, 듣고, 읽고, 구매하는 것이라면 나도 따라야 한다는 심리적 압력이다. 그런데 이 효과는, 친구의 역설이 만들어낸 왜곡된 인맥 구조 위에서 더 강하게 작동한다. 연결이 집중된 소수가 더 많이 보이기 때문에, 우리는 그들이 곧 다수라고 믿게 되는 것이다.

보이는 것이 다수라는 착시는 SNS 속에서 특히 두드러진다. 우리는 사람들이 많이 가는 식당을 찾아가 줄을 서서 밥을 먹고, 모두가 본다는 영화나 드라마를 챙겨 보고, 대중적으로 인기를 얻은 음악을 듣는다. 주말이면 사람이 붐비는 유원지나 쇼핑몰을 찾아가고, SNS에서 유행하는 장소를 여행지로 선택한다. 다수가 읽는 책을 따라 읽고, 다수가 좋아하는 제품을 따라 구매하고, 다수가 말하는 생각을 마치 나의 생각인 양 반복한다. 물론 이렇게 사람들이 몰리는 대상은 종종 그만한 이유가 있다. 다른 비교 대상에 비해 더 나은 품질이나 조건을 갖췄기에 주목을 받고, 입소문을 타고 더욱 많은 이들이 모인다. 하지만 중요한 것은, 그 이유조차도 결국 '많은 사람들이 선택했다는 사실'로부터 출발하는 경우가 많다는 점이다. 많은 사람의 선택이 더 많은 사람의 선택을 유도하고, 그 구조 속에서 우리는 무의식적으로 다수의 결정에 편승하게 된다. 이는 단지 효

---

* 사회적 증거(social proof)란 심리학자 로버트 치알디니(Robert Cialdini)가 대중 설득 메커니즘을 설명하며 제시한 개념으로, 다수가 선택하거나 따르는 행동을 옳은 것으로 판단하고 따라서 자신도 동일하게 행동하려는 심리적 경향을 의미한다. 흔히 '베스트셀러 효과'나 '사람들이 많이 보는 가게가 더 맛집일 것'이라는 믿음에서 나타나며, 개인의 판단보다는 집단의 선택이 준거가 되는 전형적인 군중 심리 현상이다.

율성의 문제를 넘어, 개인의 판단과 취향 형성에까지 영향을 미친다.

다수는 언제나 침묵하고 있다. 우리가 보는 건 말하는 소수일 뿐, 말하지 않는 대다수는 언제나 피드의 이면에 머물러 있다. 결국 보이는 것이 곧 대중이라는 착각은 오늘날 SNS와 소비시장을 움직이는 가장 교묘한 허상이다. 진짜 다수는 말이 없다. 그들은 드러나지 않으며, 흔적조차 남기지 않는다. 우리는 그 침묵을 읽지 못한 채, 과잉 노출된 일부의 목소리에 끌려다니며, 어느새 그들의 판단과 취향을 나의 기준인 듯 착각하게 된다. 그러나 중요한 건, 눈에 보이는 것이 세상의 전부가 아니라는 사실을 끊임없이 상기하는 일이다. 실제 다수는 언제나 조용히 존재하며, 그 조용한 무게야말로 세상의 진짜 중심일 수 있다. 우리가 봐야 하는 것은 자극적인 외침이 아니라, 말없는 다수의 존재가 드러내는 조용한 균형이다.

이를 투자시장에 접목해 보자. 주식 시장은 거래로 이루어진다. 누군가 사면, 누군가는 판다. 그리고 그 거래는 양쪽 모두 자신이 이익이라고 믿기 때문에 성사된다. 거래의 핵심에는 정보가 있다. 매수자와 매도자는 각자 다른 정보를 바탕으로 서로 다른 판단을 내린다. 정보가 없다면 시장도 없다. 밀턴 프리드먼*은 "자유 시장에 관해 가장 중요한 하나의 사실은, 양 편이 모두 이익이 되지 않으면 교환은 이루어지지 않는다는 것이다"라고 말했다. 이 말처럼 거래가 성사되기 전까지는 누구나 이익을 기

---

* 밀턴 프리드먼(Milton Friedman, 1912~2006)은 20세기 미국을 대표하는 경제학자이자 자유시장 옹호론자로, 시카고 학파(Chicago School)를 이끈 인물이다. 그는 정부의 개입을 최소화하고 시장의 자율성을 극대화해야 경제 효율과 개인의 자유가 보장된다고 주장했다. 《자본주의와 자유》(Capitalism and Freedom, 1962), 《선택의 자유》(Free to Choose, 1980)와 같은 저서에서 자유시장 체제의 우월성을 강조하며 대중에게 큰 영향을 끼쳤고, 1976년에는 통화이론과 소비이론 연구로 노벨 경제학상을 수상했다.

대한다. 그러나 실제 거래가 이루어지고 나면, 반드시 누군가는 쓴맛을 본다. 심지어 충분한 이익을 얻은 사람조차도 그 거래가 최선이었는지 확신할 수 없다. 왜냐하면 시장은 절대적 정답이 없는 불확실성 속에서 움직이고, 정보란 언제나 완전하지 않기 때문이다.

그렇다면 투자자는 어디서 정보를 얻는가? 과거엔 신문, 증권 방송, 주변 지인이었다면, 이제 대부분은 인터넷이다. 유튜브, 커뮤니티, SNS가 주된 정보원이다. 그런데 문제는 이 정보들이 '무엇이 사실인가'가 아니라, '무엇이 많이 보였는가'에 따라 선택된다는 점이다. 개인투자자의 정보 선택은 진실보다 노출에 민감하다. 네트워크 과학은 이런 현상을 정량적으로 설명한다. 유튜브에서 높은 조회수를 기록한 영상, 커뮤니티에서 추천을 많이 받은 글은 모두 도수 중심성이 높은 정보다. 연결이 많고, 보이는 횟수가 많다. 개인투자자는 자연스럽게 그쪽으로 끌린다. 하지만 이는 정보의 진위 여부가 아니라 단지 접속성이 높다는 이유만으로 신뢰받는 선택적 편향이 가미된 구조다.

여기서 친구의 역설이 다시 작동한다. 우리는 대개 자기보다 더 활발히 활동하고, 더 많이 말하고, 더 많이 주목받는 사람의 정보를 접한다. 결국, 노출된 소수의 경험이 다수의 진실처럼 오인된다. 마치 모두가 그 종목을 매수하고 있는 듯한 착각, 모두가 팔고 있는 듯한 불안. 정보는 본래 사실을 전달해야 하지만, SNS 환경에선 주목이 진실을 대체한다. 더욱 위험한 건 이런 정보가 단기적으로 실제 시장 움직임에 영향을 미친다는 점이다. 특정 종목이 유튜브에서 언급되고, 커뮤니티에서 퍼지면, 일시적으로 주가가 반응한다. 개인투자자는 정보가 맞았다고 착각하지만, 실은 자신이 속한 네트워크가 가격에 영향을 준 것일 뿐이다. 이렇게 정보는 현실을 예측하는 도구가 아니라, 현실을 만들어내는 구조로 바뀐다. 마치 자기실현적 예언을 하듯이 말이다. 이런 현상은 시장이 과열된 시기에 더 극성을 부린다.

정보의 선택적 편향은 언제나 성공한 사람의 사례만을 앞세운다. 시장은 소수가 얻은 수익 이야기를 마치 주변에서 흔히 일어나는 일인 것처럼 포장한다. 그 결과 우리는 자신만 시장에서 소외되고 있다는 착각에 빠지게 된다. 주변 모두가 수익을 내고 있다는 상상은 불안을 자극하고, 정보 하나하나에 예민하게 반응하게 만든다. 특히 시장이 과열된 시점에서는 이런 현상이 극대화된다. 대부분의 주식이 조건 없이 오르는 듯 보이고, 사람들은 자신만 뒤처질까 두려워 서둘러 움직인다. 문제는 여기서 시작된다.

도수 중심성이 높은 정보, 즉 과도하게 연결된 소수로부터 확산된 정보에는 사실보다 왜곡이 더 많이 개입된다. 이 정보에 무비판적으로 동참하는 순간, 투자자는 투자자가 아니라 투기꾼으로 변질된다. 개인투자자는 정보에 근거해 판단한다고 믿지만, 그 정보는 이미 네트워크 구조 안에서 왜곡된 결과물일 수 있다. 결국 시장은 단기적으로 정보에 의해 움직이는 것이 아니라, 정보가 흘러가는 구조에 따라 움직인다. 이 구조 속에서 재미를 보는 쪽은 언제나 구조의 정중앙에 있는 소수다. 그리고 언제나, 다수는 구조의 끝자락에서 큰 피해를 입는다. 과열된 시장에는 언제나 그렇듯 찬물이 끼얹어진다. 파티는 끝나고, 희생된 다수의 투자자는 조용히 퇴장한다. 그리고 얼마 지나지 않아 시장은 다시 아무 일도 없었다는 듯 또다시 과열되기 시작한다. 이때, 지난번 과열장에서 운 좋게 살아남은 소수의 투자자는 더 큰 도수 중심성을 지닌 영향력으로 시장의 새로운 구심점이 된다. 그리고 그들의 목소리는, 더 많은 이들에게 더 쉽게 닿는다. 구조는 그대로다. 파티는 반복되고, 피해자는 다시 다수다. 시장은 그렇게, 변하지 않는 구조 속에서 같은 서사를 다른 얼굴로 반복한다. 이처럼 시장의 사이클은 기술이나 제도보다 인간의 심리와 구조에 의해 움직인다. 그렇기에 투자자에게 진정으로 필요한 질문은 '어디에서 정보를 얻을 것인가'가 아니다. '그 정보를 어떻게 바라볼 것인가', '무엇을 의심하고, 어디까지 거리를 둘 것인가', '타인의 생각이 아닌 나의 판단은 가능한가' 같은 질문들이 더 중요하다. 정보는 넘쳐나지만, 생각은 고갈되어 있다. 비판 없이 흡수된 정보는 오히려 판단을 흐리게 만든다. 정보의 출처를 묻고, 정보가 작동하는 구조를 읽을 수 있는 눈이 필요하다. 그리고 그 힘은 어디에서 오는가? 그 힘은 바로 회의주의적인 시각과 비판적 태도, 그리고 자기 스스로 생각할 수 있는데 있다.

대중을 의심하라

소수의 독식

소수가 독식하는 힘은 명분이 아니라 구조에서 온다.

모든 투자는 한 가지 기본 원칙에서 시작된다. 싸게 사서 비싸게 판다. 누구나 아는 이야기지만, 이 원칙만큼 논리적으로 명확하고 단순한 명제도 없다. 그런데 이상하게도, 실제로 이 원칙을 제대로 지켜서 성공하는 사람은 드물다. 오랜 시간 시장을 관찰해 보면 그 이유가 명확해진다. 시장은 논리나 이성보다는 감정과 군중심리에 따라 움직인다. 누구나 정보를 가지고 있다고 생각하지만, 정작 정보가 주는 확신에 휘둘리고, 남들이 움직이면 자신도 따라 움직이는 경우가 허다하다. 그래서 실패가 반복된다. 나 역시 처음에는 시장이 합리적으로 돌아갈 것이라 생각했지만, 점차 구조 자체가 감정과 군중의 힘에 의해 움직인다는 사실을 받아들이게 됐다. 이 구조를 제대로 이해하고 나서야 내 투자 방식도 달라지기 시작했다. 다수가 왜 실패하는지, 그 반복되는 패턴을 관찰했고, 거기서 피해야 할 행동을 찾았다. 단순히 남들과 다른 길을 가겠다는 고집이 아니라, 구조를 거스르지 않고서는 살아남기 어렵다는 본능적인 깨달음이 있었다. 남들이 실패하는 이유를 이해하고, 그 행동을 따라가지 않는 것만으로도 내 생존 가능성은 높아졌다. 이런 식으로 시장을 바라보고, 구조를 거슬러 생각하는 것이 나만의 투자 전략이 됐다.

시장의 구조를 먼저 제대로 이해할 필요가 있다. 많은 사람들이 주식시장을 제로섬 게임이라고 오해한다. 내가 투자 초기에 만난 사람들도 그랬다. 수익을 누군가의 손실에서 가져온다고 생각하는데, 실제로 제로섬의 개념은 파생상품, 특히 선물이나 옵션처럼 계약 구조에서 명확히 성립한다. 주식시장은 그와 다르다. 전체적으로 시간이 흐르면서 기업의 가치가 성장하고, 시장에 새로운 돈이 유입되면서 전체 부가 늘어난다. 그래서 주식시장은 제로섬이 아니다. 하지만 여기서 오해가 또 시작된다. 비제로섬이니까 모두가 이길 수 있을 거라는 기대를 하지만 현실은 그렇지 않다. 오히려 주식시장은 파레토 법칙*처럼, 상위 20%가 대부분의 수익을 가져가고, 나머지 80%는 평균 이하의 성과에 머무르는 구조다. 나도 처음엔 이 사실이 잘 납득되지 않았다. 주식 투자에서 내 수익률이 절대적인 값이 아니라 상대적인 값, 즉 벤치마크나 시중 금리, 물가상승률

---

* 파레토 법칙(Pareto Principle)은 이탈리아의 경제학자 빌프레도 파레토(Vilfredo Pareto, 1848~1923)가 제시한 개념으로, 소득 분포를 연구하던 중 발견된 경험적 법칙이다. 사회의 부나 성과가 소수에게 집중되는 경향을 설명하며 흔히 80대 20의 법칙(80/20 rule)이라고 불린다. 즉, 상위 20%가 전체 결과의 80%를 차지한다는 불균형 구조다. 이후 경제학뿐 아니라 경영학, 사회학, 투자 분야 등 다양한 영역에서 불평등한 분포와 성과 집중 현상을 설명하는 보편적 원리로 확장되었다.

보다 높아야 의미 있다는 점을 체감하는 데 시간이 걸렸다. 투자자들은 시장에 들어와서 어느 순간 자신이 하위 80%에 포함되어 있음을, 그리고 그 현실을 너무 늦게 깨닫곤 한다. 나 역시 예외가 아니었고, 이 깨달음이 내 투자 태도를 바꾸는 데 결정적인 역할을 했다.

조세재정연구원의 통계를 보면, 600만 명의 개인 투자자 중에서 1년 동안 손실을 본 사람이 40%에 달한다. 그리고 천만 원 이하의 수익을 기록한 비율까지 더하면 90%에 육박한다. 내가 시장에서 부딪히며 느낀 것과 크게 다르지 않다. 내 주변에도 소위 개미라 불리는 투자자들이 많았는데, 대부분이 투자로 큰돈을 벌기보다는 운이 좋으면 약간 남기고, 운이 나쁘면 꽤나 큰 손실을 보곤 했다. 파레토 법칙, 그러니까 상위 20%가 80%를 가져간다는 그 공식보다 실제 주식시장은 더 심각한 1:9 구조를 보인다는 점이 인상적이다. 더 눈여겨볼 부분은 투자자들이 시장에 뛰어드는 동기다. 설문조사 결과, 70% 넘는 이들이 목돈 마련을 위해 주식투자를 시작한다고 답했다. 하지만 현실은 대부분이 기대와 전혀 다른 결과에 직면한다. 이 불일치는 단순한 수익률의 문제가 아니라 투자라는 행위 자체에 내재된 구조적 문제다. 내가 경험한 바로도, 시장에는 누구에게나 평등한 기회가 주어진다는 환상이 있지만, 실제로는 정보의 비대칭, 감정에 흔들리는 결정, 그리고 투자 경험이나 시장 접근성 같은 보이지 않는 격차가 여전히 크다.

주식시장은 플러스섬 게임이다라는 말은 부분적으로 맞다. 실제로 전체 시장의 파이가 커지는 경험을 여러 번 했다. 하지만 이 논리를 개별 투자자에게 그대로 적용하는 것은 위험한 착각이다. 실제로 시장의 수익 분포는 극단적으로 쏠려 있다. 통계로 보면 평균값이 꽤 그럴듯하게 보이지만, 실제 그 평균을 누가 누리는가를 생각하면 답은 명확해진다. 평균값이라는 것은 늘 생존자 편향*을 담고 있다. 나와 투자를 같이했던 많은 사람들도 처음엔 남들만큼 혹은 그 이상 벌 수 있다고 생각했지만, 시간이 지나면 소수만이 살아남는 현실을 마주하게 된다. 시장 구조는 결코 공정하지 않다. 정보의 차이, 감정에 휘둘리는 투자 결정, 그리고 접근성의 차이 등이 뒤섞여 시장은 불균형한 판이 된다. 그래서 단순히 플러스섬 게임이라는 프레임에 기대어 모두가 돈을 벌 수 있다는 식의 설명은 허상에 가깝다. 오히려 우리는 왜 수익률 분포가 이렇게 극단적인지, 그 이면에 숨은 심리적, 구조적 원인을 더 집요하게 파고들어야 한다. 내가 시장에서 살아남을 수 있었던 이유도, 이런 함정과 환상을 빠르게 꿰뚫어 보고 내 행동을 조정했기 때문이다.

흔히 투자 관련 책이나 강의에서 평균 수익률을 기준으로 시장을 설명하곤 한다. 1-1 그림과 같이, 평균분포 그래프나 정규분포 곡선을 가져다 놓고, 여기에서 평균값이 가장 빈번하게 등장한다고 이야기한다. 이론적으로는 맞는 말이다. 하지만 내가 오랜 시간 시장에서 직접 경험한 바로는, 이 평균이란 것이 투자에서는 사실상 아무 의미가 없다. 이유는 단순하다. 첫째, 앞서 살펴본 것처럼 실제로 대다수 개인 투자자는 거의 수익을 내지 못하거나 오히려 손실을 본다. 다시 말해, 투자 세계에서 평균값이란 것 자체가 오히려 비효율적 분포를 대변하는 셈이다. 실전에서는

---

* 생존자 편향(survivorship bias)이란 어떤 집단에서 살아남은 사례만을 관찰하고 실패하거나 사라진 사례는 배제함으로써 잘못된 결론에 이르는 인지적 오류를 말한다. 대표적인 예로 2차 세계대전 당시 미군이 귀환한 전투기의 피탄 자국만 분석해 보강하려 했던 사례가 있다. 통계학자 에이브러햄 월드(Abraham Wald)는 격추되어 돌아오지 못한 전투기의 데이터를 고려해야 한다고 지적했으며, 이는 실패 사례까지 포함한 관찰이 필수적임을 보여 준다. 투자에서도 생존한 기업이나 펀드만을 기준으로 평균 수익률을 계산하면 실제보다 성과가 과대평가되는 왜곡이 발생한다.

평균 근처에 있는 사람들은 시장의 수수료와 변동성, 그리고 군중심리에 휘둘려서 결국 손해를 보는 경우가 많다. 평균 수익률이라는 숫자에 기대고 있으면, 계좌가 어느 순간 마이너스로 전환되어 있는 일이 다반사다. 둘째, 투자 세계에서는 성과가 평균에서 결정되지 않는다. 늘 분포의 극단에서 게임이 끝난다. 실제로 수익이란 것은 상위 1%에서 10% 이내의 소수 투자자에게 몰리는 경우가 많다. 카지노의 예를 들어보자. 테이블에 수많은 플레이어가 앉아 있지만, 결국 칩은 특정 방향, 특정 손에 쏠리게 마련이다. 수많은 사람들이 희망을 안고 테이블에 앉지만, 실제로 남는 사람은 극소수다. 이 구조는 투자 시장에서도 똑같이 반복된다. 결국 평균 수익률에만 기대는 투자 전략은 현실과는 거리가 멀다. 시장 구조 자체를 이해하지 못하고 단순한 수치에만 매달리는 건, 위험한 선택이 될 수 있다. 시장의 진짜 흐름은 언제나 평균이 아니라, 극단에 있는 소수의 움직임에서 결정된다. 이 사실을 이해하지 못하면, 평생 평균 근처를 맴돌다 소리 없이 사라지는 투자자가 되기 쉽다.

물론 더 큰 문제는 시장 평균에 머무른다는 것조차 시장에서는 달성하기 어려운 목표라는 점이다.

[그림 1-1]

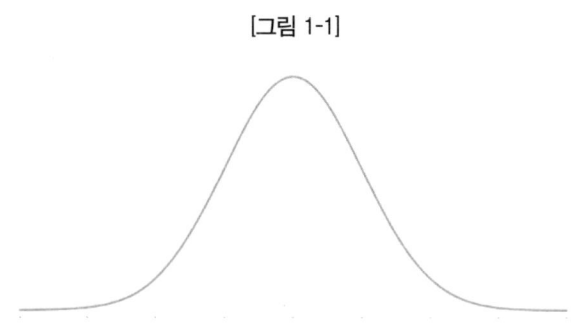

수익률을 따질 때 사람들은 흔히 '얼마 벌었는가' 혹은 '잃었는가'만을 생각한다. 하지만 실제로는 이분법으로 나눌 수 있는 문제가 아니다. 특히 시장이 호황일 때, 즉 웬만한 종목을 사도 수익이 나는 환경에서는 상대적 수익률이 더 중요해진다. 나 역시 상승장에서 수익을 냈을 때 스스로 꽤 잘했다고 착각한 적이 여러 번 있다. 하지만 시간이 지나고 보면, 그 수익은 구조적으로 모두가 이기는 시장에서 나온 착시였다는 걸 알게 된다. 이런 환경에서 내 위치를 제대로 파악하는 데 도움이 되는 개념이 바로 멱함수 법칙*이다. 멱함수 분포는 한마디로 "두 배 더 큰 것은 네 배 더 드물다"라는 특징을 가진다. 수익률에도 이 원리가 적용된다. 다시 말해, 시장에서 상위 몇 퍼센트에 속하지 않으면, 대부분은 그냥 따라가는 군중에 불과하다. 내가 이익을 냈다고 해도, 그게 구조적으로 의미 있는 성과인지 판단하려면 전체 분포에서 내 위치를 따져봐야 한다. 예를 들어 시장이 워낙 좋았던 한 해, 전체 투자자 100만 명 중 80%가 수익을 냈다고 가정해보자. 최소 수익이 125만 원이라면, 이 수익을 거둔 투자자가 80만 명에 달한다. 반면 손실을 본 사람은 20만 명, 그리고 수익이 1천만 원을 넘는 사람은 1%에도 못 미친다. 실제 계산을 돌려 보면, 전체 투자자 중 99.68%는 손실이거나 1천만 원 이하의 미미한 수익에 머문다. 즉, 1천만 원 이상을 번 사람은 극소수고, 이보다 더 큰 수익을 거둘수록 그

---

* 멱함수 법칙(power law)이란 어떤 현상의 분포에서 크기와 발생 빈도가 일정한 비율로 반비례하는 패턴을 말한다. "두 배 더 큰 것은 네 배 더 드물다"라는 식으로 설명되며, 소수에게 극단적으로 집중되는 불균형 구조를 특징으로 한다. 경제학과 물리학, 사회학, 네트워크 과학 등 다양한 영역에서 발견되며, 소득 분포·도시 규모·인터넷 링크 구조·투자 수익률 같은 복잡계 현상을 설명하는 데 활용된다. 정규분포와 달리 평균이나 분산이 무의미할 수 있을 정도로 꼬리가 두꺼운 분포를 가지기 때문에, 소수의 극단적 성과가 전체 결과를 좌우하는 상황을 잘 보여 준다.

숫자는 급격하게 줄어든다. 이런 구조는 내가 처음 통계를 받아들이기 힘들 정도로 극단적이었다.

이처럼 투자 수익은 시장 전체가 좋아서 얻는 것이 아니다. 결국 내 위치, 내 전략, 내 포지션에 따라 결과가 판이하게 달라진다. 시장이 호황일 때도 마찬가지로, 극소수가 수익의 대부분을 가져간다. 그래서 다수가 이익을 보는 장에서도, 진짜 큰 수익은 구조적으로 소수에게 집중된다. 이 원리를 깨닫고 난 후, 나는 더 이상 수익을 냈다는 단순한 기쁨에 머물지 않고, 늘 내 성과의 상대적 위치와 분포를 먼저 점검하게 됐다.

[그림 1-2]

수익금(원)	해당 수익을 거둔 사람(명)
1,250,000	600,001
2,500,000	150,000
5,000,000	37,500
10,000,000	9,375
20,000,000	2,344
40,000,000	586
80,000,000	146
160,000,000	37
320,000,000	9
640,000,000	2

투자 세계에서 성공 사례는 언제나 주목을 끈다. 언론은 물론이고 투자자 커뮤니티에서도 누가, 어떤 방법으로 얼마를 벌었다는 이야기가 끊이

지 않는다. 이런 사례가 소개될 때마다 많은 이들이 그 방법론을 그대로 복제하려고 한다. 나도 투자 초기에 비슷한 유혹을 느낀 적이 있다. 하지만 시간이 흐를수록 깨닫게 된 사실이 있는데 투자는 결코 과학이 아니라는 사실이다. 과학은 누구나 반복적으로 실험할 수 있고, 동일한 조건에서 동일한 결과를 얻는 법칙에 근거한다. 하지만 투자는 아무리 같은 전략을 반복해도, 매번 결과가 달라진다. 과거에 잘 통했던 방식이 어느 날 갑자기 통하지 않는 경우를 수도 없이 겪었다. 이유는 분명하다. 투자에는 과학에서 다루지 않는 수많은 '비과학적 변수'가 수도 없이 개입하기 때문이다. 언제 시장에 진입했는지, 당시 시장 참여자들의 심리가 어땠는지, 투자자가 가진 고유의 성향, 예측 불가능한 사건 등은 그 누구도 미리 통제할 수 없다. 그래서 성공한 투자 전략이란 것도 결국 특정 시간과 조건, 특정 투자자에게만 일시적으로 유효했던 것일 뿐이다.

이런 이유로 투자에서 성공을 가져온 전략은 결코 과학적 공식이 될 수 없다. 그저 한 번의 사례로만 남는다. 그런데 많은 사람들은 이 사실을 무시하고, 성공 사례를 맹목적으로 따라 하려 한다. 이렇게 남의 전략을 무비판적으로 받아들여서 장기적으로 성공한 경우를 거의 본 적이 없다. 중요한 것은 그 전략을 구성한 맥락, 즉 언제, 어떤 환경에서, 어떤 사람이 썼는가를 비판적으로 읽어 내고, 그것을 나만의 상황에 맞게 자기화하는 것이다. 결국 투자에서 진짜 성공은 전략 자체에 있는 것이 아니라, 시장 상황을 읽고 내 판단을 밀고 나가면서 불안과 공포를 견디는 능력에 달려 있다. 이것은 공식으로 설명할 수 있는 성질이 아니다. 그래서 투자는 과학이 아니라 예술에 가깝다. 누구도 같은 그림을 똑같이 그릴 수 없듯이, 누구도 같은 방식으로 시장을 해석하거나 대응할 수 없다. 투자자는 이 점을 잊지 말아야 한다. 성공 신화에 휘둘리지 말고, 성공 사례의 맥락과 제한 조건, 적용 가능성을 충분히 고민한 뒤, 그것을 내 식대로 소화하고 바꾸는 힘이 필요하다. 비판 없이 받아들이는 투자 전략은 신앙이지, 진짜 판단이 아니다. 이 부분이 내가 시장에서 배운 가장 중요한 교훈이었다.

운과 실력을 구분하지 못하는 사람들

확신을 멈추고 탐구를 더 하세요

-에릭 사이델-

대부분의 사람들은 이익이 나면 자신의 능력 때문이라고 생각한다. 반대로 손실이 나면 이유를 자신이 아닌 외부에서 찾으려 한다. 불행이 닥치면 왜 하필 나에게 이런 일이 생기는지 억울해하고, 만약 불행이 연속되면 이제는 행운이 올 차례라고 기대한다. 그런데 재미있는 점은, 행운이 연달아 찾아올 때는 이제 불행이 찾아올 차례라고 생각하지 않는다. 이것은 꼭 투자자에게만 해당되는 이야기는 아닐 것이다. 자신 있게 "나는 그렇지 않아"라고 말할 수 있는 사람이 얼마나 될까? 나 역시 이 틀을 크게 벗어나지 않았다.

벤저민 프랭클린은 세상에서 피할 수 없는 두 가지로 죽음과 세금을 꼽았다. 투자자라면 여기에 한 가지를 더 얹어야 한다. 피터 린치가 말했듯, 시장 조정은 투자자라면 누구나 마주할 수밖에 없는 현실이다. 시장에서 조정은 정말 일년에 한 번꼴로 찾아온다. 심지어 더 견디기 힘든 하락장은 평균적으로 3년에 한 번씩 시장을 강타한다. 시장에 대한 경험이 쌓일수록, 항상 새로운 이유와 새로운 뉴스로 조정장과 하락장이 반복되는 걸 직접 체험하게 된다. 어떤 하락장이든, 그 원인을 분석하려는 시도는 늘 이어진다. 하지만 몇 차례의 조정과 하락을 겪으면 깨닫게 된다. 결국 대부분의 이유는 사건이 벌어진 이후에 갖다 붙이는 해석일 뿐이다. 조정이든 하락장이든 언제나 예측은 힘들고, 결과적으로는 피할 수 없는 시장의 한 부분이다. 결국 중요한 것은 언제, 왜 조정이 왔는지 따지는 게 아니다. 마주할 수밖에 없는 조정과 하락장에서 내가 어떻게 행동할 것인지, 이 부분에 중점을 두어야 한다. 조정과 하락장을 겪고 나서야 알게 된 사실은, 진짜 차이를 만드는 건 이런 불가피한 상황을 대하는 나만의 원칙과 대응 방식이지 예측이 아니라는 것이다. 1970년대 두 차례 오일쇼크로 인한 스태그플레이션*, 1980년 폴 볼커 연준 의장이 인플레이션을 잡겠다며 단행한 급격한 금리 인상으로 찾아온 장기 침체**, 1987년 블랙 먼데이의 기록적인 대폭락***, 1990년 이라크의 쿠웨이트 침공과 1991년

---

* 스태그플레이션(stagflation)은 경기 침체(stagnation)와 물가 상승(inflation)이 동시에 발생하는 비정상적 경제 현상을 뜻한다. 전통적인 경제학 이론에서는 물가가 오르면 경기는 과열되고, 경기가 침체되면 물가는 하락하는 것이 일반적이지만, 스태그플레이션은 이 두 현상이 병존한다는 점에서 충격적이었다. 1970년대 두 차례 오일쇼크가 대표적 사례로, 원유 가격 급등이 생산비용과 생활물가를 끌어올리면서도 경기 침체가 장기화되어 선진국 경제 전반에 큰 충격을 주었다. 이는 케인즈주의적 수요관리 정책의 한계를 드러내며 이후 신자유주의와 통화주의 정책 확산의 계기가 되었다.

** 폴 볼커(Paul A. Volcker, 1927~2019)는 1979년부터 1987년까지 연준(Federal Reserve) 의장을 지내며 '인플레이션 파이터'라는 별칭을 얻었다. 1970년대 오일쇼크로 촉발된 두 자릿수 물가상승률을 잡기 위해 그는 기준금리를 단기간에 20% 가까이 끌어올리는 초강수 긴축 정책을 단행했다. 그 결과 미국 경제는 1980년대 초 전후 최악의 침체를 겪었고, 실업률은 10%를 넘어섰다. 농민들은 대출 상환 압박에 시달리며 트랙터를 몰고 워싱턴 D.C. 연준 본부 앞에 집결해 항의했고, 노동조합과 실업자들은 "볼커는 사임하라"는 구호를 외치며 시위를 벌였다. 당시 정책 반발은 단순한 비판을 넘어 신변 위협으로 이어졌고, 볼커는 실제로 권총을 소지하며 생활해야 할 정도로 강한 압박을 받았다. 물가 안정에는 성공했지만, 그의 조치는 막대한 사회적 고통과 개인적 위험을 동반한 역사적 전환점이었다.

*** 블랙 먼데이(Black Monday)는 1987년 10월 19일 월요일에 발생한 세계적 주식시장 폭락 사태를 말한다. 이날 미국 다우존스 산업평균지수는 하루 만에 22.6% 급락했는데, 이는 대공황 이후 단일일 기준 최대 낙폭이었다. 폭락의 원인으로는 프로그램 매매의 확산, 고금리 정책, 무역적자 확대, 투자자들의 불안 심리 등이 복합적으로 작용한 것으로 분석된다. 충격은 전 세계로 번져 홍콩, 런던, 도쿄 등 주요 증시도 동반 급락했다. 당시 연준은 유동성 공급과 금리 인하를 통해 시장을 안정시키려 했고, 이는 이후 금융 위기 대응의 전형적 모델이 되었다. 블랙 먼데이는 현대 금융시장에서 시스템 리스크와 투자자 심리의 중요

걸프전의 여파, 1994년 그린스펀의 금리 인상으로 벌어진 채권 대학살, 1997년 아시아 외환위기*, 1998년 러시아의 모라토리엄과 롱텀캐피탈 파산, 2000년 닷컴 버블 붕괴, 2001년 9.11 테러, 2002년 엔론사태, 2008년 서브프라임 모기지 사태, 2010년 유럽 재정위기, 2011년 미국 신용등급 강등, 2012년 유로존 붕괴 위기, 2015년 위안화 평가절하, 2016년 브렉시트, 2018년 미중 무역전쟁, 2020년 코로나 팬데믹, 2022년 인플레이션과 연준의 자이언트스텝, 러시아-우크라이나 전쟁, 2025년 2차 무역전쟁까지. 투자시장에는 2~3년마다 빠짐없이 굵직한 위기가 닥쳐왔다.

이 정도 역사를 쭉 펼쳐놓고 보면, 사실상 위기가 없는 주식시장이 오히려 더 이상하게 느껴질 정도다. 그런데도 인간은 망각의 동물이다. 시장에 참여하는 이들 역시 예외가 아니다. 한 번의 위기가 지나고 나면, 믿을 수 없을 만큼 빠른 회복세가 이어지곤 한다. 이런 회복은 다시 많은 투자자들을 시장으로 불러들이고, 연이은 상승장은 마치 앞으로는 불행이 더는 오지 않을 것이라는 묘한 자신감을 심어 준다. 시장이 계속되는 파티를 그냥 두고 보지 않는다는 것은, 과거 사례만 봐도 알 수 있다. 결국 시장은 언제나 인간의 망각 위에 새로운 흐름을 만들고 또 붕괴시킨다.

대부분의 사람들은 시장에서 반복적으로 벌어지는 일들을 쉽게 받아

성을 각인시킨 사건으로 평가된다.

* 아시아 외환위기(Asian Financial Crisis)는 1997년 태국 바트화 폭락에서 시작해 한국, 인도네시아, 말레이시아, 태국 등 아시아 신흥국 전반으로 확산된 금융위기다. 과도한 외채, 외국인 단기자본 의존, 부동산·주식 버블이 동시에 터지면서 외환보유액이 바닥나고 통화가치가 폭락했다. 대한민국은 1997년 11월 국가 부도 위기에 몰려 IMF(국제통화기금)에 구제금융을 신청했고, 약 580억 달러 규모의 지원을 받았다. 그러나 대가로 강도 높은 구조조정과 긴축정책을 시행해야 했으며, 수많은 기업이 도산하고 실업률이 급등하는 등 사회적 충격이 컸다. 이 사건은 한국 사회에서 'IMF 사태'라는 이름으로 기억되며, 외환 리스크 관리와 경제 구조 개혁의 계기가 되었지만 동시에 극심한 양극화와 고용 불안을 심화시킨 전환점이 되었다.

들이지 못한다. 시장이 오르기만 할 때는 모두가 돈을 잘 벌었으니, 이제 자신도 늦지 않게 진입했다고 생각한다. 그런데 막상 내가 매수하자마자 전쟁이 터지거나, 예기치 못한 팬데믹이 시작되어 주가가 떨어지면, 그제야 운이 나빴다고 여긴다. "나는 타이밍을 잘 맞췄는데, 하필 미국 대통령이 그런 결정을 내릴 줄 누가 알았겠어?" 이런 식으로 실패의 원인을 외부에서만 찾는다. 하지만 이미 앞에서 봤듯, 시장에는 언제나 예기치 못한 일이 반복적으로 일어난다. 그런 일이 언제든 벌어질 수 있다는 걸 모르고 투자했다면, 애초에 무지한 것이고, 알고도 투자했다면 그 실패 가능성까지 감수했어야 마땅하다. 그럼에도 불구하고, 많은 사람들은 마치 시장이 항상 자신에게만 호의적일 것처럼 믿는다. 그래서 위험을 고려하지 않은 채 투자를 계속한다. 유명한 포커 선수 에릭 사이델*은 이런 현실을 딱 집어 말했다. "포커의 훌륭한 점은 대체로 망상을 처벌한다는 거야." 투자도 마찬가지다. 단기적으로는 누구나 우연한 성공을 경험할 수 있다. 하지만 이런 착각에 빠져 앞으로 다가올 위험을 예측하거나 대비하지 못한다면, 결국 시장에서 살아남을 수 없다. 진짜 중요한 것은 한 번의 행운이나 불운이 아니다. 그 순간을 어떻게 준비하고, 또 맞이하는지가 더 본질적이다. 사이델은 포커에서 배드 비트**에 집착하는 것은 좋지

---

* 에릭 사이델(Erik Seidel, 1959~)은 미국의 프로 포커 선수로, 세계 포커 시리즈(WSOP)와 월드 포커 투어(WPT) 등 주요 대회에서 다수의 우승과 입상 기록을 보유한 전설적 인물이다. 원래는 주식 트레이더로 활동하다가 포커에 전업으로 뛰어들었으며, 심리전과 확률 계산에 능해 '포커 철학자'라는 별칭을 얻기도 했다. 그는 포커에서 우연한 행운이나 불운은 피할 수 없는 요소라 강조하며, 중요한 것은 장기적으로 일관된 전략과 자기 통제라고 역설했다. 그의 발언은 투자 시장에서도 동일하게 적용되며, 단기적 운에 집착하지 않고 지속 가능한 태도를 유지해야 한다는 교훈을 준다.
** 배드 비트(bad beat)란 포커에서 통계적으로 거의 이길 확률이 확실해 보이는 강한 패가, 극히 낮은 확률의 패에게 역전패하는 상황을 뜻한다. 예를 들어, 상대가 마지막 카드에서

않다고 말했다. 투자에서도 똑같다. 누군가 "내 투자는 성공적이었는데, 하필 전쟁이나 경제 위기, 정치적 사건 때문에 다 날렸다"고 말하는 경우가 많다. 하지만 정말 제대로 된 투자를 했다면, 이런 외부 변수들은 단지 변동성일 뿐이다. 시장에서 살아남는 사람들은, 한 번의 행운이나 불행에 집착하지 않는다. 그들은 지속할 수 있는가? 그런 태도를 유지할 수 있는가를 더 중요하게 생각한다.

누군가는 이런 식으로 질문할 수 있다. "투자는 결국 타이밍이다. 아무리 좋은 기업에 투자하더라도, 외부적인 사건이 터지면 장기간 돈이 묶일 수 있다. 이걸 단순히 변동성이라고만 볼 수 있을까? 그렇다면 결국 외부적 사건을 피해서 투자하는 것이 더 중요한 것 아닌가?" 이런 고민은 투자자라면 누구나 할 수 있다. 하지만 실제 시장은 누구도 예측할 수 없는 변수로 가득하다. 중요한 사실은, 시장에는 언제든 무슨 일이든 닥칠 수 있다는 점이다. 그러니, 그런 예측 불가능한 변수까지 모두 계산해서 투자 전략을 세워야 한다. 한두 종목에 모든 자산을 몰아넣거나, 높은 레버리지를 사용하는 집중 투자가 필요한 순간이 오기도 한다. 이런 방식이 단기적으로 더 빠른 자산 증식을 가져다 줄 수 있다. 그러나 동시에, 그만큼 위험도 따라온다는 사실을 결코 잊어서는 안 된다. 에릭 사이델은 자신의 플레이에 확신과 자신감이 넘치던 젊은 선수에게 이렇게 말했다. "확신하지 말고 탐구를 더 하세요." 사이델은 그 선수를 비난하거나 조롱한 것이 아니다. 오히려 그는 직접 수많은 슈퍼스타들이 탄생하는 모습을

기적적으로 승부를 뒤집는 경우가 이에 해당한다. 포커 용어이지만, 일상에서는 '예상치 못한 불운한 패배'라는 의미로도 쓰인다. 투자에 비유하면, 합리적이고 유리한 선택을 했음에도 전쟁, 금융위기, 팬데믹 같은 외부 변수로 인해 결과가 뒤집히는 상황에 해당한다.

보았고, 그중 대부분이 10년 이상 버티지 못하는 현실을 지켜봤기 때문에 진심으로 건넨 조언이었다.

  결국 투자란, 위험을 감수할 땐 과감하게 감수하면서도, 언제든 위험에서 발을 뺄 줄 아는 균형이 필요하다. 투자자에게는 어떤 확신을 갖고 베팅을 해야만 하는 순간이 온다. 확신이 없으면 돈을 넣어도 제대로 벌 수 없다. 다만, 이 확신은 맹목적이어서는 안 된다. 스스로 세운 원칙에 근거한 확신이어야 한다. 그리고 그보다 더 중요한 것은 운과 실력을 구분할 줄 아는 감각이다. 투자에서 진짜 차이를 만드는 것은, 우연과 실력, 그 경계를 스스로 파악하고 원칙을 지켜 가는 힘이다.

생존자 편향

> 백만장자가 쓴 책을 십만명이 읽는다고 해서 십만명의 백만장자가 만들어지지 않는다.
>
> -쇼펜하우어-

우리는 성공한 투자자들의 이야기를 쉽게 접한다. 언론, 책, 강의, 어디를 가도 이름이 알려진 투자자의 성공담이 중심에 있다. 이유는 간단하다. 그들이 살아남았기 때문이다. 성공한 사람들은 자신의 경험을 남기고, 말로 전한다. 하지만 실패한 사람들은 대부분 조용히 시장에서 사라진다. 진짜 위험은 언제나 보이지 않는 곳에 있다. 겉으로 드러나는 성공 뒤에는 수많은 보이지 않는 실패가 쌓여 있다. 이게 바로 생존자 편향이다.

2차 세계대전 때 미공군이 전투기 손상 부위를 보고 어디를 보강할지 논의하던 유명한 일화가 있다. 대부분의 참모들은 귀환한 전투기의 손상 부위를 보강해야 한다고 주장했다. 그런데 통계학자 에이브럼 월드는 전혀 다른 해석을 내놓았다. 보이지 않는 손상 부위, 즉 귀환하지 못한 전투기의 손실 데이터를 함께 고려해야 한다는 것이다. 귀환한 전투기만 보면 오히려 잘못된 결론에 빠질 수 있다는 뜻이었다. 이 논리는 투자에도 그대로 적용된다. 성공한 투자자만 따라 하는 것은 귀환한 전투기만을 보고 전략을 세우는 것과 다르지 않다. 오히려 실패한 투자자들의 흔적까지 모두 분석해야 비로소 시장의 전체 구조를 제대로 이해할 수 있다. 이 일화에서 내가 얻은 교훈은, 생존한 전투기에서만 배우려 하면 정말 중요한 것을 놓치게 된다는 점이다. 성공한 투자자들에게서 배우는 것도 의미가 있지만, 그들과 크게 다르지 않았으나 결국 살아남지 못한 수많은 이들의 이야기에 주목해야 한다. 진짜 투자 교훈은 보이지 않는 실패의 기록 속에 숨겨져 있었다.

만약 내가 1만 명에게 매일 주식시장 예측 문자를 보낸다고 상상해보자. 첫날, 5천 명에게는 "오늘 주식시장이 오를 것이다", 나머지 5천 명에게는 "오늘 주식시장이 내릴 것이다"라고 보낸다. 실제로 시장이 오를지 내릴지는 나도 모른다. 하지만 그건 전혀 중요하지 않다. 만약 시장이 올랐다면, 나는 '오른다'고 보냈던 2,500명에게 다음 날에도 "오늘도 오른다"고 다시 문자를 보낸다. 이 중 또 절반은 시장의 방향과 맞는 문자를 받는다. 이런 식으로 예측이 맞았던 사람만을 계속 추려가며 문자를 보내다 보면, 13일이 지나면 단 1명에게 13번 연속으로 시장을 정확히 예측한 메시지가 도착하게 된다. 그 사람은 무슨 생각을 할까? 아마 나를 '주식의 신'쯤으로 부를지도 모른다. 내 예측이 13번 연속 맞았으니까. 하지만 실제로 나는 아무것도 예측하지 않았다. 그저 확률적으로 사람을 추려 간 것뿐이다.

이 구조가 바로 우리가 흔히 접하는 성공담이 만들어지는 방식과 똑같다. 대부분의 사람은 첫날 한 번의 문자만 받고 끝이 나지만, 극소수는 연속된 결과에 도달한다. 그리고 그 극소수의 이야기가 성공의 서사로 포장되어 등장한다. 우리가 그 한 명의 연속 성공에만 집중할수록, 뒤에 있는 9,999명의 사라진 실패는 잊혀진다. 중요한 것은 이 모든 게 '선택된 이야기'라는 점이다. 그 뒤에는 실패하고 조용히 사라진 수많은 경험이 존재한다. 우리는 그들을 보지 못할 뿐이다. 그래서 어떤 성공담을 마주할 때마다, 그 이면에 숨어 있는 구조와 확률, 그리고 보이지 않는 실패를 반드시 함께 생각해야 한다. 그렇지 않으면 누군가의 화려한 성공담에만 감탄하다가, 진짜 본질을 놓치고 만다. 성공한 전략의 정당성은 되풀이 가능한 재현성, 구조적 반복 가능성에서 평가해야 한다. 그렇지 않으면, 우리는 단순한 우연을 의미 있는 패턴으로 착각하고, 검증되지 않은 신화를 믿게 된다.

　나는 그들의 방식이 틀렸다고 말하고 싶은 생각은 없다. 분명 그들도 자신의 방식대로 치열하게 고민했고, 행동했고, 그 결과로 성공을 거뒀다. 문제는 그 성공의 방정식이 곧 내게도 똑같이 적용될 것이라 믿는 순간 시작된다. 왜냐하면, 그들과 비슷하거나 거의 똑같은 방식으로 살아왔지만 결국 실패한 사람들 또한 셀 수 없이 많기 때문이다. 그들의 이야기가 우리 귀에 도달한 유일한 이유는, 그들이 살아남았기 때문이다. 살아남은 사람들은 실패한 이들의 침묵을 대신해 목소리를 얻게 되고, 때로는 실패자들의 몫까지 가져간다. 우리는 종종 살아남은 사람에게는 반드시 무언가 특별한 성공 방정식이 있을 것이라고 믿는다. 하지만 정말 중요한 질문은 따로 있다. 그의 성공방식이 정말 그를 살아남게 한 원인이었는지, 아니면 단지 우연히 살아남고 나서 나중에 붙인 이야기인지. 그 누구도 이 질문에 대해 확신할 수 없다.

비교평가

> 행복은 우리가 얼마나 가지고 있는지가 아니라, 주변 사람보다
> 얼마나 더 가지고 있는가에 달려 있다.
>
> -댄 에리얼리-

시장은 본질적으로 불균형을 전제로 작동한다. 소수가 살아남고, 그 소수가 대부분의 수익을 가져간다. 멱함수 법칙이 말하듯, 겉보기에는 많은 사람들이 수익을 얻는 것처럼 보일 수 있지만, 실상은 다르다. 당신이 시장이 좋을 때 나름 괜찮은 수익을 올렸다고 해도, 상대적 기준에서 보면 더 많은 수익을 가져간 극소수의 존재가 있다. 절대적 기준으로는 만족할 수 있다. 하지만 시장 참여자들의 행동 심리는 그렇게 단순하지 않다. 상대적 박탈감은 절대적 안정을 무력화시킨다. 현대의 평범한 사람조차 1900년 이전의 부자보다 더 나은 삶의 질을 누리고 있지만, 사람들은 자신보다 앞선 누군가와 비교하며 좌절한다. 시장도 마찬가지다. 수익 그 자체보다 '남들보다 얼마나 잘했는가'가 심리적 만족에 더 큰 영향을 준다. 그래서 시장은 늘 불만족으로 가득하고, 비교는 끝없이 반복된다.

오르테가 이 가세트*(이하 오르테가)의 이론에 따르자면 "삶이란 구매

---

* 호세 오르테가 이 가세트(José Ortega y Gasset, 1883~1955)는 스페인의 철학자이자 사회 사상가로, 대표 저서 《대중의 반역》(La rebelión de las masas, 1930)에서 '대중'과 '엘리트' 개념을 통해 근대 사회의 위기를 분석했다. 그는 대중을 단순히 다수라는 의미로 보지 않고, 자기 자신에게 아무것도 요구하지 않고 평균적 안락함에 안주하는 태도로 규정했다. 반대로 엘리트는 사회적 지위나 혈통이 아니라 자기 자신에게 더 높은 기준을 부여하고 끊임없이 자기 갱신을 추구하는 사람으로 정의했다. 이러한 구분은 사회적 책임, 정신적 긴장, 삶의 태도에서 본질적 차이를 드러내며, 근대 민주주의가 직면한 집단적 획일성과 개인적 책임의

의 가능성으로 구성된다"고 말했다. 18세기 사람과 현대인이 동일한 화폐가치의 자산을 가지고 있다고 가정했을 때, 현대인이 누릴 수 있는 구매의 범위는 비교 불가능할 정도로 넓다. 정보, 상품, 경험의 선택지가 사실상 무한에 가깝다는 의미다. 과거의 부자보다 현대의 서민이 더 나은 구매 가능성을 누리고 있다. 하지만 오르테가는 이처럼 물질적, 기술적 진보가 이루어졌음에도, 삶의 질은 오히려 떨어지고 있다고 보았다. 사람들은 자신의 운명에 불안을 느끼며, 문명이 제공하는 힘을 자랑스러워하면서 동시에 두려워한다. 이것이 바로 그가 말하는 상대적 몰락이다. 우리의 삶의 질은 분명 과거보다 더 나아졌지만 역설적으로 그 때문에 삶의 질이 낮아졌다고 느낀다. 작은집에서 대가족이 모여 살았던 과거보다 그보다 더 넓은 집에서 소가족이 모여 살지만 거주에 대한 불안과 불만은 크다.[19]

이야기의 자세한 내용은 다음 장에서 다루기로 하자. 지금 이 주제를 꺼낸 이유는 단 하나, 인간은 절대적 가치보다 상대적 가치에 훨씬 더 민감하게 반응한다는 점을 보여 주기 위함이다. 몰락이라는 개념도 본질적으로 상대적이다. 예를 들어보자. 나의 연간 수익률이 -10%였다고 해도, 시장이 -30% 이상 폭락한 해라면 나는 오히려 뛰어난 성과를 낸 셈이다. 반대로, 내가 10%의 수익을 올렸다고 해도 시장 전체가 30% 상승했다면, 나는 실패한 것처럼 느껴진다. 이처럼 상대적 평가는 단순한 비교를 넘어서 감정에 영향을 주고, 결국 시장 구조와 맞물려 박탈감을 만든다. 소수가 과도한 수익을 가져가는 구조 속에서, 대다수는 '손해를 보지 않았

문제를 날카롭게 지적한 사상으로 평가된다.

음에도' 손해를 본 것 같은 감정을 느낀다. 이건 단순한 심리 문제가 아니다. 인간의 의사결정과 투자 행동을 왜곡하는 중대한 요소다. 지금부터 이 문제에 대해 조금 더 깊이 살펴보자.

대중의 얼굴

대중이란 특정한 기준에 따라 자신에 대해 선악의 가치판단을 내리는 것이 아니라, 자신을 '다른 모든 사람들'과 동일시하면서 불편함보다는 편안함을 느끼는 사람들 모두를 의미한다.

-오르테가 이 가세트-

만약 소수가 대부분의 성공을 가져간다면, 그 반대편에 서 있는 다수는 누구일까? 투자 시장에서 다수가 실패한다는 사실을 받아들인 순간, 나는 의식적으로 다수의 행동을 반복하지 않으려 애썼다. 다수가 몰리는 종목은 언제나 비싸다는 단순한 사실에서 출발해, 왜 사람들은 이미 비싸다는 걸 알면서도 그 종목을 사려고 할까, 왜 같은 아이디어에, 같은 방식으로 움직일까? 이런 질문이 머릿속에서 좀처럼 떠나지 않았다. 누구나 다 알고 있는 정보, 누구나 쉽게 접할 수 있는 이야기, 그리고 모두가 동시에 반응하는 그 흐름. 왜 사람들은 그 안에서 똑같이 움직일 수밖에 없을까? 이 질문이 내 생각의 출발점이 됐다.

여기에서 다수가 된다는 건 단순히 수의 문제가 아니다. 행동과 심리가 뭉쳐서 만들어내는 집단적 패턴의 문제다. 다수는 어떤 생각을 하고, 어떻게 움직이는가? 우리는 이런 다수를 흔히 대중이라 부른다. 하지만 이 단어는 참 익숙하면서도 동시에 명확하지 않다. 분야마다 대중이란 존재는 서로 다른 얼굴을 가지고 있기 때문이다. 사회학에서는 대중을 조직되지 않은 익명의 다수로 정의한다. 특별한 목적이나 정체성 없이 모이고, 흐름에 휩쓸리고, 외부 자극에 즉각적으로 반응한다. 자기만의 판단

없이 움직이는 군중, 이것이 사회학에서 말하는 대중의 모습이다. 정치학으로 넘어가면 대중은 보다 적극적이고 참여적인 존재다. 선거에 참여해 표를 던지고, 광장에 모여 목소리를 내며, 때로는 실제로 권력을 행사한다. 여론을 흔들고 사회의 판을 바꿀 힘을 가진다. 문화 영역에서 대중은 엘리트 문화의 반대편에 서 있다. 널리 퍼진 콘텐츠를 소비하고, 기성 질서에 저항하기도 하고, 때로는 그것을 따라하며 재생산한다. 경제학에서는 대중이 바로 생산과 소비의 중심이다. 시장의 흐름, 가격, 수요와 공급의 변화 모두가 대중의 움직임에 달려 있다. 결국 우리가 말하는 대중은 단순한 무리가 아니라, 사회를 움직이는 핵심 행위자다. 하지만 어떤 목적으로 대중을 분류하는지에 따라 그 의미와 역할은 크게 달라진다. 내가 시장에서 끊임없이 던졌던 질문, 그리고 아직도 계속 던지고 있는 질문은 이거다. 왜 다수는 항상 같은 패턴에 빠지는가, 그리고 나는 그 패턴에서 어떻게 벗어날 것인가?

대중이라는 개념은 한 가지 정의로 단순하게 설명하기 어렵다. 문화, 정치, 경제, 사회 등 각기 다른 영역에서 다르게 모습을 드러내지만, 공통적으로 대중은 다수이며, 개별성이 점점 희미해진 집단이다. 익명성과 반복성, 예측 가능성과 동조성, 이런 심리가 대중을 움직이는 핵심이다. 문제는 이런 속성이 투자에서도 똑같이 나타난다는 점이다. 대중이 된다는 건 결국 자신의 생각과 판단을 외부에 맡긴다는 뜻이다. 주체적으로 결정하기보다는 여론이나 흐름에 스스로를 실어 보낸다. 그렇게 하면 불확실성 앞에서 느끼는 불안은 줄어든다. 다수와 함께 간다는 심리적 안전지대는 생각보다 강력하다. 하지만 그 안에는 분명한 함정이 있다. 독립적으로 사고하고 결정하는 힘은 점점 약해진다. 결국 다수에 속한다는 건 마음은 편할지 몰라도, 구조적으로는 오히려 가장 취약한 자리에 놓이게 된다는 뜻이다. 이런 심리와 행동의 메커니즘이 시장 안에 또 하나의 무작위성을 만들어낸다. 겉으로는 질서가 있어 보이지만, 대중의 동조성과 예측 가능성은 오히려 예측 불가능한 결과를 불러온다. 바로 이 지점에서 나는 항상, 다수의 움직임을 한 걸음 물러서서 바라보려 애썼다.

투자시장에서 대중을 논의할 때는 일반적인 사회 개념과는 다르게 접근할 필요가 있다. 내가 보는 투자시장의 대중은 다음과 같다. 그들은 명확한 투자 철학이나 원칙 없이 유행과 타인의 조언에 따라 종목을 선택하며, 성공은 자신의 능력 덕분이라 여기고, 실패는 외부 요인 탓으로 돌리는 경향이 있다. 물론 모든 투자자가 그렇게 단순하게 행동하는 것은 아니다. 하지만 실제 시장 흐름과 투자자들의 반복적 행태를 관찰하면, 이런 형태의 행동편향을 보이는 투자자들이 전체의 다수를 차지한다는 점은 분명히 드러난다.

투자시장에서 개인 투자자가 집단화되는 이유를 생각해보면, 그 뿌리에는 자본주의 사회에서 자산이 곧 생존과 직결된다는 인식이 자리 잡고 있다. 자본주의 시장에서 자산을 잃는다는 건 단순한 손실 그 이상의 의미를 가진다. 미래의 기회, 생존 기반 자체를 잃는 것과 다르지 않다. 그래서 투자시장, 특히 자산이 직접적으로 동원되는 이 공간은 인간의 생존 본능이 가장 예민하게 작동하는 곳이 된다. 인간 본성 중 하나는 생존을 위해 안전지대를 찾으려는 경향이다. 진화적으로도 집단은 외부의 위협에서 자신을 지키는 가장 효과적인 안전장치였다. 혼자 있을 때보다 무리 속에 있을 때 위험을 분산시키고, 사회적 신호와 경험을 공유하면서 생존 확률을 높여온 것이다. 이 심리는 투자시장에서도 똑같이 작동한다. 위험이 도사린 시장에서, 사람들은 본능적으로 남들과 함께 움직이려 한다. 남들이 사는 종목을 사고, 남들이 내리는 결정을 따라 하게 되는 성향이 자연스럽게 강해진다.

문제는, 투자시장에서 집단이 정말 안전지대가 될 수 있느냐는 점이다. 투자시장은 본질적으로 수요와 공급의 법칙에 따라 가격이 정해진다. 많은 사람이 어떤 자산을 원하면, 가격은 자연스럽게 오른다. 여기서 아이러니가 발생한다. 투자에서 안전지대란 싸게 산 경우에만 성립된다. 이미 많은 사람이 한곳에 몰려 가격이 비싸진 상태라면, 그곳은 더 이상 안전하지 않다. 오히려 위험지대가 된다. 실제로 투자시장에서 집단이 선택한 종목, 다수가 몰리는 투자처는 거의 예외 없이 가격이 비싸다. 물론 싸다고 해서 무조건 안전한 것도 아니고, 비싸다고 반드시 위험하다고 할 수는 없다. 그러나 주식시장처럼 기업의 내재 가치보다는 수요와 공급, 즉 집단의 움직임에 따라 가격이 오르는 시장에서는 이런 현상이 더 뚜렷하게 나타난다. 많은 사람들은 남들이 사니까 나도 산다는 사회적 증거의 원리에 따라 움직인다. 하지만 시장에 참여자가 많아질수록 가격은 점점 비합리적으로 형성되고, 결국 다수는 비싼 값에 매수해 손실을 보는 경우가 많다. 사람들이 안전을 위해 집단에 의지하지만, 오히려 그 집단화된 선택이 시장에서 가장 위험에 노출되는 요인이 된다는 역설이 성립된다.

이 모든 것은 자유시장 시스템이 인간의 이기심, 즉 자신의 이익을 추구하는 본성을 전제로 한다는 점과 맞닿아 있다. 평소에는 이성적으로 보이던 개인도, 생존과 이익이 충돌하는 순간에는 감정적으로, 비합리적으로 움직이게 된다. 집단의 크기가 커질수록 사회적 증거의 힘은 더 강해지고, 더 많은 사람이 따라붙는다. 결과적으로 투자시장에서는 다수가 비합리적인 결정을 내릴 가능성이 커진다. 이 구조가 바로 대부분의 투자자가 실패한다는 통계적 현실을 만들어내는 근본적인 이유 중 하나다. 결국 투자시장에서 살아남으려면 집단에서 떨어져 나와 자신의 원칙과 기준을 지키는 데에 답이 있다. 진짜 안전지대는 집단 안에 있는 것이 아니라, 스스로 생각하고 남들이 두려워할 때 용기를 낼 줄 아는 소수의 선택 속에 숨어 있다. 시장이 집단적으로 움직이는 그 순간이야말로 진짜 위험이 다가오고 있다는 사실을 잊지 않아야 한다.

그래서 이제부터 나는 다수의 행동을 반복하지 않기 위한 여정을 시작하려 한다. 그 출발점은 대중이라는 개념의 재정의다. 대중이 누구인지, 그리고 시장에서 어떤 행동 패턴을 보이는지를 살펴보는 일이 필요하다. 이어지는 내용에서는 역사 속 사건들과 반복되는 투자 실패 사례를 통해, 대중 심리가 어떤 함정을 만들어내는지를 분석할 것이다. 마지막으로는 나 자신이 그러한 함정에 빠지지 않기 위해 어떤 생각과 노력을 해왔는지를 공유할 계획이다. 이 글은 투자자로서 살아남기 위한 공부의 흔적이며, 다수가 되지 않겠다는 다짐 아래 쌓아온 생각의 기록이다. 절대적인 해답을 제시하려는 것은 아니다. 다만 같은 길을 걷는 이들에게 하나의 경험과 참고가 되기를 바란다.

대중의 반역

> 대중은 진리를 원하지 않는다. 그들은 안정을 원한다.
> －프리드리히 니체－

　대중이라는 개념을 단순히 행동편향이나 반복되는 실패 양상만으로 설명하는 것은 분명 한계가 있다. 내가 보기엔 이 질문에 가장 깊이 있는 통찰을 제시한 인물이 오르테가다. 그는 대중을 그저 몰려다니는 무리로 치부하지 않았다. 바로 여기서 대중과 군중의 차이가 생긴다. 오르테가가 말하는 대중은 스스로에게 아무것도 요구하지 않고, 평균적인 위치에 자신을 고정시킨 채 안락함을 추구하는 존재다. 이들은 자기 자신과 타인을 구분하지 않으려 하고, 모든 사람이 자신과 같다고 여기면서 책임과 부담을 회피하려는 경향이 강하다. 반면 그는 엘리트라는 개념을 제시한다. 오르테가가 말하는 엘리트는 사회적 신분이나 계급이 아니라, 자기 자신에게 더 많은 것을 요구하고, 끝내 그것을 이루지 못하더라도 계속해서 자기 갱신을 멈추지 않는 사람이다. 결국 대중과 엘리트의 구분은 외형적 조건이 아니라 내면의 태도, 책임감, 삶을 대하는 기준의 차이에 있다. 이 점이 투자자에게도 중요한 질문을 던진다. 오르테가가 말하는 엘리트는 더 높은 정신적 기준과 도덕적 책임을 스스로 부여하고, 평균적 안락함을 거부하는 긴장감 속에서 살아간다. 삶을 쉬운 길이 아닌, 끊임없는 자기 갱신과 노력의 과정으로 여긴다.
　현실적으로 상류층에서 이런 태도를 가진 엘리트가 더 자주 등장할 수 있다. 환경, 교육, 자원의 접근성 같은 요인들이 분명히 작용하기 때문이다. 이처럼 이미 주어진 환경이나 조건, 즉 선험적 요소*들이 엘리트의 출현에 영향을 미치는 것은 사실이다. 하지만 오르테가는 이 점을 어디까지나 환경이 제공하는 일종의 우위, 즉 선험적 조건에 불과하다고 봤다. 더 중요한 것은, 누구든 후험적으로, 즉 자기 태도와 선택을 통해 얼마든지 엘리트가 될 수 있다는 가능성이다. 오르테가는 인간의 태도와 선택, 즉 후험적 노력과 자기갱신이 선험적 구조의 한계를 뛰어넘을 수 있다고 믿었다. 이미 주어진 조건이 출발점이 될 수는 있지만, 결국 변화와 성장은 각자의 의지와 선택, 후험적 실천에서 비롯된다는 것이 그의 핵심 주장이다. 이런 맥락에서 오르테가는 환경이나 계층이 아니라, 누구든 내면의 기준과 자기 요구를 높여가며 스스로 변화할 수 있다는 점, 선험적 한계 너머의 가능성을 강조했다. 투자에서도 마찬가지다. 주어진 조건이 무엇이든, 나의 태도와 선택, 후험적 노력에 따라 얼마든지 구조를 넘어설 수 있다는 사실이, 시장에서 살아가는 데 중요한 힘이 되어 준다.

이와 비슷한 통찰은 쇼펜하우어의 철학에서도 찾아볼 수 있다. 그는 인간의 재산을 세 가지로 나누었다. 첫째는 인격과 기질, 도덕성과 같은 본질적 요소이고, 둘째는 물질적 소유, 셋째는 타인의 평가다. 이 가운데서도 그는 첫 번째, 즉 인간의 내면적 성질을 가장 핵심적인 재산으로 보았다. 물질적 소유는 분명 중요하지만, 외부 조건에 따라 언제든 사라질 수

---

* 선험적 요소란 경험 이전에 이미 주어져 있는 조건이나 전제를 뜻한다. 철학에서 선험적이라는 개념은 칸트 철학에서 정립된 것으로, 경험을 통해 얻는 것이 아니라 경험에 앞서 인식이나 판단의 토대가 되는 것을 의미한다. 오르테가 이 가세트의 맥락에서 선험적 요소는 사회적 계층, 교육, 자원 접근성처럼 개인이 선택하거나 후천적으로 획득한 것이 아니라 이미 주어진 환경적 조건을 가리킨다. 그는 이러한 요소들이 엘리트의 형성에 유리하게 작용할 수는 있으나, 그것이 곧 엘리트를 보장하는 것은 아니며, 최종적으로는 자기 자신에게 더 많은 것을 요구하고 끊임없이 갱신하려는 내적 태도가 엘리트를 규정한다고 보았다.

있다. 타인의 평가는 더더욱 덧없고 쉽게 바뀐다. 쇼펜하우어에 따르면 인간의 첫 번째 재산, 즉 인격과 기질, 도덕성 같은 내면적 성질은 타고나는 것이고 쉽게 바뀌지 않는다. 인간은 이 본성, 즉 선험적 요소에 의해 세상을 인식하고 해석한다. 그래서 같은 현실을 두고도 서로 전혀 다르게 받아들이고, 다르게 반응하게 된다. 결국 세계를 구성하는 것은 외부 환경이 아니라, 그것을 받아들이는 개인의 인식 구조라는 것이 그의 관점이다.[20]

이런 생각은 앞서 2장에서 다뤘던 한스 게오르크 가다머의 전이해 개념과도 이어진다. 전이해란 단순히 경험이나 지식의 축적이 아니라, 언어, 문화, 유전적 기질 등 선천적이고 구조적인 요소들까지 모두 포괄한다. 쇼펜하우어는 이처럼 선천적으로 주어진, 즉 선험적으로 타고나는 것을 인간 존재의 본질적 요소로 봤고, 이는 쉽게 바뀌지 않는다고 말했다. 결국 인간이 세상을 바라보는 방식과 행동의 기반에는, 이런 선험적 구조가 깊게 깔려 있다는 점을 강조한 셈이다. 이런 맥락에서 보면, 오르테가가 말한 엘리트란 쇼펜하우어가 정의한 특별한 인격적 기질을 타고난 존재와 같은 의미로 해석할 수 있다. 이들은 세상을 단순히 소비하는 데 그치지 않는다. 언제나 의미를 찾고, 해석하며, 내면의 긴장 속에서 살아간다. 이런 태도를 시 감상에 비유해 볼 수 있다. 대중은 보통 시인의 삶이나 감정에 감탄하는 데서 멈춘다. 하지만 엘리트는 그 감정의 이면, 상상력의 구조, 표현의 깊이를 이해하려 한다. 창작의 고통을 상상하고, 언어의 한계를 자각하며, 시에 담긴 철학까지 읽어 내려는 태도를 가진다. 투자에서도 마찬가지다. 대중 투자자는 수익률이라는 숫자만 바라본다. 누군가의 높은 수익에 감탄하며, 그 사람의 투자법을 그대로 따라 해

보려 한다. 반면 엘리트는 그 이면을 놓치지 않는다. 수익률이라는 결과가 사실은 수많은 실패와 손실, 우연과 선택, 그리고 생존자 편향이 쌓인 끝에 남는 숫자라는 점을 잊지 않는다.

겉으로 드러난 성공만 좇는 태도는 포모(FOMO)^{*}처럼 자기 통제력을 무너뜨리는 심리적 함정에 쉽게 빠지게 만든다. 결국 무엇을 보고, 무엇을 보지 못하느냐가 투자 성과를 가르는 결정적인 기준이 된다. 그저 숫자를 쫓는 대신, 그 숫자 뒤에 숨은 맥락과 구조, 그리고 나만의 해석을 찾으려는 태도가 시장에서 살아남을 수 있는 힘이 되어 준다. 그렇다면 인간은 이런 대중적 본성을 벗어날 수 있을까? 이 질문에 대해 쇼펜하우어는 다소 회의적이었다. 그는 인간의 본질은 거의 고정되어 있다고 봤다. 아무리 많은 부와 명성을 얻어도, 정신적 교양이 없다면 결국 대중의 삶에서 벗어나지 못한다고 말했다. 그러나 그는 인간이 본성을 완전히 바꿀 수는 없어도, 스스로 절제하고 억제하는 것은 가능하다고 인정했다. 반대로 오르테가는 좀 더 낙관적인 입장이었다. 그는 인간이 자기 성찰과 내면의 노력을 통해 얼마든지 자신을 변화시킬 수 있으며, 그 과정을 통해 엘리트의 삶에 가까워질 수 있다고 믿었다. 두 철학자의 입장에는 차이가 있지만, 둘 다 의식적으로 살아가는 태도를 강조했다. 자기 자

---

* FOMO(Fear of Missing Out)라는 용어는 1996년 하버드 경영대학원 학생이었던 댄 허만(Dan Herman)이 소비자 심리 조사 중 처음 사용한 개념으로, 본격적으로는 2000년 그의 논문에서 학술적 개념으로 정립되었다. 이후 이 용어는 2010년대 들어 소셜미디어의 확산과 함께 일상 언어로 퍼졌고, 마케팅 전략에서 소비자의 '놓칠까 두려운 심리'를 자극하는 방식으로 광범위하게 활용되었다. 특히 상품 한정 판매, 시간 제한, 얼리버드 할인 등은 FOMO를 기반으로 설계된 대표적 마케팅 기법이다. 투자 시장에서는 상승장이나 인기 자산을 놓칠 수 있다는 불안이 비이성적인 매수로 이어져 거품과 과열을 유발하는 심리적 요인으로 작용한다. FOMO는 인지 편향, 사회적 동조, 즉각적 보상 욕구와 밀접히 관련되며, 행동경제학적으로도 중요한 분석 틀로 간주된다.

신을 돌아보고, 수동적인 흐름에 휩쓸리지 않으며, 스스로 선택하는 삶. 바로 이런 주체적인 태도에 해답이 있다고 보았다.

한스 게오르크 가다머의 전이해 개념도 같은 맥락에서 생각할 수 있다. 가다머는 경험과 선천적인 요소가 합쳐져 전이해가 형성된다고 봤지만, 쇼펜하우어처럼 선천적으로 주어진 전이해가 완전히 고정된다고 여기진 않았다. 오히려 가다머는 자신의 전이해가 학습과 경험을 통해 융합되고, 점점 새로운 전이해로 변화한다고 봤다. 이는 현대 뇌과학의 뇌 가소성 개념과도 맞닿아 있다. 뇌 역시 경험과 학습에 따라 구조가 바뀌고, 새로운 가능성을 연다. 오르테가는 대중을 소수의 엘리트와 구분하며 두 집단의 차이를 설명했지만, 이 분류는 절대 고정적이거나 폐쇄적인 개념이 아니다. 고통을 감내하고, 끊임없이 자신을 몰아붙이는 사람이라면 신분이나 재산과는 상관없이 누구나 소수의 위치에 오를 수 있다. 반드시 뚜렷한 성과가 나타나지 않았더라도, 이미 그 과정에서 엘리트의 삶을 살고 있는 셈이다.

물론 현실에서 투자자에게는 환경, 즉 자산의 크기나 정보 접근성, 네트워크 등 외부 요인들이 크게 작용할 수밖에 없다. 주어진 환경에서 결핍이 생길 때, 그 결핍은 투자자의 판단과 행동, 그리고 앞으로 걸어갈 투자 여정의 심리적 프레임에 깊은 영향을 미친다. 행동경제학자 센딜 멀레이너선의 연구에 따르면, 우리는 결핍의 환경에 놓이면 그 결핍이 곧 집중과 억제로 이어진다.[21] 여기서 집중과 억제는 한편으론 긍정적으로 작동할 수 있다. 예를 들어 시장이 하락할 때는, 상승장보다 더 신중하고 조심스럽게 시장을 바라본다. 두려움이라는 감정은 불필요한 행동을 자제하게 하고, 위험에서 스스로를 지키도록 만든다. 하지만 집중과 억제를 조금 다르게 해석해 보면, 곧 좁은 시야에 갇히는 위험도 내포한다. 심리학에서는 이를 터널링 효과라고 부른다. 터널링은 특정 문제나 목표에 지나치게 몰입하게 만들지만, 동시에 다른 가능성들을 차단해 버리고, 주변을 보지 못하게 한다. 투자 경험에서 손실을 입은 이들이 "이번엔 반드시 만회하겠다", "당장 수익을 내야겠다"는 집착에 빠지는 경우가 많다. 이런 터널링 상태에서는 전체를 보지 못하고, 오히려 중요한 결정을 놓치는 경우가 많다. 결국, 결핍이 집중력과 억제를 가져다 줄 수도 있지만, 동시에 터널링 효과라는 심리적 함정으로 이어질 수도 있다는 점을 잊지 않아야 한다. 투자에서도 마찬가지로, 내가 처한 환경과 심리적 프레임을 스스로 점검하고, 너무 좁아진 시야에 갇히지 않으려는 의식적인 노력이 필요하다.

꼭 손실을 입은 투자자에게만 터널링이 일어나는 것은 아니다. 자본이 상대적으로 부족한 개인 투자자는 그렇지 않은 투자자에 비해 장기적인 시야를 유지하는 데 근본적인 어려움을 겪는다. 워렌 버핏이나 찰리 멍거의 조언처럼, 훌륭한 투자자가 되는 데 IQ는 크게 중요하지 않다. 자본의 결핍이 직접적으로 지능이나 계산 능력에 문제를 일으키는 것은 아니다. 문제는 결핍이 대역폭을 제한한다는 데 있다. 여기서 대역폭은 주의력, 사고력, 자기 억제력 등, 뇌가 쓸 수 있는 총 에너지 용량을 뜻한다. 대역폭이 제한된 상태에선 투자자는 더 충동적이고 단기적인, 그리고 방어적인 선택에 몰릴 수밖에 없다. 마치 당장의 위기를 모면하는 급한 불 끄기식 행동에만 집중하게 되고, 장기적으로 자신의 자산을 키우거나 더 큰 기회를 노릴 수 있는 여유를 가지기 힘들어진다. 더 심각한 문제는, 자본의 결핍이 투자자를 더 자주, 더 깊게 실패와 실수에 노출시킨다는 점이다. 자본이 넉넉하지 않은 투자자에게 실수 한 번은 곧바로 결정적인 손실로 이어질 수 있다. 결국 선택의 폭 자체가 좁아진다. 센딜 멀레이너선은 이런 상황을 여행 전 짐 싸기에 비유했다. 만약 큰 트렁크가 있다면 필요한 짐을 다 챙기고도, 혹시 모를 상황에 대비해 우산이나 여분의 신발 같은 것을 넣을 수 있다. 하지만 아주 작은 가방만 있다면 정말 필수적인 것만 챙길 수 있고, 그 과정에서 선택을 잘못할 가능성도 커진다. 이런 환경은 투자자의 행동에도 영향을 미친다. 안전함만을 지나치게 추구하거나, 반대로 한 방을 노리는 극단적 도박 성향에 빠지기 쉽다. 결국 자본의 결핍이 투자자의 시야와 전략을 제한하고, 실수에 더 크게 노출되게 만든다는 점을 항상 염두에 둘 필요가 있다.

그래서 현실적으로 자원이 많은 사람, 즉 환경적 우위에 있는 사람에게 엘리트적 태도가 더 쉽게 나타나는 것은 자연스러운 현상이다. 풍족함은 실수해 볼 여유, 즉 실험과 실패를 감내할 수 있는 환경을 제공한다. 자원이 넉넉할수록 다양한 시도를 할 수 있고, 그만큼 자기 자신을 점검하고, 기준을 높여갈 수 있는 시간과 에너지가 있다. 하지만 오르테가는 누구에게나 엘리트가 될 가능성이 열려 있다고 했다. 결핍의 환경 속에서도 평균적 선택에 안주하지 않고, 스스로를 갱신하며 더 높은 기준을 요구하는 태도만큼은 누구나 선택할 수 있다는 것이다. 오르테가의 통찰대로, 환경의 제약은 분명 존재하지만, 결국 최종적으로 사람마다 내면의 태도에 따라 삶의 궤적이 달라진다. 대중은 결핍 상황에서 평균적인 선택, 즉 '남들도 다 이렇게 한다'는 안전지대에 머무르기 쉽다. 그 결과 집단적 행동편향, 반복되는 실수, 그리고 안락함에 대한 집착이 커진다. 반면, 엘리트적 태도를 가진 투자자는 환경이 아무리 불리해도 자기 자신에게 더 많은 기준을 요구하며, 실패를 감수하더라도 끊임없이 자기 자신을 점검한다. 여기서 중요한 것은 사회적 신분이나 지위가 아니라, 결핍을 대하는 태도와 스스로에게 요구하는 기준이다.

투자자에게 이 메시지는 명확하다. 결핍은 우리의 대역폭을 줄이고, 터널링을 유발하며, 실수의 가능성을 높인다. 그러나 그 환경에 대해 어떤 태도를 취할지는 전적으로 나의 선택이다. 모든 사람이 똑같은 조건에서 똑같은 실수를 반복하지는 않는다. 어떤 사람들은 환경에 순응하며 대중적 실패를 반복하고, 소수는 실패를 두려워하지 않고 자기 자신을 점검하면서, 투자 기준을 끊임없이 높여 간다. 결핍이 실패의 악순환으로 작동하는 게 아니라, 자기갱신의 계기가 될 수 있다는 사실, 그리고 그 변화의 전환점은 결국 내면의 태도에서 비롯된다는 점을 분명히 인식할 필요가 있다.

정리하자면, 투자자에게 주어진 환경이 미치는 영향은 결국 결핍이 뇌와 행동에 어떤 작용을 하는지, 그리고 그에 대해 어떻게 대응하는지에 달려 있다. 열악한 환경은 본질적으로 대중적 행동, 즉 평균적인 선택과 반복되는 실수를 강화하지만, 동시에 그 한계를 스스로 인식하고 돌파하는 엘리트적 태도를 선택할 수 있는 가능성 역시 남겨 둔다. 투자자에게 진짜 중요한 것은 환경 탓이 아니다. 결핍이 유발하는 터널링과 대역폭의 한계를 자각하고, 그 한계를 스스로 점검하며, 끊임없이 더 나은 기준을 요구하는 자기 점검의 반복이다. 이게 바로 오르테가가 말한 엘리트의 길이고, 결핍이라는 조건 속에서도 투자자로서 성장할 수 있는 방법이다. 결국 중요한 질문은 이것이다. 나는 정말 내 생각을 할 수 있는가? 주체적으로 내 삶을 선택하고, 정보를 스스로 해석하며, 변화의 가능성을 열어둘 수 있는가? 이 질문에 답하는 자세가, 대중에서 벗어나 자기 삶을 살아가는 첫걸음이 된다. 만약 당신이 이 책을 단지 수익률을 조금 더 올리기 위해 읽고 있다면, 이런 철학적 논의가 과장처럼 느껴질 수도 있다. 하지만 인간은 완전히 변화할 수는 없더라도, 자기 통제와 만족 지연을 통해 대중적인 삶의 흐름에서 벗어난다면, 투자자로서의 정체성은 전혀 다르게 바뀔 수 있다. 그래서 우리는 다수를 더 깊이 이해해야 한다. 다수를 안다는 것은 곧 다수의 행동에서 벗어날 수 있다는 의미이기도 하다. 오르테가는 대중의 특성을 두 가지로 분류했다. 바로 평균인과 자연인이다. 다음으로, 이 두 가지 대중의 특성을 살펴보고, 어떻게 하면 대중에서 벗어나 더 나은 투자자가 될 수 있는지에 대해 생각해보고자 한다.

5장

평균인

쟁탈과 안주

교육은 성장을 위한 도구이기도 하지만, 때로는 변화와 마주하지 않으려는 위장된 도피처다.

-지두 크리슈나무르티-

 현대인은 대부분 많은 교육을 받은 지식인이다. 스스로 어떻게 느끼든, 과거 어느 시대의 사람들보다 훨씬 더 오랜 시간 교육을 받으며 살아왔다. 하지만 문제는 이 교육이 단지 지식을 주입하는 데 그쳤다는 점에 있다. 지두 크리슈나무르티*는 이러한 교육이 오히려 사람들이 진정한 성찰을 회피하게 만드는 은밀한 도피처가 될 수 있다고 말한다. "나는 교육

---

* 지두 크리슈나무르티(1895~1986)는 인도의 철학자이자 영적 사상가로, 권위나 교리를 따르지 않고 스스로 사유하는 삶을 강조했다. 그는 기존 교육이 지식을 주입하는 데 그치면 사람들을 자유롭게 만들지 못하고, 오히려 성찰을 회피하게 만드는 또 다른 굴레가 될 수 있다고 비판했다.

을 받았고, 이 정도면 충분하다"는 태도. 그것은 성취가 아니라 일종의 자기만족이고, 성찰을 멈춘 지점에서 탄생한 안주다. 크리슈나무르티는 바로 이 안주야말로 도피라고 지적한다. 도망친 곳에 낙원이 없듯, 깊은 사고를 회피한 대가는 결국 더 큰 혼란과 불안으로 돌아오게 된다. 교육은 우리를 성장시키는 도구가 될 수도 있지만, 때로는 변화와 마주하지 않으려는 위장된 안전지대가 되기도 한다.

오르테가의 분류에서 평균인이란, 자신이 평균에 있다는 사실에 묘한 안도감을 느끼는 사람들이다. 불확실한 세계에 맞서기보다는 집단 속에 머물러 안정을 찾으려는 본능, 개성을 조금씩 포기하면서 익명성과 일체감을 통해 안전을 확보하려는 선택이다. 이 평균인이란 개념은 단순히 지적 능력이 평범하다는 의미와는 다르다. 최근 온라인에서 종종 쓰이는 '국평오' 같은 조롱성 분류와도 결이 완전히 다르다. 오르테가는 일관되게 대중의 등장이 지적 수준이 낮기 때문이 아니라, 오히려 이전 시대보다 교육 수준과 지적 능력이 전반적으로 높아졌기 때문에 가능했다고 본다. 다시 말해, 대중은 어리석어서가 아니라, 오히려 일정 수준 이상의 지식과 판단 능력을 갖췄기 때문에 스스로 판단하고, 행동하고, 참여한다고 믿게 된 존재다. 문제는 이 믿음이 항상 성찰적 판단에 기반하는 건 아니라는 점이다. 실제로 과거 소수 계층의 전유물이었던 교육, 정치 참여, 문화 소비, 여가 활동까지 이젠 평균인의 일상 한가운데 들어와 있다. 이 변화는 분명 인류가 진보한 증거이기도 하다. 더 많은 사람들이 문명의 혜택을 누리게 되었고, 이런 흐름 자체는 긍정적으로 평가할 수밖에 없다. 그런데 이 평균적 안도감이 주는 안정, 그리고 그에 따른 자기 점검의 멈춤, 바로 이 대목에서 나는 항상 고민이 시작된다. 군중의 흐름에서 벗어나 스스로 한 번 더 성찰할 수 있는가, 그 한 끗 차이가 실제 삶의 궤적과 투자에서의 성과를 바꿔 놓는다는 생각이 머릿속을 오래 맴돈다.

하지만 오르테가가 진짜로 우려한 지점은 따로 있다. 대중은 결코 순응적이거나 온순한 존재가 아니다. 그들은 문명이 쌓아온 과실을 너무나 자연스러운 권리처럼 받아들이면서, 정작 그 과실이 어떻게 만들어졌는지, 어떤 사유와 책임이 담겨 있는지에는 별 관심이 없다. 문제는 그뿐만이 아니다. 이들은 문명을 지탱해온 소수의 존재를 존중하기보다는, 오히려 그들을 밀어내어 자신들과 같은 위치에 놓으려 한다. 다시 말해, 스스로는 책임은 지지 않으면서 권위만을 행사하려는 경향이 강하다. 자신과 다른 방식으로 사유하는 사람들을 굳이 같은 선 위로 끌어내려 차이를 없애고자 한다. 이들은 단순히 자신이 평균에 머무는 것으로 만족하지 않는다. 오히려 모두가 평균에 머물기를 원하고, 자신과 다른 수준에 있는 이들을 불편하게 느낀다. 오르테가는 이렇게 말했다. "다른 시대의 평균인은 나보다 우수한 타인의 존재를 자신의 세계를 통해 날마다 터득했다. 왜냐하면 세계의 조직이 너무 엉성해서 파국이 잦았으며, 확실하고 풍족하거나 안정된 것이 전혀 없었기 때문이다."[22]

과거의 인간은 세상이 불확실하고 위태롭다는 사실을 온몸으로 느끼며 살았다. 과거의 평균인은 세상이 어떻게 돌아가는지 알기조차 어려운 환경에서 살아야 했다. 정보는 늘 위에서 아래로 흘러내렸다. 왕이나 귀족, 종교 지도자 같은 소수의 권력층이 정보를 독점했고, 평범한 사람들은 그 정보를 수동적으로 받아들일 수밖에 없었다. 주변 지인에게 전해 듣는 이야기 역시 결국 위에서 내려온 정보를 각자 다르게 해석한 것이거나, 근거 없는 소문에 불과한 경우가 많았다. 그 시대의 사람들은 대개 교육 수준도 낮았고, 매일 고된 노동에 시달렸다. 책을 읽고 정보를 비교하며 비판적으로 사고하는 일은 극소수 특권층의 몫이었다. 이런 현실에서 누군가가 세상을 해석해 주고 방향을 제시해 주는 일이 오히려 더 편하고, 안전하게 느껴졌을 것이다. 자연스럽게 소수 지식인에 대한 존중과 신뢰가 생겨났다. 그들의 통찰과 판단을 따르는 것이 결국 더 나은 삶을 위한 가장 현실적인 선택이었기 때문이다. 그래서 자신보다 나은 존재를 인정하고, 배우고자 하는 태도가 자리 잡을 수 있었다.

하지만 산업혁명 이후 상황은 완전히 달라졌다. 공장에서 일하기 위해 농촌을 떠난 수많은 인구가 도시로 몰려들면서, 이전까지는 서로 마주칠 일 없던 사람들이 한 공간에 모이게 됐다. 도시의 밀집된 환경은 새로운 인간관계를 만들어 냈고, 사람들은 더 넓은 사회적 맥락 안에서 살아가기 시작했다. 자연스럽게 삶의 지평도 함께 확장됐다. 여기에 인쇄술과 신문, 라디오 같은 정보 매체의 발달, 철도와 도로의 확장, 국가 주도의 보편적 대중 교육이 더해지면서, 대중은 더 이상 단순한 인구 집단이 아니라 하나의 역사적 주체로 부상했다. 정보와 관계의 구조도 변화하기 시작했다. 과거에는 왕, 귀족, 종교 지도자 등 위계질서의 정점에 있는 소수가 정보를 독점하고 일방적으로 하달했다. 그러나 산업화와 교육 보급, 도시화, 교통의 발달은 인간들 사이의 연결 구조 자체를 수직에서 수평으로 바꿔 놓았다.

이 변화의 흐름을 단적으로 보여 주는 단서가 하나의 흥미로운 실험에서도 확인된다. 이제 그 연결 구조의 변화가 어떤 의미를 갖는지, 실험을 통해 더 깊이 살펴볼 수 있다. 1960년대, 미국의 사회심리학자 스탠리 밀그램은 인간 사회의 연결 구조를 드러내는 흥미로운 실험을 진행했다. 네브래스카주 오마하에 사는 160명에게 각각 편지를 나눠 주고, 보스턴에 있는 한 주식 중개인에게 이 편지를 전달하라는 과제를 준 것이다. 단, 수신인을 개인적으로 모를 경우 자신과 인맥이 닿아 있을 법한 다른 지인에게 편지를 넘기도록 했다. 편지는 이렇게 사람을 거쳐 전달됐고, 실제로 주식 중개인에게 도착한 편지들은 평균 5~6단계를 거쳤다는 결과가 나왔다. 서로 전혀 모르는 사람들끼리도 불과 몇 단계만 거치면 연결된다는 사실이 확인된 것이다. 물론 이 실험에는 한계도 있다. 전체 160개의 편지 중 실제 목적지에 도달한 것은 55개뿐이었고, 표본 자체가 적다는 비판도 뒤따랐다. 그럼에도 불구하고 이 실험은 인간 사회가 얼마나 촘촘한 연결망으로 이루어져 있는지, 그리고 이 구조 안에서 생각보다 쉽게 타인과 연결될 수 있음을 보여 주는 상징적 사례로 남았다.

이후 정보와 네트워크의 발전은 상상할 수 없을 만큼 빠르게 이 연결의 범위와 속도를 확장시켰다. 2008년 마이크로소프트가 MSN 메신저 사용자 1억 8천만 명의 데이터를 분석한 결과, 임의의 두 사용자가 평균 6.6단계면 연결될 수 있다는 사실이 밝혀졌다. 2011년에는 페이스북이 7억 2천만 명의 친구 관계를 분석해, 평균 4.74단계에 불과하다는 결과를 내놨다. 실제로 우리가 일상에서 맺는 친구 관계는 수백 명에 불과할지 모르지만, 불과 몇 단계만 거치면 지구 반대편 누구와도 연결될 수 있는 시대다.

중세시대만 해도 대부분의 사람들은 자신이 태어난 마을에서 평생을 보냈다. 특별한 전쟁이나 큰 사건이 없는 한, 한 지역에서 태어나고, 그곳에서 일하며, 결국 그곳에서 삶을 마무리했다. 마을 공동체 밖의 누군가와 연결될 기회 자체가 거의 없었고, 삶 전체가 지역에 깊이 고정되어 있었다. 그런 시대에 '6단계 분리법칙'을 적용해 본다면, 연결의 단계는 지금보다 훨씬 더 길었을 것이다. 실제로는 8단계, 10단계, 그 이상이 필요했을지 모른다. 네트워크의 확장성과 연결 속도가 지금과는 비교할 수 없을 만큼 제한적이었다. 오르테가가 대중의 등장을 논했던 1930년대, 그리고 밀그램이 인간 사회의 연결 구조를 실험으로 보여 주던 1960년대와 비교해도, 지금 우리가 살아가는 시대는 완전히 다르다.

우리는 그 어떤 시대보다도 더 촘촘하게, 더 빠르게 서로 연결되어 있다. 누구에게나 한 번도 만난 적 없고, 앞으로도 만날 가능성이 거의 없는 연결된 친구가 존재한다. 나 역시 SNS를 거의 하지 않음에도, 실제로 만날 가능성이 적은 친구나 지인과도 여러 겹으로 얽혀 있다. 이런 구조는 우리가 얼마나 거대한 네트워크 안에 존재하는지, 그리고 눈에 보이지 않는 수많은 사람들과 이미 연결되어 있다는 사실을 보여 준다. 누가 내 삶에, 나의 선택과 행동에 영향을 주는지조차 명확하게 알기 어려울 만큼, 우리는 이 복잡한 관계망 한가운데 놓여 있다. 이 연결망 속에서는 때로는 전혀 예상하지 못한 방식으로, 또 아주 미세하게, 서로의 선택과 행동에 영향을 주고받는다. 그래서 우리는 자신도 모르는 사이에 대중의 흐름에 휩쓸리기도 한다. 이처럼 촘촘한 네트워크 구조 자체가 우리를 끊임없이 움직이고, 때론 흐름에 쓸려가게 만드는 보이지 않는 힘이 된다.

여기서 한 가지 역설이 발생한다. 모두가 연결되고, 정보가 넘쳐나는 시대에 오히려 사람들은 평균의 범위 안에 머무르는 것이 더 안전하다고 느낀다. 다양한 의견을 표출할 수 있는 조건은 이미 갖추어졌지만, 그만큼 집단의 시선과 기준에서 벗어나기는 더 어려워졌다. 연결의 밀도가 높아질수록, 우리는 서로를 더 의식하게 되고, 집단의 암묵적 합의나 평균적 기준에 맞추는 경향은 오히려 강화된다. 튀는 의견이나 남다른 시도는 곧바로 비난의 대상이 되고, 집단 내에서 두드러진 존재는 본능적으로 경계하거나 때로는 끌어내리려는 심리가 작동한다. 이 거대하고 촘촘한 네트워크가 오르테가가 그토록 걱정했던 평균인의 문제를 키운다. 이제 대다수의 사람들은 스스로 평범인임을 거부하면서 또 평범인으로 살고자 하는 모순되는 상황에 처한다. 평범인은 평범함에 안주하고자 타인을 같은 선상으로 끌어내린다. 반대로 설명하자면 그들은 더 이상 평범에 머무르지 않고 스스로 권위를 쟁탈하고자 하는 것이다. 그리고 집단 안에서 튀지 않는 것, 평균이라는 경계 안에 머무는 것 자체가 하나의 생존 전략이 되기에 평범인에 머무르고자 한다.

  과거에는 정보와 기회가 소수에게 집중되어 있었고, 뛰어난 소수를 따르는 것이 오히려 더 합리적인 선택이었다. 지금은 누구나 정보에 접근할 수 있다는 착각이 모든 이를 평균화의 흐름 속으로 밀어 넣는다. 연결이 곧 평등을 의미하는 듯 보이지만, 실제로는 끊임없이 서로를 비교하며 평균이라는 안전지대에 머무르려는 압력이 강화된다. 뛰어난 사람을 인정하기보다 오히려 그를 자신의 위치로 끌어내리려는 심리, 모두가 비슷비슷한 수준에 안주하려는 경향이 자연스럽게 나타난다. 현대인은 과거보다 훨씬 더 오랜 시간 교육을 받는다. 정보와 지식의 홍수 속에서 '나는 충분히 교육받았고, 이 정도면 됐다'는 안도감에 빠진다. 크리슈나무르티가 말했듯, 교육은 성장을 위한 도구이기도 하지만, 때로는 변화와 마주하지 않으려는 위장된 도피처가 된다. 집단 속에 머물며 익명성과 일체감에 안도하는 사람들, 오르테가가 말한 평균인의 모습은, 오늘날 더욱 보편적이 되었다. 불확실한 세계를 직접 마주하기보다는, 집단의 안정성에 기대어 스스로의 개성을 조금씩 포기한다. 스스로 판단하고 행동한다고 믿지만, 사실은 집단의 흐름과 평균적 기준에 휩쓸린 채 살아가는 경우가 많다.

판옵티콘

누군가 나를 바라보고 있을 때, 나는 내가 아닌 누군가의 시선
이 된다.

-미셸 푸코-

　이런 관점에서 보면, 18세기 말 영국 철학자 제러미 벤담이 고안한 판옵티콘 감옥 모델을 통해 현대사회에 문제를 직시할 수 있다. 판옵티콘은 중앙의 감시탑에서 모든 방을 한눈에 내려다볼 수 있도록 설계된 감옥이다. 이곳에서 수감자는 자신이 실제로 감시당하고 있는지 알 수 없지만, 언제나 감시당할 수 있다는 불안감 때문에 스스로 행동을 통제하게 된다. 단 한 명의 감시자로도 수많은 사람을 효율적으로 관리할 수 있다는 구조로 설계됐다. 그리고 200년이 흐른 뒤, 프랑스의 철학자 미셸 푸코는 이 판옵티콘을 단순한 감옥의 설계를 넘어 정치의 권력 구조를 상징하는 모델로 확장해 해석했다. 그리고 현대의 판옵티콘은 또 다르게 해석할 수 있다. 판옵티콘은 더 이상 벽돌과 철창으로 이루어지지 않는다. 카메라, 인터넷, 알고리즘, 도덕적 언어, 여론, 커뮤니티 등으로 구성된 보이지 않는 감옥이 되었다. 이제는 더 이상 한 사람이라는 명확한 감시자가 존재하지 않는다. 미셸 푸코는 한 사람의 감시자를 정치 권력으로 설명했지만 이제는 그 마저도 모호해졌다. 그 대신 사람들이 누군지도 모르는 대상으로부터 감시당할 수 있다는 전제 하에 스스로를 통제하고, 검열하고, 때로는 침묵한다. 이 권위는 이제 대통령이나 왕, 경찰과 같은 명확한 권력자의 것이 아니다. 그것은 정치적 올바름, 공감, 도덕이라는

이름으로 작동한다. 하지만 본질적으로는 다르지 않다. 누군가의 존재를 한순간에 지워 버릴 수 있는 힘, 바로 그것이 권력이다. 누가 명령하는 것도 아닌데 모두가 따라야 할 기준이 존재하고, 누구도 노골적으로 억압하지 않지만 모두가 서로를 억압한다. 현대인은 더 이상 외부로부터 직접 억압당하지 않는다. 오히려 자발적으로 침묵하고, 자기 검열을 하며, 동시에 타인의 행동과 의견을 끊임없이 평가하는 새로운 권위자이자 피해자라는 모순된 자리에 앉아 있다.

이 힘은 수직적으로 강요되는 것이 아니라, 네트워크를 따라 수평적으로 확산된다. 우리는 수많은 연결 속에서 서로를 감시하고, 조롱하고, 규제한다. 스스로는 옳다는 확신 속에, 타인의 의견은 틀렸다는 전제를 깔고, 논의 대신 낙인을 찍는다. 현대의 권위주의는 더 이상 외부에서 오는 억압이 아니라, 개인들이 서로에게 행사하는 도덕적 폭력의 총합에 가까워졌다. 이 구조 안에서 나는, 사람들이 자기 목소리를 내기보다는 점점 더 침묵하고, 자기 검열 속에 살아가는 현실을 종종 마주치게 된다.

이제 평범인은 스스로 감시자이면서 동시에 피감시자가 됐다. 이 구조가 극대화되는 공간이 바로 인터넷과 SNS다. 온라인 커뮤니티는 오르테가가 우려했던 대중의 얼굴을 가장 선명하게 드러내는 곳이다. 한 사람의 발언, 표정, 복장, 과거의 흔적까지, 집단의 도덕적 기준에 어긋나기만 하면 공론화라는 이름 아래 곧바로 공개 처형이 시작된다. 이때 작동하는 논리는 거의 무적에 가깝다. 누군가 피해를 입었다면, 가해자는 어떤 처벌을 받아도 정당하다는 감정의 논리 때문이다. 여기서 법에서 강조하는 비례의 원칙은 의미를 잃는다. 피해에 상응하는 처벌이 아니라, "그 피해자가 내가 될 수도, 내 가족이 될 수도 있었다"는 감정적 공감이 힘을 얻는다. 그래서 처벌의 수위는 법이 아니라 집단의 감정에 따라 결정된다. 물론 미셸 푸코의 말처럼, 형벌 제도는 모든 범죄를 근절하기 위해서가 아니라, 범죄를 그 차이에 따라 관리하기 위한 장치로 만들어진 것이다.[23] 법이 정한 처벌의 기준과 대중의 기대치가 늘 일치하는 것도 아니다. 하지만 법의 한계를 넘어서 감정이 직접 판결을 내리는 것이 과연 공정할 수 있을까? 실제 피해의 경중과 무관하게, 집단의 분노와 공감이 처벌의 무게를 결정하는 것은 법이 사회적 합의로서 기능하지 못하고, 감정에 휘둘리기에 공정하기 어렵다. 조리돌림이나 나락 보내기 같은 행위는 익명의 광기 속에서 순식간에 이뤄진다. 누가 다음 타깃이 될지 아무도 예측할 수 없다. 연예인, 운동선수, 인플루언서, 그리고 평범한 사람까지, 어느 누구도 이 사회에서 완전히 안전한 존재는 없다. 리얼리티를 표방하는 방송가의 추세는 사람들의 더 리얼한 모습을 보여 주려고 노력한다. 유명인이나 일반인의 사생활이 방송의 소재로 쓰이면서 그들의 행동 하나하나가 공론화되는 빈도가 잦아졌다. 그리고 CCTV나 블랙박스를 통해서 누군가의 잘못을 공개적으로 평가하는 방송이나, 부부간의 관계, 육아, 반려견 등등의 문제도 방송에서 소개하면서 평범인들의 기준으로 그들의 삶을 재단하고 모두가 똑 같은 기준으로 살아가야 한다는 압박을 전체 사회에 전달하는 셈이다. 게다가 모든 사람이 주머니속에 카메라를 들고 다니는 세상이다 보니 어떤 사람도 공개된 장소에서의 행동이 사회적 공론화의 대상이 될 수 있다. 음식점 사장의 불친절은 폐업으로까지 이어질 수 있다는 의미이다. 음식점 사장이 불친절하다면 그런 가게는 어차피 망한다고 생각할 수 있다. 하지만 우리는 그 불친절이 지속적인 것인지 단편적인 것인지 알 수 없다. 그런 정보는 주어지지 않는다. 자식을 아무리 사랑하는 부모도 자식에게 상처되는 말을 하게 된다. 아무리 친절한 사람이라도 누군가에게 한 번쯤 불친절한 사람이 된다. 매일 같은 기분, 같은 태도로 살아갈 수 있는 사람은 애초에 존재하지 않는다. 하지만 우리가 타인을 평가할 때 그 부분만을, 그리고 공론화가 됐다는 것은 가장 나쁜 순간이 캡처 됐다는 의미이다. 또는 타인이 아닌 자신이 스스로 자신의 치부를 공개적인 곳에 게시하는 경우도 있다. 친구들끼리 있는 자리였다면 문제로 발전되지 않았을 일들이 공론화의 대상이 되고는 한다. 인간의 자기노출 본능이 최악의 상황으로 몰아갈 수도 있다. 이런 풍경을 직접 목격하거나, 예기치 않은 순간에 휩쓸리는 경험을 할 때마다, '감정의 공동체'가 얼마나 강력하게 사람을 통제하는지 실감하게 된다. 결국, 사람들은 더 이상 SNS에 글을 쓸 때만 조심하면 된다고 생각하지 않는다. 평범한 일상 속에서도 자기검열이 완전히 내면화된다. 블랙박스와 CCTV, 스크린샷과 캡처, 댓글과 좋아요(어떤 게시물에 좋아요를 눌렀는지, 혹은 어떤 인물을 팔로우 했는지에 따라서 비판의 대상이 되기도 한다)와 같은 모든 일상이 감시 도구가 된다. 특히 노출되는 사람일수록 자기 통제의 강도는 더 커진다. 이들은 단순히 콘텐츠를 만드는 게 아니라, 문제되지 않는 사람이라는 정체성까지 설계해야 한다. 실수를 하지 않는 것만으로는 충분하지 않다. 언제든 도덕적으로 검증될 준비가 되어 있어야 한다. 운동선수에게 가장 중요한 것은 원래라면 성적이겠지만, 아무리 뛰어난 성적을 올려도 도덕적 기준을 통과하지 못하면 그에 상응하는 대우를 기대할 수 없다. 이 논리는 운동선수뿐 아니라 타인에게 노출된 모든 삶. 혹은 그렇지 않는 사람들 모두에게 적용된다.

이런 감시와 검열의 구조는 단순히 개인적인 피로감에 그치지 않는다.

시간이 지날수록 점점 더 많은 사람들이 말 대신 침묵을 택하고, 진실보다 정답을 찾으려 한다. 타인과의 이해보다는 내 편, 네 편을 구분하는 경계가 두터워진다. 이런 흐름은 결국 정치적으로도 악용될 수 있다. 누군가를 공격할 명분을 찾기 위해 사상을 검증하고, 사소한 표현 하나까지 문제 삼으며, 의도를 캐묻고, 우리와 그들 사이의 경계를 더 뚜렷하게 만든다. 결국 우리는 누가 감시하는지도 모른 채 감시를 당하고, 누가 억압하는지도 모른 채 서로를 억압하게 된다. 표면적으로는 자유로운 시대에 살고 있지만, 실제로는 모두가 불안에 잠식된 침묵 속에 살아간다. 푸코의 말처럼, 현대의 권력은 눈에 보이지 않는다. 그런데 그 영향력은 이전보다 훨씬 강해졌다. 이 권력은 누구를 강제로 말하게 만들지 않는다. 대신 조용히 사라지게 만든다. 지금 이 순간에도 우리는 어떤 말은 스스로 삼가고, 어떤 질문은 던지지 않으며, 어떤 감정은 드러내지 않는다. 우리는 자유 속에 억압이 숨은 시대, 감시 없는 감시의 시대, 자기 검열이 일상이 된 시대를 살고 있다. 이것이 현대판 판옵티콘, 그리고 우리가 만들어 낸 새로운 권위주의의 민낯이다. 나는 누군가를 옹호하기 위해서 이 주제에 대해 이야기하는 것은 아니다. 다만 이런 사회적인 분위기, 서로가 서로를 감시함으로써 개인의 생각이나 행동이 전체의 기준에 맞춰지는 것에 대한 우려를 나타내는 것이다. 왜냐하면 이 책에서 시종일관 주장하는 것, 즉 내가 하는 투자에서 가장 중요한 부분은 스스로 생각하고 사유하는 것이고, 그렇기 때문에 다수로부터 의도적으로 벗어나고자 함인데, 이런 사회적인 분위기가 그것을 어렵게 만들기 때문이다. 판옵티콘 구조가 정치적으로 활용된 역사적 사례는 셀 수 없이 많고, 지금 이 순간에도 여러 국가에서 판옵티콘형 정치가 다양한 방식으로 시행되고 있다. 이 구조가 개인의 자유와 권리를 어떻게 통제하는지 직접적으로 체감한 적도 있었지만, 오늘은 조금 다른 사례를 소개하고 싶다.

약 160조 원 규모의 자산을 운용하는 세계 최대 헤지펀드 브리지워터의 설립자이자 대표인 레이 달리오의 원칙이 바로 그 예다. 그는 두 가지를 가장 중요하게 여긴다. 하나는 원칙이고, 다른 하나는 개방적인 태도다. 달리오는 자신의 저서 《원칙》에서 이 두 가지가 회사와 개인 모두의 성장과 생존에 핵심임을 강조한다. 달리오는 내가 옳다는 확신에서 벗어나기 위해 극단적으로 개방적인 사람이 되어야 한다고 결심했다. 이를 실천하기 위해 그는 다음 두 가지 원칙을 세웠다. 첫째, 자신의 생각에 동의하지 않는 사람들, 그것도 가장 똑똑하다고 생각되는 사람들을 찾아 그들의 의견을 깊이 이해하려고 노력한다. 둘째, 자신의 의견을 언제 드러내지 않는 것이 더 나은지도 스스로 판단할 줄 알아야 한다. 이런 원칙은 달리오 한 사람만의 것이 아니었다. 브리지워터에 속한 모든 직원에게도 똑같이 적용됐다. 어떤 직책이든, 누구든 자신의 생각을 자유롭게, 개방적으로 말할 수 있어야 했다. 실수를 숨기거나 감추는 것이 아니라, 실수를 드러내고, 이를 개선의 기회로 바꾸는 구조를 만들어 낸 것이다.[24]

이를 위해 브리지워터에는 이슈 로그라는 독특한 시스템이 존재한다. 누구라도 회사에서 오류를 발견하면, 그게 아무리 사소한 문제라도, 심지어 탕비실 커피가 부족하다는 정도까지 공개적으로 기록하고, 모두가 볼 수 있도록 만든다. 이렇게 모든 것이 투명하게 드러나는 환경에서 사람들은 자신의 실수조차도 감추지 않고, 오히려 개선의 계기로 삼는다. 어쨌든 레이 달리오는 세계에서 가장 성공한 자산가 중 한 명이 되었고, 브리지워터는 세계 최대의 헤지펀드로 성장했다. 그 자신은 이 모든 것이 자신이 세운 원칙과 극단적으로 개방적인 태도 덕분이라고 자랑스럽게 밝혔고, 많은 사람들도 그렇게 믿었다. 하지만 2024년, 롭 코플랜드가 브리지워터와 레이 달리오의 실상을 다룬 책을 출간하면서 숨겨진 진실이 드러났다. 레이 달리오가 원칙을 중시하고 직원들에게 극단적인 개방성을 요구했던 것은 분명 사실이었다. 하지만 정작 본인은 회사에서 가장 폐쇄적인 사람이었고, 그에 따라 브리지워터 역시 겉으로는 개방적인 조직이었으나 실제로는 극단적으로 폐쇄적이고, 놀라울 만큼 판옵티콘 감옥과 닮아 있었다. 그는 모든 직원의 의견을 듣고자 했지만, 정작 자신의 생각과 다른 의견에는 공개적인 자리에서 가차 없이 비난을 퍼부었다. 회사의 방침상 모든 논의가 공개적이어야 했으니, 직원들은 점점 레이 달리오의 비위에 맞는 말만 하게 됐다. 그가 자랑하던 이슈 로그 시스템 역시 점점 더 심각한 문제로 변질됐다. 그는 직원들에게 겉으로만 '개방적' 태도를 강요하며, 의무적으로 더 많은 이슈 로그 등록을 압박했다. 주당 10~20건 이상을 올리도록 요구했고, 직원들은 사소한 일조차 이슈 로그에 올려야만 했다. 예를 들어, 임원이 회의에 늦으면 임원의 비서가 일을 제대로 하지 않았다며 이슈 로그에 등록했고, 비서가 잠깐 자리를 비웠던 시간도 일일이 기록됐다. 브리지워터의 비서들은 대부분 오래 버티지 못하고 회사를 떠났다. 더 사소한 일도 빠짐없이 기록됐다. 커피 원두를 제때 채우지 않는다거나, 누군가 화장실 사용 후 손을 씻지 않는다거나, 주차 카드가 불편하다는 등, 업무와 상관없는 사소한 불편까지 모두 이슈 로그에 올라왔다.

문제는 이렇게 등록된 이슈가 단순히 불편을 해결하고 실수를 바로잡는 데 그치지 않았다는 점이다. 관련 부서 책임자나 담당자는 징계 혹은 해고의 대상이 되었다. 이제 직원들에게 이슈 로그는 단순한 개선의 수단이 아니라, 곧 생존과 직결되는 시스템이 되었다. 회사의 원칙들도 상황에 따라, 혹은 레이 달리오의 기분에 따라 새로 만들어지거나 사라지곤 했다. 더는 원칙이라 부르기도 어려웠다. 실제로 그가 화장실 소변기 앞에 소변이 떨어져 있다는 이유로 여러 사람이 해고되고, 소변기 전체가 교체된 적도 있었다. 회의 중 화이트보드가 잘 지워지지 않는다며 한바탕 소동이 벌어지기도 했다. 여기에 전직 FBI 관료가 임원으로 들어오면서, 사무실에 설치된 도청기를 통해 직원들을 감시하는 일까지 벌어졌다. 이제 직원들은 주변에 도청기가 있을까 신경 쓰며 일해야 했다. 결국 브리지워터의 조직은 겉으로는 개방성과 원칙을 내세웠지만, 실제로는 판옵티콘을 방불케 하는 감시와 자기검열, 극단적 통제와 불안의 공간이 되고 말았다. 이런 풍경은, 권력이 어떻게 감시와 규율, 그리고 자기검열의 체계로 변질될 수 있는지, 그리고 그 안에서 개인이 얼마나 쉽게 침묵과 순응으로 밀려날 수 있는지를 다시 한번 생각하게 만든다.

이처럼 레이 달리오의 브리지워터는 표면적으로는 개방이라는 원칙 아래, 직원 각자가 서로를 비판하고 감시하며 내부의 오류와 불편을 끊임없이 고발하는 시스템을 갖췄다. 하지만 실제로는 권력자의 시선을 의식한 생존의 정치, 끝없는 자기검열과 두려움으로 이어졌다. 이런 구조는 16세기 장 칼뱅이 제네바에서 만들었던 통제 사회와도 본질적으로 닮아 있다.

칼뱅의 제네바에서는 신 앞에 모두가 평등하다는 명분 아래 시민 모두가 서로의 삶을 감시하고, 사소한 규율 위반조차 은폐하지 않고 고발하는 문화가 정착됐다. 가족, 이웃, 친구 할 것 없이 서로를 감시하고, 일탈을 숨기지 않으며, 종교적 순결이라는 미명 아래 일상 전반이 집요한 감시의 대상이 됐다. 고해성사는 공동체 전체의 감시와 통제 수단이 되어버렸다. 결국 제네바는 원칙 아래 자유와 개방 대신 두려움과 불신, 권위에 복종하는 감시사회로 퇴행했다. 브리지워터 역시 원칙이라는 이름으로 감시와 자기고발을 일상화했다. 직원들은 동료의 실수뿐만 아니라 상사의 작은 결점까지도 기록해야 했고, 그 결과는 언제든 징계나 해고로 이어질 수 있었다. 개방과 자유라는 이상이 오히려 독재적 통제와 폐쇄성을 강화하는 아이러니로 이어졌음을 단적으로 보여 준다.[25]

이런 시스템 속에서 직원들은 원칙의 이름으로 서로를 견제하고, 생존을 위해 서로를 감시하는 데 익숙해졌다. 그 과정에서 진정한 창의성이나 자유로운 토론, 그리고 신뢰를 기반으로 한 건강한 소통은 점점 사라졌다.

이런 풍경을 곁에서 지켜보면, 원래는 조직의 성장과 혁신을 위한 제도가 결국은 사람들을 위축시키고, 오히려 모든 에너지가 실수하지 않기와 눈치 보기에 소모되어 버리는 걸 실감하게 된다. 브리지워터의 감시 체계는 현대판 판옵티콘의 본질, 감시를 당하고 있다는 환경이 사람들의 개성이나 개인적인 의견을 묵살하는지 잘 알 수 있다. 결국 판옵티콘적 감시의 본질은 단순히 기술이나 공간의 문제가 아니다. 감시를 받고 있다는 생각만으로도 사람은 점점 자신의 생각을 감추게 되고, 결국엔 개인의 고유함이 사라진다. 모든 사람이 강제로 평범인의 기준에 맞춰 살아가게 되는 구조다. 오히려 권위나 차별성을 확보하기 위한 경쟁이, 결과적으로 더 많은 사람을 평범인의 범주로 끌어내리는 역설적 효과를 낳는다. 감시의 논리가 내면화되는 순간, 가장 먼저 희생되는 것은 자유다. 보이지 않는 집단적 압력과 동조의 힘이 강해질수록, 남들과 다른 시각을 품고, 그 차이를 드러내는 일 자체가 점점 더 어려워진다. 결국 평균인을 넘어서기 위한 첫걸음은, 남이 아닌 자신에게 솔직해지는 데서 시작된다. 흐름에 휩쓸리지 않으려는 작은 성찰, 그 한 번의 질문에서 진짜 변화가 시작된다. 복잡하게 연결된 세상, 감시 없는 감시가 일상이 된 시대에, 투자자로 살아남기 위해서 스스로 생각할 수 있어야 한다. 그것이 얼마나 중요한지 절대 잊어서는 안 된다.

샤덴프로이데

인간은 남의 고통을 통해 자기 존재를 확인하려 한다.
-프리드리히 니체-

오르테가는 오늘날의 평균인은 단지 평균에 머무는 것에 만족하지 않는다. 오히려 그 자리를 세상의 기준으로 삼으려 하고, 자신보다 높은 곳에 있는 소수의 엘리트마저 끌어내리려는 경향을 보인다고 말했다. 이 정도면 충분하다는 감각이 이제는 자신을 지키는 방어기제에 그치지 않고, 남들 역시 같은 위치에 머물러야 한다는 새로운 기준으로 바뀌었다. 오르테가가 엘리트의 태도를 강조하며 대중과 구분하려 했던 것도, 바로 이 지점 때문이다. 대중은 평균에 안주할 뿐 아니라, 그 평균을 지키기 위해 평균을 넘으려는 시도 자체를 불편해한다.

조던 피터슨은 이런 태도의 기원을 한층 더 깊은 곳에서 찾는다. 그는 인간의 서열 구조가 단순한 문화적 산물이 아니라, 생물학적 진화의 산물이라고 본다. 자연은 결코 평등하지 않으며, 질서와 서열은 5억 년 이상의 생물 진화 과정 속에서 형성된 보편적 법칙이라는 것이다. 인간의 뇌는 생존과 번식에 유리한 전략을 찾아 환경을 끊임없이 분석해 왔고, 우리는 타인의 사회적 위치를 무의식적으로 파악하는 능력을 갖게 됐다. 이 비교는 외형적 위계에만 머무르지 않는다. 사회적 위상, 즉 집단 내에서의 서열은 우리의 기분, 감정, 심지어 행동 양식까지 깊숙이 관여한다. 이렇게 보면 인간은 사회적 동물이면서도, 동시에 서열적 동물이다. 우리는 무의식적으로 서열을 읽고, 해석하고, 반응한다.[26] 평균인을 기준으로 삼으려는 오늘날의 흐름 역시 이런 본능적 심리와 무관하지 않다. 사회적 위치에 따라 인간의 행동과 사고방식이 달라진다는 점, 그리고 이러한 서열 의식이 집단 내부의 긴장과 변화, 갈등의 근본적 동인임을 인식할 필요가 있다. 이것이 오늘날 '평균'이라는 이름 아래에서 벌어지는 미묘한 심리적 압력의 본질이다.

우리가 자신의 위치에 안도하고, 상위에 있는 사람을 끌어내리려는 심리는 단순한 질투로만 설명되지 않는다. 이는 인간의 깊숙한 비교 본능, 그리고 상대적 보상 체계와 연결되어 있다. 우리는 자신의 지위가 높아지는 것보다 남의 지위가 낮아질 때 더 큰 만족을 느낀다. 이것이 바로 심리학에서 말하는 샤덴프로이데, 즉 타인의 불행에서 얻는 기쁨이다. 이 감정은 개인의 성격이나 도덕적 결함 때문만이 아니라, 진화적 배경을 갖는다. 과거 생존 환경에서 경쟁자의 실패는 곧 나의 생존 확률을 높여 주는 사건이었다. 그래서 우리는 무의식적으로 남의 하락을 안전과 생존의 신호로 받아들이며 안도감을 느낀다. 이는 의지로 쉽게 거스를 수 있는 것이 아니라 집단 내 생존을 위해 내장된 본능이다. 그러나 이러한 감정이 순간적 반응에 머물지 않고, 반복되며 구조화될 때 더 깊은 심리로 전환된다. 니체가 말한 르상티망은 바로 여기서 발생한다. 직접적인 힘으로는 상위자를 끌어내릴 수 없는 상황에서 억눌린 원한은 도덕적 판단이나 가치 왜곡의 형태로 바뀐다. 강자의 성공을 '부도덕'으로 규정하고, 자신의 무력감을 정당화하는 식이다. 따라서 샤덴프로이데가 타인의 불행에 대한 순간적 안도라면, 르상티망은 그것이 누적되어 하나의 세계관, 나아가 자기 정체성으로 고착된 상태다. 결국 인간은 진화적 흔적 속에서 타인의 하락에 안도하는 본능을 공유하지만, 그 감정이 반복되면 무력감과 도덕적 우월감이 결합된 르상티망으로 빠져든다. 두 심리는 단절된 것이 아니라, 본능적 반응과 철학적 구조가 이어지는 하나의 연속선상에 있다.

워쇼스키 형제의 영화 《매트릭스》에서 모피어스는 네오에게 파란 약과 빨간 약, 두 개의 선택지를 내민다. 파란 약을 고르면 지금 이대로, 익숙하고 안전해 보이는 일상에 머무를 수 있다. 더 이상 불필요한 질문도, 불편한 고민도 없이 시스템이 마련한 틀 속에서 평온하게 살아갈 수 있다. 반면 빨간 약을 삼키면, 지금까지 믿어온 모든 세계가 허상일 수 있음을 마주해야 한다. 구조의 바깥, 감시와 통제의 진짜 체계, 그리고 그 안에 숨겨진 불편한 진실과 직면하게 된다. 하지만 진짜 어려운 건 외부 세계의 진실을 받아들이는 일이 아니다. 오히려, 지금껏 내가 내려온 판단과 신념, 내가 옳다고 믿어 왔던 세계관이 틀릴 수도 있다는 사실과 마주하는 일이다. 많은 이들이 파란 약을 택하는 이유도 여기에 있다. 불편한 진실보다, 차라리 익숙한 무지 속에서 안도하며 살아가는 것이 편하기 때문이다. 평균인은 이런 사람들이다. 스스로에게 아무것도 요구하지 않고, 자신을 평균이라는 자리에 고정시킨 채 그 안락함에 안주하는 사람들. 진실이란 원래 불편하다. 그리고 바로 그 불편함이 진실임을 보여 주는 증거이기도 하다.

평균인은 단순히 무지한 사람이 아니다. 오히려 이들은 교육을 받고, 문명의 혜택을 누리며, 적어도 표면적으로는 이전 세대보다 훨씬 더 많은 정보와 선택지 속에서 살아간다. 그러나 이들은 스스로를 이미 완성된 존재라 여긴다. 더 이상 변화하거나 성찰할 필요성을 느끼지 않고, 주어진 현실이 이대로 지속되는 것이 당연하다고 믿는다. 그는 질문하지 않기로 마음먹은 사람, 즉 세상이 지금처럼 작동하는 것을 의심 없이 받아들이는 사람이다. 이런 태도는 마치 매트릭스에서 파란 약을 삼킨 이들의 일상과 닮아 있다. 반복되는 일상, 특별한 고민이나 저항 없이, 익숙함 속에 안주하며 살아간다. 하지만 모두가 이런 선택을 하는 것은 아니다. 일부는 익숙한 세계 너머의 진실을 보고자 빨간 약을 삼킨다. 이들은 현실을 의심하고, 시스템의 논리에 질문을 던지며, 왜 이렇게 살아야 하는가를 스스로 묻는다. 빨간 약을 삼킨 사람은 굳이 말로 드러내지 않아도, 그 존재 자체로 질문이 된다. 그리고 이 존재는 파란 약을 삼킨 다수에게 종종 위협으로 받아들여진다. 왜냐하면 빨간 약이 던지는 질문은, 결국 자신들도 한 번쯤 억눌렀던 질문이기 때문이다. "왜 그냥 만족하지 않지?", "왜 그렇게까지 하려 해?"라는 말은 사실 새로운 질문이 아니라, 스스로를 지키기 위한 일종의 방어기제에 가깝다. 이런 반응은 자기 기만을 유지하기 위한 감정적 방어에 불과하다.

  이 시점에서 표면화되는 대표적인 감정이 바로 샤덴프로이데다. 진실을 향해 가는 누군가가 실패할 때, 많은 사람들은 그 순간에 안도감을 느낀다. "괜히 저런 걸 해서 저렇게 된 거잖아"라는 반응은, 단순히 상대의 실패를 조롱하는 게 아니다. 그 이면에는 자기 자신의 선택이 틀리지 않았다는 정서적 확인이 담겨 있다. 진실을 향한 도전이 무너질 때, 기존의 평온함이 한 번 더 정당화되는 셈이다. 샤덴프로이데는 무지에 대한 자부심이라기보다, 자신을 불편하게 만들 진실로부터의 심리적 거리두기에 가깝다.

  이러한 분위기 속에서 빨간 약을 삼킨 자는 사회적으로 고립된다. 그는 쉽게 대중의 지지를 얻지 못하고, 설령 성공을 거두더라도 그 시선은 끝내 사라지지 않는다. 오히려 많은 사람들이 그의 실패를 기대하며, 작은 실수나 패배의 순간을 기다린다. 그래서 진실을 추구하는 사람은 언제나 비난받을 준비가 되어 있어야 한다. 그렇기 때문에 이 현상은 단순한 개인 감정 문제가 아니라, 사회적·구조적 문제로 볼 수밖에 없다.

어슐러 K. 르귄의 《오멜라스를 떠나는 사람들》* 불편한 진실을 외면하는 구조가 어떻게 일상화되는지를 문학적으로 보여 준다. 오멜라스는 자유, 풍요, 예술, 축제가 어우러진 이상적인 도시로 보이지만, 그 모든 행복의 이면에는 이름모를 한 아이의 극단적인 고통이 자리 잡고 있다. 지하에 갇힌 아이는 햇빛도, 따뜻한 위로도 없이 고통을 감내한다. 오멜라스의 시민들은 누구나 반드시 이 진실을 마주하게 되지만, 처음 느꼈던 충격과 당혹감에도 불구하고 대부분은 도시를 떠나지 않는다. 그 이유는 한 명의 고통으로 수천 명이 행복을 누릴 수 있다면, 그것이 현실적이고 합리적이라는 자기 설득 때문이다. 이 소설이 던지는 메시지는 단순한 도덕적인 판단에 대한 것이 아니다. 질문하지 않는 다수의 침묵, 그리고 불편한 진실을 외면하며 지속되는 공동체는 실제 우리가 살아가는 현실과 닮아 있다. 중요한 것은, 그럼에도 그런 오멜라스를 조용히 떠나는 소수가 있다는 점이다. 그들은 아무 말도 하지 않은 채, 도시밖으로 사라진

---

* 《오멜라스를 떠나는 사람들》은 미국의 작가 어슐러 K. 르귄(Ursula K. Le Guin)이 1973년에 발표한 단편소설로, 완벽한 행복을 누리는 이상향 오멜라스가 한 아이의 극심한 고통을 전제로 유지된다는 설정을 중심으로 한다. 도시의 시민들은 이 진실을 성장한 후 모두 알게 되며, 대부분은 그것을 받아들이고 살아가지만, 일부는 아무 말없이 도시를 떠난다. 이 작품은 개인의 양심과 집단의 이익, 정의와 도덕적 책임 사이의 갈등을 상징적으로 표현한 철학적 우화로, 사회계약론, 윤리학, 희생의 정당성 같은 주제에 대한 깊은 사유를 유도한다. 특히 "떠나는 자들"은 도덕적 참여를 거부하는 소수자의 상징으로 해석되며, 오늘날 불의한 시스템에 침묵하거나 동참하지 않으려는 양심적 선택의 비유로 자주 인용된다.

다. 그들은 떠나는 것은 단순한 도피가 아니다. 오멜라스의 행복이 누군가의 고통이라는 사실을 받아들이지 못한 소수의 소신이다.

떠나는 자들의 선택은 침묵 속에서 이뤄진다. 말없이 떠나는 그들의 존재는, 남아 있는 시민들에게 무언의 질문을 던진다. "나는 괜찮은가?"라는 자기 검열, 그리고 애써 외면했던 불편한 진실이 다시금 고개를 든다. 남은 이들은 겉으로는 그들을 비난하지 않지만, 어딘가 모르게 불편해하며, 침묵의 시선 속에서 스스로를 정당화한다. 이 구조는 우리 현실에도 동일하게 적용된다. 체제에서 이탈하거나, 주류의 기준에서 벗어나는 사람은 언제나 소수고, 그 선택은 대체로 외면과 고립을 부른다. 하지만 그런 이들의 행동이 남은 사람들을 불편하게 만든다.[27]

《오멜라스를 떠나는 사람들》의 떠나는 자는 마치 빨간 약을 삼킨 이들과 닮아 있다. 그들은 기존의 질서와 구조, 즉 모두가 묵인하고 안도하는 세계에 질문을 던진다. 이 삶은 정당한가? 이 시스템은 옳은가? 우리가 믿는 것은 정말 진실인가? 이런 질문들은 결코 쉽게 답을 얻을 수 없고, 사실상 답이 없는 물음이기도 하다. 그럼에도 이런 질문은 사회 전체에 불편한 울림을 남긴다. 대부분의 사람들은 이런 질문을 듣고 침묵을 택한다. 구조에 순응하면서 안정을 유지하려고 한다. 그렇기 때문에 질문하는 사람, 즉 익숙한 삶의 질서에 의문을 제기하는 소수는 종종 고립되고 만다. 다수가 침묵할 때, 질문은 그 존재만으로도 불편한 것이 된다. 그래서 많은 이들은 스스로에게 묻는 법마저 잊고 살아간다. 하지만 진실을 향한 길은 결국 멈추지 않고 질문하는 사람들의 몫이다. 이들은 단순한 자기 확신에 기대지 않는다. 오히려 자기 성찰이라는 더 불편하고, 더 정직한 길을 택한다. 이러한 태도는 단순히 지적 성향을 넘어, 삶을 살아가는 방식이자 세상과 자신을 마주하는 근본적인 태도다. 우리는 대부분 주변에 순응하며 살아간다. 익숙함에 젖으면 어느새 저항하는 법을 잊고 만다. 여기서 저항이란, 체제에 맞서는 거창한 반란을 의미하지 않는다. 오히려 자기 안의 나태함과 타협, 자기기만에 대한 끊임없는 반발을 뜻한다. 지금 이대로 괜찮은가? 이 질문을 놓지 않는 것, 바로 그것이 진실을 향한 저항의 첫걸음이다.

　대부분의 사람들은 진실을 직면하려 하지 않는다. 그건 단지 용기의 부족이 아니다. 오히려 이 감정 구조는 현대 사회 전반에 깊숙이 뿌리내리고 있으며, 특히 기계론적 세계관의 교육 시스템을 통해 제도화되어 있다. 정답 중심의 사고방식, 끊임없는 비교와 평가, 실패에 대한 두려움, 창의보다 암기를 중시하는 교육 체계. 이 모든 요소는 우리를 파란 약을 삼킨 삶에 익숙하게 만든다. 그 결과 우리는 모범답안 안에서만 살아가려 하고, 틀릴까 두려워 질문을 멈추며, 자신을 보호하는 데에만 능숙한 사람이 된다. 도전은 비이성적인 것으로 여겨지고, 의심은 불편한 것으로 치부된다. 다르다는 것에 대한 암묵적인 배척은 우리를 기준 안으로 강제로 편입시키고 정렬되게 만든다. 그렇게 우리는 스스로 묻지 않는 법을 배우고, 판단을 외면하며, 똑같이 만들어지기에 은연중에 누군가의 실패를 반가워하는 감정이 생긴다. 이 모든 과정은 단지 개인의 약점이 아니라 사회적 훈련의 결과다. 우리는 질문을 하지 않는 법을 배웠고, 판단 대신 눈치를 보고, 실패한 사람을 보고 안도하는 법을 배웠을 지 모른다. 우리가 사는 사회에는 어떤 특유의 감정 구조가 뿌리 깊게 자리 잡고 있다. 그것은 단순한 감정이 아니라, 타인의 성공과 나의 선택을 어떻게 받아들이느냐에 관한 해석 방식이다. 많은 사람들은 성공한 스타, 연예인, 사업가, 투자자의 삶을 보며 부러움을 느낀다. 동시에 어딘가 불공평하다고 생각하기도 한다. '나는 그들보다 더 오래, 더 열심히 일하고 있는데 왜 수입은 이렇게 차이가 날까?'라는 질문이 마음속에 떠오르기도 한다.

하지만 이 감정에는 결정적인 요소가 빠져 있다. 바로 가변성이다. 우리는 성공한 사람들의 현재만 본다. 그들이 실제로 감수했던 리스크와, 실패 가능성 앞에서 내딛었던 불확실한 한 걸음은 거의 보이지 않는다. 오직 결과만이 남아 있을 뿐이다. 누군가는 수많은 가능성 중에서 단 하나의 성공을 선택한 셈이고, 그 과정의 불안과 긴장은 결과에 가려진다. 반면, 안정적인 삶을 선택한 사람들은 이런 가변성을 감내하지 않았기에, 위험을 직접 체험할 필요가 없었다. 그래서 더 큰 보상을 받은 이들이 마치 부당하게 더 많이 가져간 것처럼 보이기도 한다. 이럴 때 우리는 불편함을 느낀다. 그리고 무의식적으로 성공한 사람을 비난하거나, 그들이 실패하길 바라는 감정이 생긴다. 그 이유는 단순하다. 누군가 그 위험한 다리를 건너 성공했다는 사실이, 내가 그 길을 안 간 것이 아니라 못 간 것일지도 모른다는 불편한 진실을 건드리기 때문이다. 바로 이런 순간에 샤덴프로이데가 작동한다. 성공은 용기 있는 자의 몫이기도 하지만, 더 많은 이들에게는 불편함이 되어 되돌아오는 것이다.

투자의 세계 역시 예외가 아니다. 시장은 언제나 불확실성과 가변성으로 요동친다. 예측은 어김없이 어긋나기 마련이고, 확신은 자주 배신당한다. 이 세계에서 살아남는 사람은 결국 빨간 약을 삼킨 사람이다. 자신의 오류를 인정할 수 있는 사람, 그리고 언제든 세계가 뒤집힐 수 있음을 알고 있는 사람만이 끝까지 버틴다. 하지만 실제로 많은 투자자들은 그 반대편에 서 있다. 수익이 나면 자신의 능력 덕분이라고 여기고, 손실이 나면 시장이나 외부 환경 탓을 한다. 이들은 남의 실패를 쉽게 조롱한다. 고점에 물린 사람을 비웃고, 실패한 투자자를 무능하다 평가한다. 정작 자신 안의 편향과 오류는 돌아보지 않는다. 문제는 이런 태도가 투자에 치명적이라는 점이다. 시장에서 진짜 배움은 언제나 실패에서 시작된다. 자신의 실수와 편향을 직시할 수 있는 사람만이 다음 국면에서 달라질 수 있다. 반대로 남의 실패를 조롱하는 데 시간을 보내는 사람은, 자기 실수를 돌아볼 기회를 스스로 잃는다. 그런 태도로는 오래 버틸 수 없다. 시장은 정직한 공간이다. 자신의 편향을 외면한 자를 결코 끝까지 품어 주지 않는다.

결국 이 모든 구조 아래에는 아주 단순하면서도 무거운 진실이 자리 잡고 있다. 우리는 가변성을 두려워한다. 변수가 가득한 세계는 본질적으로 불안정하고, 불확실하며, 무엇보다 스스로에게 책임을 요구한다. 그래서 사람들은 본능적으로 고정된 세계를 원한다. 정답이 분명하고, 결과가 예측 가능하며, 실수의 여지가 없는 구조 안에서 주어진 역할만 다하면 되는 삶. 그런 안정된 질서 속에서는 생각하지 않아도 되고, 고민하지 않아도 된다. 하지만 현실은 언제나 변한다. 아무리 단단히 대비해도, 미래는 결코 우리에게 정해진 답을 주지 않는다. 지금 당연하다고 믿는 것, 익숙하다고 여기는 것들도 언제든 뒤바뀔 수 있다. 변화는 대개 예고 없이 찾아오고, 준비하지 않은 이들은 벼랑 끝에서 속수무책으로 밀려난다. 그래서 우리는 두려움을 느낀다. 그리고 그 두려움은 종종 안정이라는 이름으로 스스로를 속이게 만든다. 그러나 안정은 때로 현실 회피일 뿐이다. 시장처럼 복잡하고 예측 불가능한 곳에서는, 그런 회피가 오히려 더 큰 리스크로 돌아온다. 결국 누가 살아남는가? 변화 앞에서 눈을 감지 않고, 자신의 무지를 인정하며, 스스로에게 끊임없이 질문을 던지는 사람이다. 파란 약을 뱉고, 불편한 진실과 마주하기로 결심한 사람만이 혼란의 시대에도 자기 발로 설 수 있다.

평범인은 위대한 실패를 두려워한 나머지, 결국 작은 안전에 안주하며 문명을 스스로 무너뜨리는 존재가 된다고 오르테가는 경고했다. 그의 말은 단순한 철학적 수사에 그치지 않는다. 시장에서 오래 살아남고 싶은 투자자라면 결국 선택의 순간을 더 이상 미룰 수 없다. 냄비 속의 개구리처럼 서서히 마비되어 가는 평균의 틀 속에서 안락함을 택할 것인가, 아니면 불확실성과 자기 부정이라는 고통을 감수하더라도 조금 더 진실에 대해서 알아볼 것인가? 빨간 약을 삼킨다는 건 세상을 바꾼다는 거창한 뜻이 아니다. 그건 거울 앞에 선 채, 지금까지의 나를 의심해 보는 일이다. 그리고 이 모든 여정은 남의 실패 앞에서 웃는 대신, 내 실패 앞에서 한 번쯤 멈춰 서는 그 순간부터 시작된다.

운과 실력 그리고 냉소

인간의 두뇌는 비선형성을 이해하기에 부적합하다. 두 변수 사이에 인과관계가 있을 때, 사람들은 한 변수에 꾸준히 입력하면 다른 변수에 반드시 결과가 나오리라고 생각한다.

-나심 니콜라스 탈레브-

K씨는 공격적인 투자자였다. 아주 적은 자본으로 시작해 어느새 제법 큰돈을 굴리는 사람이 되었다. 그의 첫 전략은 단순했다. 주식 커뮤니티와 채팅방에서 많이 언급되는 종목을 추종하는 것이었다. 사람들이 많이 언급한다는 건 곧 빠르게 오르는 주식이라는 뜻이었고, K씨는 과감히 뛰어들었다. 필요하다면 2배, 3배의 레버리지도 주저하지 않았다. 그렇게 투자하는 종목마다 연전연승을 거두며 그의 이름은 널리 알려졌다. 성공담을 공유하자 그를 따르는 사람들까지 늘어났다. 성공이 쌓일수록 그의 확신은 커졌다. 실패할 리 없다는 믿음이 굳어졌고, 추종자들 역시 같은 신념에 빠져들었다. 하지만 어느 순간부터 실패가 잇달았다. K씨는 그것을 단순한 불운으로 치부했다. 불행은 연속되지 않는 법이라고 생각하며, 실패가 쌓일수록 오히려 더 큰 금액으로 만회하려 했다. 그러나 압박감은 커져만 갔고, 시장은 이미 완전히 다른 국면으로 바뀌어 있었다. 예전처럼 사기만 하면 오르던 종목들이 더 이상 통하지 않았다. 그래도 그는 "이번만 넘기면 다시 기회가 온다"는 믿음으로 가진 전부를 다시 베팅했다.

K씨가 성공하던 시기, 중앙은행은 사상 최저의 금리를 유지했고 정부

의 대규모 지출은 소비와 투자를 자극했다. 케인즈의 승수효과[*]가 극대화된 그때, 주식시장은 마치 무엇이든 오를 것만 같았다. 옆집 개가 고른 주식도 오른다는 농담이 나올 정도였다. 그러나 K씨의 성공은 날카로운 통찰이 아니라, 구조적으로 주어진 운에 불과했다. 문제는 그가 그 운마저 자신의 실력이라 착각했다는 점이다. 긴축이 시작되고 유동성이 빠져나가자, 그의 전략은 무너졌다. 실패가 반복되자 그는 더 큰 금액을 쏟아부었고, 그만큼 더 큰 실패를 맞았다. 사람들은 누구나 자신의 성공을 자신의 행동 덕분이라고 믿고 싶어 한다. 하지만 그 성공이 전적으로 운에서 비롯되었다면, 더 이상 통제할 수 없다는 두려움이 밀려오기 때문에 대부분은 그 사실을 인정하려 하지 않는다. 그러나 시장은 언제든 기회를 선물했다가, 또 언제든 회수해 간다. 반대로 운과 실력을 구분할 줄 아는 투자자는 다르게 행동한다. 호황기에 돈을 벌어도 이 시기가 오래가지 않음을 안다. 자신을 들어 올린 힘이 언제든 자신을 끌어내릴 수 있다는 사실을 인식한다. 그래서 그들은 기회가 좋아도 지나치게 몸을 던지지 않고, 언제든 빠져나올 수 있는 비상구 근처를 지킨다. 성과가 좋아도 늘 겸손을 유지한다. 불황이 오면 시장을 탓하지 않고 상황을 인정하며 과감히 발을 뺀다. 이들은 단기 성과보다 오래 버틸 수 있는 지속 가능성을 중시한다.

시장은 인간의 판단에 따라 움직이지만, 그 판단은 언제나 비효율적이고 충동적이다. 투자자에게 진짜 중요한 것은 예측의 정밀함이 아니라,

---

* 승수효과란 정부가 지출을 늘리면 그 지출이 단순히 1회성으로 끝나는 것이 아니라, 가계와 기업의 소득을 늘려 다시 소비와 투자로 이어지면서 경제 전체에 더 큰 파급 효과를 낳는 현상을 말한다. 예를 들어 정부가 도로 공사를 위해 돈을 쓰면 건설 노동자의 소득이 늘고, 그 노동자가 소비를 늘리며, 또 다른 기업의 매출로 이어져 경제 규모가 몇 배로 확대되는 것이다.

지금 자신이 어떤 흐름 위에 있는지를 인식하고, 성공의 순간에도 끊임없이 자신을 의심하는 태도다. K씨가 몰락한 것은 스스로 만든 믿음에 매달렸고, 그것이 확신으로 굳어지며 결국 무너졌기 때문이다.

그러나 K씨보다 더 안타까운 이들이 있다. 운이 다가오고 있음조차 모르는 사람들, 그리고 그 가능성 자체를 부정하는 냉소주의자들이다. 그들은 세상이 바뀔 수 있다는 사실을 인정하지 않는다. 불황만 보고 기회를 지워 버리고, 정부의 완화 정책조차 방만한 행위라 치부한다. 가끔은 그들의 예측이 맞기도 하지만, 문제는 그 과정에서 너무 많은 기회를 놓친다는 데 있다.

냉소주의자는 운을 보지 못한다. 아니, 보려 하지 않는다. 그들의 불신은 신중함이 아니라 준비 부족을 합리화하는 방어적 태도다. 세상은 본질적으로 불확실하고 불평등하다. 하지만 그들은 시장의 복잡성을 단순한 사기라고 치부하며 기회를 외면한다. 운이 와도 잡지 못하고, 운을 잡은 사람을 오히려 조롱한다. 그러나 운은 준비된 자만이 알아볼 수 있다. 파스퇴르가 말했듯, "우연은 준비된 자에게 미소 짓는다." 철저한 준비 없는 태도에서는 어떤 기회도 열리지 않는다.

진짜 투자자는 불확실성을 피하지 않는다. 오히려 그 속에서 기회를 읽어 내고, 운이 눈앞에 왔을 때 그것을 알아볼 수 있는 사람이다. 경제가 나빠도 정책 변화와 시장 반응의 가능성을 열어 두고, 그 위에서 준비하고 선택한다. 결국 K씨는 운을 실력으로 착각해 무너졌고, 냉소주의자는 운 자체를 부정한 채 아무것도 시도하지 않았다. 한쪽은 준비 부족으로 실패했고, 다른 쪽은 가능성 자체를 닫아 버렸다. 두 경우 모두 기회의 문이 열릴 때 가장 멀리 서 있는 사람들이다.

칼 포퍼는 비판적으로 사고하면서도 냉소에 빠지지 않고 장기적 낙관론을 유지한다고 말했다. 나 역시 투자자로서 회의주의를 지향하되 냉소주의에 빠지지 않으려 노력한다. 회의주의는 검증하려는 태도에서 출발하지만, 시장의 본성상 완벽히 검증될 수 있는 것은 없다. 칼 세이건도 "회의주의에만 머문다면 새로운 생각을 보듬지 못한다"고 지적했다. 회의주의는 자칫 냉소주의로 변질될 수 있다. 이를 막는 길은 같은 고민을 했던 선배 투자자들의 경험에서 배우는 것이다.

세월이 흐르며 시장은 달라지고, 그 흐름에 따라 투자자의 태도도 변해야 한다. 하지만 그럼에도 변하지 않는 법칙은 존재한다. 그것은 오랜 경험과 통찰 속에서만 드러난다. 우리는 모든 것을 직접 검증하기엔 시간이 부족하다. 그러나 다행히도 과거의 실패와 고통을 기록으로 남긴 이들의 성찰을 통해 피 흘리지 않고도 배울 수 있다. 문제는 다수의 평균인과 냉소주의자들은 이런 지혜를 외면한다는 것이다. 느리고, 어렵고, 당장 효과가 보이지 않기 때문이다. 그래서 그들은 즉각적인 이익을 약속하는 정보에만 몰두하며, 성찰보다 확신을, 과정보다 결과만을 좇는다. 이런 태도야 말로 오르테가가 말한 엘리트와 대중을 가르는 결정적인 경계다. 정보는 누구나 얻을 수 있지만, 그것을 어떤 태도로 받아들이는가에 따라 사람은 다시 나뉜다. 결국 시장에서 오래 살아남는 투자자는 느린 교훈을 두려워하지 않고, 자기만의 질문을 멈추지 않는 사람이다.

아우라의 몰락

무언가 대중적이라면 그것은 더 이상 문화가 아니다.

-비비안 웨스트우드-

평균인은 또 다른 문제를 만들어낸다. 바로 개성의 상실이다. 자신이 평균에 속해 있다는 사실에 안도하며, 그 평균을 넘어서는 이들에게는 묘한 반감을 품는다. 이 반감은 사회 전체에 보이지 않는 기준을 만들고, 그 기준에서 벗어나려는 시도를 극도로 꺼리게 만든다. 문제는 이런 경향이 정치나 경제, 사회 같은 공식적인 영역에만 머물지 않는다는 점이다. 오히려 일상 깊숙이, 문화 전반에까지 스며들어 있다. 유행이라는 현상이 대표적이다. 많은 사람들이 아무 생각 없이 따라가는 트렌드, 유행의 소비는 결국 개성을 지우고 평균이라는 이름 아래 모든 취향을 평준화한다. 결과적으로 우리는 서로 닮은 모습으로, 눈에 보이지 않는 기준에 맞춰 끊임없이 모방하며 살아가게 된다. 개인이 각자 가지고 있던 고유한 특성은 점점 옅어지고, 결국은 남들이 하는 방식대로, 남들이 좋아하는 것을 쫓아가는 삶이 자연스러운 일이 되어 버린다. 사람들은 대화나 선택, 심지어 취미까지도 대부분 대중적 기준에 맞춰지는 모습을 쉽게 볼 수 있었다. 물론 유행은 공감을 불러일으키는 효과가 있지만 이 공감이 때로는 자신도 모르게 집단을 형성하며, 이 집단에서 벗어났을 때 불안을 느낄 수 있다는 점에서 유행은 주체성을 잃게 만든다. 결국 개성은 희미해지고, 평균이라는 그늘 아래서 서로의 모습을 복제하는 사회가 만들어지는 것이다.

오르테가는 대중의 등장을 자리의 문제라는 독특한 시각에서 바라봤다. 극장, 호텔, 기차, 찻집, 도로처럼 문명이 만든 공간이 사람들로 가득 차는 현상은, 언뜻 보면 자연스럽고 긍정적으로 보인다. 그러나 그는 이 '당연한 현상'에서 오히려 새로운 문제가 발생한다고 봤다. 과거에는 소수만이 누릴 수 있었던 문명의 공간이 대중에게 개방되면서, 기다려야 하는 불편함이 생겨나기 시작했다. 이런 지적이 자칫 위선적이고 차별적으로 들릴 수 있다는 점도, 오르테가는 피해가지 않았다. 실제로 오늘날의 기준으로 보면 극장, 도로, 대중교통, 카페 같은 시설은 본래 대중 모두를 위해 설계된 것으로 여겨진다. 하지만 1930년대, 오르테가가 책을 썼던 당시만 해도 상황은 달랐다. 한스 게오르크 가다머가 강조하듯, 과거를 평가할 때는 그 시대의 환경과 조건을 반드시 함께 이해해야 한다. 그렇지 않으면 그 결과는 그저 얕은 해석에 머물 뿐이다.

　오르테가가 말하는 대중은 단순히 많은 사람을 의미하지 않는다. 대중은 자신을 평균적 존재로 여기며, 타인을 자신과 동일시하고, 차별과 구별을 거부한다. 이들은 문명이 쌓아 온 역사, 질서, 윤리, 철학에는 무관심하다. 그 대신 문명의 혜택은 당연한 권리라고 여긴다. 그는 바로 이 지점에서 대중이 문명을 당연하게 소비하고자 하는 태도에 문제가 생긴다고 봤다. 자리의 부족, 즉 문명의 한계를 경험하는 순간, 대중은 자신들이 누리는 것을 권리로 생각하며, 과거 소수의 전유물이었던 공간까지 모두 평범한 자리로 만들려 한다. 한때 지식인들이 찻집에 모여 인간, 자유, 철학을 논하던 그 자리에 이제는 대중이 앉아 있다. 하지만 대중은 그러한 논의에는 관심이 없다. 오히려 평범함에 대한 권리를 더 적극적으로 주장하고, 그것을 실현하려 든다. 오르테가는 자리의 문제를 통해, 대중이 등장하면서 사회 전체가 점점 똑같아지고, 깊이 있는 논의나 생각이 사라지는 현상을 비판적으로 봤다. 실제로 오늘날에도 어떤 공간, 어떤 자리에 가더라도, '평범함'과 '비슷함'이 가득하다는 사실을 부정하기 어렵다. 결국 대중의 등장은 물리적인 자리의 부족만이 아니라, 생각과 논의의 자리까지 변화시키는 현상이다.

비비안 웨스트우드[*] 역시 이와 비슷한 문제의식을 드러냈다. 그녀는 "무언가 대중적이라면 그것은 더 이상 문화가 아니다"라고 단언했다. 그녀의 시각에서 문화는 언제나 가치 있는 소수에 의해 정의되고, 발전되어 왔다. 대중은 그것을 따라 배우며 점차 익숙해졌을 뿐이다. 그러나 어느 순간 대중이 주도권을 쥐기 시작하면서, 그녀가 몸담은 패션의 세계는 '민주적 질투'가 지배하는 공간으로 변했다. 모두가 똑같아지기를 원하고, 남들과 다르면 불편함을 느끼는 분위기가 퍼진 것이다. 웨스트우드에게 패션은 타인과 자신을 구분 짓는 정체성의 수단이었다. 하지만 대중에게 패션은 곧 유행이 되었고, 남들과 똑같아지는 데 쓰이는 소비의 대상이 되어 버렸다. 접근성의 용이함이 예술의 본질적 가치를 훼손한다는 비판은 발터 벤야민[**]의 글에서도 찾을 수 있다. 벤야민은 기술의 발달로 예술작품의 복제가 가능해지면서, 예술이 지닌 아우라가 붕괴[***]된다

---

[*] 비비안 웨스트우드(1941~2022)는 영국의 패션 디자이너로, 펑크 패션을 예술의 영역으로 끌어올린 인물이다. 그는 1970년대 런던에서 급진적이고 반체제적인 패션을 선보이며 기성 질서에 도전했다. 웨스트우드는 패션을 단순한 유행이 아니라 사회적 저항과 자기 정체성을 드러내는 수단으로 보았다. 또한 대중이 만들어 내는 획일성에 비판적이었고, 문화란 언제나 소수의 창조적 시도로부터 출발한다고 강조했다.

[**] 발터 벤야민(1892~1940)은 독일의 철학자이자 문화비평가로, 문학, 예술, 대중문화 전반을 비판적으로 탐구했다. 그는 기술 복제가 사회와 예술에 끼치는 영향을 분석한 글 「기술복제 시대의 예술작품」(1936)에서 대중예술의 시대를 예리하게 전망했다.

[***] '아우라의 몰락'은 벤야민이 사용한 개념으로, 예술작품이 특정한 시간과 공간에서만 가질

고 보았다. 과거에는 예술작품을 보기 위해서 반드시 성당, 귀족의 응접실, 미술관처럼 특정한 공간을 찾아야 했다. 그 공간은 단순한 물리적 장소를 넘어, 감상자 스스로가 갖춰야 할 태도와 규범이 살아 숨쉬는 사회적 장치였다. 이런 거리감은 예술과 감상자 사이에 경건한 긴장감을 만들어 냈고, 바로 그 긴장이 예술의 권위를 형성했다. 그러나 기술 복제로 예술작품이 어디서나 쉽게 소비될 수 있게 되자, 이 질서는 빠르게 무너졌다. 공간이 사라지고, 장소가 지니던 상징성이 퇴색되면서, 예술을 대하는 태도도 사라졌다. 결국 예술은 특별한 것이 아닌, 어디서나 소비되는 일상적인 존재로 전락했다.

나는 이런 변화가 단지 예술이나 패션, 문화의 영역에만 머무르는 현상이 아니라는 점을 여러 현장에서 체감해왔다. 대중이 모이면 기준은 평균으로 수렴하고, 그 평균이 곧 새로운 표준이 된다. 이 구조는 시장과 투자, 심지어 일상적인 삶의 방식까지 서서히 번져 나간다. 예를 들어, 투자자들이 모여 토론하는 창구는 정말 다양하다. 뜻이 맞는 사람들끼리 오프라인 모임을 갖거나, 온라인 오픈채팅방, 카페, 커뮤니티 등에서 대화가 이어진다. 이런 소통의 공간에서는 대부분 비슷한 흐름이 반복된다. 초반에는 소수의 발언권을 가진 사람들이(꼭 실력자일 필요는 없다. 그저 말이 많은 사람일 수도 있다) 대화의 방향을 만들어 간다. 시간이 지나고 참여자가 늘어나면, 점차 다수가 공감하는 주제가 자연스럽게 중심이 된다. 그런데 이상하게도, 투자시장에서 다수의 공감을 얻는 주제는 깊이가

수 있었던 독특한 '현존감'을 의미한다. 과거에는 작품을 직접 대면할 때만 느낄 수 있는 권위와 신비감이 있었지만, 사진·영화 같은 복제 기술의 발달로 예술이 어디서나 재현되면서 그 아우라는 점차 사라졌다고 보았다.

없다. 대부분 유행하는 주식, 급등락하는 종목, 혹은 자극적인 단기 이슈에 관한 대화로 흐르기 쉽다. 이런 분위기가 자리 잡기 시작하면, 처음에는 다양한 관점이 오가던 대화도 점차 단조로워진다. 다수의 흐름과 다른 생각을 가진 소수는 결국 자리를 뜨게 되고, 남는 것은 평균적이고 안전한 대화뿐이다. 단기적으로 보면, 시장에서 다수의 공감대가 형성되면 정보도 빠르고 소속감도 느낄 수 있다. 하지만 긴 시간의 흐름에서 보면, 그 모든 것은 결국 의미 없는 소음으로만 남게 된다. 결국, 소수의 다양한 관점이 사라지고, 평준화된 의견만 남는다. 이런 현상을 직접 겪으며 나는 특별함이란 결국 소수의 자기 확인과 자기 표현에서 출발한다는 사실을 다시 실감했다. 그리고 그 특별함이 대중화되는 순간, 평준화의 소용돌이 속에서 점점 힘을 잃고 만다. 시장에서도 마찬가지다. 남들과 다른 생각을 품은 사람, 자기만의 원칙을 끝까지 지키는 사람이 결국 남는다. 하지만 그들의 목소리가 평균이라는 이름 아래 묻히고 사라진다면, 시장은 더 단조로워지고, 우리는 또 한 번 중요한 무언가를 놓치고 만다.

 나는 웨스트우드나 벤야민처럼 문명의 퇴보를 격하게 경고하는 입장은 아니다. 하지만 그들이 지적한 접근의 용이함이 오히려 가치를 파괴할 수 있다는 주장에는 크게 공감한다. 특히 이 문제는 투자자의 한 사람의 관점에서 바라볼 때 더 절실하게 와 닿는다. 앞서 구매 가능성과 접근성의 변화를 생각해 보면, 지금 우리는 과거 어느 시대보다 높은 삶의 질을 누리고 있고, 투자 환경 역시 역사상 가장 유리한 시기에 들어와 있다고 생각한다. 지식과 정보에 대한 접근성은 극대화됐고, 클릭 한 번이면 전 세계 자산에 투자할 수 있다. 거래는 빠르고 간편하다. 상장된 거의 모든 나라의 주식을 24시간, 언제 어디서나 사고팔 수 있는 시대다. 기술의 진보와 정보 개방, 거래의 편의성이 우리에게 분명 새로운 기회를 열어준 것은 분명한 사실이다. 하지만 이 모든 진보가 과연 실제 수익률의 향상으로 이어졌는가? 이 질문 앞에서, 나는 고개를 갸웃하게 된다. 시장을 오래 지켜본 사람이라면, 접근성의 확대가 투자자 모두의 성과를 끌어올렸다고 자신 있게 말하기 어렵다는 사실을 인정할 것이다. 오히려 정보와 기회의 평준화가 또 다른 평균화와 몰개성화로 이어지지는 않았는지, 그 사이에서 진짜 중요한 가치를 점점 잃어가고 있지는 않은지, 곱씹게 된다.

실제로 생각은 행동에 영향을 받는다. 행동이 어려우면, 생각도 덜 하게 된다. 만약 우리가 예전처럼 주식을 한 번 매수하기 위해 반드시 증권사 객장까지 직접 찾아가야 하는 환경이었다면, 지금처럼 매일같이 사고팔며 시장에 뛰어들 수 있었을까? 세대별 투자 수익률 통계를 보면, 수익률이 가장 낮은 집단은 20대 남성이었고, 가장 높은 집단은 10대 이하 명의로 된 계좌였다. 이 차이를 만든 것은 바로 거래 회전율이다. 20대는 정보 접근성이 탁월하고, 실시간 뉴스와 커뮤니티를 통해 쏟아지는 정보에 항상 노출돼 있다. 하지만 이런 정보 과잉이 오히려 더 잦은 거래로 이어지고, 결국 수익률을 깎아 먹는다. 반면 10대 이하 명의의 계좌는 대부분 부모가 자녀의 미래를 위해 개설하고, 유망하고 안정성이 뛰어난 주식을 매수한 뒤 방치하는 경우가 많기 때문이다. 이처럼 거래가 거의 없는 계좌가 오히려 가장 높은 수익률을 기록한다.

지금 우리가 사는 시대의 투자환경은, 휴대폰 하나만 있으면 언제 어디서든 원하는 자산에 즉시 투자할 수 있을 정도로 접근의 용이함이 극대화되어 있다. 레버리지 상품, 고위험 변동성 종목, 파생상품, 심지어 가상화폐까지 몇 번의 클릭이면 끝난다. 시간의 제약도 거의 없다. 주식 시장이 닫힌 시간에도 장전·장후 거래가 가능하고, 가상화폐 시장은 24시간 멈추지 않는다. 신용거래나 부채를 직접 일으키지 않아도, 자동으로 2배, 3배, 5배까지 투자할 수 있는 상품이 넘친다. 나는 여기서 고상한 보수적 투자만을 주장하고 싶지는 않다. 나도 때에 따라서 다양한 상품을 거래하고, 때에 따라서는 단기적인 투자도 한다. 하지만 오르테가, 웨스트우드, 벤야민이 경계했던 접근성의 용이함이 가져오는 가치의 파괴라는 문제의식이, 오늘 우리가 마주한 시장에 그대로 적용된다는 사실만큼은 인정하지 않을 수 없다. 과거에는 제한과 불편함이 일종의 안전장치가 되어 주었지만, 지금은 그 모든 장애물이 사라진 시대이고, 앞으로는 편의라는 이름아래 더 많은 상품들의 제한이 풀려날 것이다. 그래서 더 절실해진 질문이 있다. 이 변화 속에서 우리는 어떻게 행동하고, 어떤 생각을 지켜야 하는가? 이 질문에 대한 답을 고민하는 것이 내가 생각하는 투자자의 중요한 자세이다.

자연인

문명의 혜택

생활의 편의를 가능케 해 준 모든 것에 대한 철저한 배은망덕이 현대 대중의 심리 특징이다.

-오르테가 이 가세트-

오르테가는 몰락을 절대적인 붕괴로 보지 않았다. 그는 몰락이란 상대적인 것이라고 말했다. 삶의 조건이 개선되고 물질이 풍요로워졌음에도, 문명을 가능하게 한 정신이 소멸될 때, 우리는 그 어느 때보다 잘 살고 있음에도 불구하고 몰락을 경험한다. 현대인은 지금이 인류 역사상 가장 나은 시대라고 믿는다. 배고픔은 줄었고, 기술은 발전했으며, 선택지는 넘친다. 그런데도 우리는 어떤 시대보다도 불안해하며, 어딘가로부터 단절된 채로 살아간다. 그 단절은 과거로부터 온 것이다. 오르테가는 고전과 현재 사이의 급격한 분리, 과거에 대한 존경과 관심의 상실, 그리고 그로 인한 문화적 공백은 우리 시대가 겪는 가장 보편적인 위기라고. 과거는 구시대의 유산이 되었고, 고전은 더 이상 되새길 가치가 없는 것으로 여겨진다고 말했다. 그의 말처럼 현대인은 자신의 위치가 어느 계보와 정신의 흐름에 속해 있는지를 알지 못한 채, 지금 이 순간의 기술과 편의만을 붙잡고 산다. 그들은 모든 것을 '지금 여기'에서 평가하고, 그것이 축적된 역사와 전통의 일부라는 사실을 망각한다. 삶의 질이 올랐다고 여기지만 사실은 양이 많아진 것이지 질이 나아졌다고 말할 수 없다.

우리는 어느 시대보다도 지식의 측면에서 풍요로운 시대를 살고 있다. 현대인은 기계처럼 효율적이고 능률적인 삶을 살아가는 방법을 교육받았고, 그 결과 이전 세대보다 물질적으로 더 나은 삶을 누리게 되었다. 하지만 그 이면에는 설명하기 어려운 불안이 자리하고 있으며, 삶은 점점 더 창조력을 잃어가고 있다. 크리슈나무르티는 이런 시대를 살아가는 우리에게 중요한 통찰을 건넨다. 그는 지성은 지식과 다르다고 말한다. 지성은 책이나 학위에서 비롯되지 않으며, 자기방어적 논리나 공격적인 주장에서도 나오는 것이 아니다. 지성이란 본질적인 것을 꿰뚫어 보는 능력, 즉 사물을 있는 그대로 파악하는 능력이다. 크리슈나무르티가 말하는 지성은 정보의 축적이 아니라, 자기 이해에서 비롯되는 깊은 통찰의 힘이다.[28]

지난 시간동안 수많은 천재들의 영감으로부터 탄생한 문명 위에 태어나 그들이 만든 세계를 계승 받은 현대인은 응석을 부리는 어린아이와 같다. 마음껏 문명을 누리고 즐기지만 어떤 책임도 지지 않는다. 자신의 한계에 도전하지도 않으며 주변에서 어떤 압력도 받아 본 적이 없다. 그들은 가장 수준이 높은 시대에 산다는 사실과 문명을 누린다는 것에 유아독

존적인 사고에 빠진다. 늘 과거의 어떤 시대보다 우월하다는 착각에 빠져 있다. 이런 인간형을 오르테가는 자연인이라 불렀다.

인간은 자신이 도달한 문명의 높이를 스스로의 힘으로 쌓았다고 착각한다. 고전의 정신, 선조들의 성찰, 문명을 지탱해 온 교양의 축적은 무시되고, 사람들은 현재를 절대적인 진보의 결과로 받아들인다. 문제는 바로 여기서 시작된다. 자연인은 문명을 자연처럼 여긴다. 그들은 문명이 자명하게 존재한다고 믿으며, 그것을 가능케 한 지적 유산과 도덕적 긴장, 역사적 갈등을 들여다보려 하지 않는다. 자연인은 모든 것을 현재의 시선으로 재단한다. 자신이 누리는 세계를 당연한 것으로 여기며, 동시에 그 기준으로 과거를 평가하고 깎아내린다. 이를 잘 보여 주는 예가 있다. 현대의 스포츠 팬들은 자주 과거의 전설적인 선수들을 깎아내린다. "요즘 선수들보다 느리고, 기술도 부족하다"고 말한다. 하지만 그런 평가는 과거 선수들의 플레이가 수없이 분석되고 계승되며, 기술적·전략적 발전의 밑거름이 되었다는 사실을 전혀 인지하지 못하는 태도에서 비롯된다. 그 시대의 창조성과 용기가 오늘의 기량을 가능케 했다는 사실을 모른 채, 현재라는 절대적 기준으로 과거를 재단하는 것이다. 또 다른 예는 영화에서 볼 수 있다. 어떤 이는 평이 좋았던 고전 영화를 보고 "별로 재미없다"고 말한다. 그는 모른다. 그 영화가 당시로선 파격적인 구조와 주제를 담고 있었고, 수많은 오마주와 패러디를 통해 오늘날 문화 전반에 영향을 주었다는 사실을. 우리가 그 영화를 '진부하다' 느끼는 건, 그 진부함이 실제로는 원형이었다는 사실을 잊었기 때문이다. 고전의 감동은 지금의 익숙함 속에서 사라졌고, 우리는 그것을 지루하다고 착각한다. 이것이 바로 원형의 소멸이며, 자연인의 인식이 만들어내는 문화적 허세다.

자연인의 문제는 단지 무지한 것이 아니다. 그는 무지를 기반으로 모든 것을 소비하고 평가하려 든다. 자신이 이해하지 못하는 것을 쓸모없다고 여기고, 과거로부터 배우지 않으며, 문명의 기반을 계승하려는 책임의식조차 가지지 않는다. 그러면서도 그는 자신이 가장 우월한 시대에 살고 있다고 믿는다. 더 잘 살고 있다는 감각은 있지만, 그 더 나음이 어디에서 왔는지는 묻지 않는다. 그는 문명의 수혜자이면서도 그 문명을 지탱할 수 없는 상태, 즉 문명을 파괴할 권리만을 지닌 존재로 전락한다. 이러한 자연인의 시대에서, 우리는 더 나아진 듯 보이지만 동시에 더 취약해진다. 철학은 기능으로 대체되고, 사유는 반응으로 압축된다. 과거는 현재의 콘텐츠가 되어 버리고, 정신은 효율의 이름으로 소모된다. 문명은 남아 있으나, 그 문명을 유지할 힘은 점점 사라진다. 이것이 오르테가가 경고한 '상대적 몰락'이다. 가장 발전한 시대에, 가장 무지한 인간형이 등장했을 때, 문명은 아이러니하게도 그 자체의 무게로 무너질 수 있다.

오르테가는 문명의 안위를 걱정했지만, 우리는 그보다 시급하고 중요한 문제를 해결해야 한다. 투자자가 자연인처럼 생각하고 행동했을 때 큰 문제가 되기 때문이다.

불가능한 삼위일체론

> 중요한 것을 손에 넣으려면 그만한 대가를 지불하지 않으면 안 돼. 그게 세상의 룰이야.
>
> -무라카미 하루키의 소설 《1Q84》 중에서-

투자시장에서 리스크를 관리하는 것은 다른 무엇보다 중요하다는 사실을 귀에 박히도록 들어 봤을 것이다. 그런데 많은 투자자가 리스크 관리에 대한 어려움을 겪는다. 리스크를 어떻게 관리해야 하는가? 하지만 정작 중요한 것은 리스크 관리 이전에 리스크를 인지하는 것이다. 우리는 리스크 관리에 소홀한 것이 아니라 리스크 자체를 무시하고 있기 때문이다.

국가가 국제금융 정책을 설계할 때 자본의 자유로운 이동, 고정환율, 독립적인 통화정책이라는 세 가지 목표를 동시에 달성할 수 없다는 이론이다. 세 가지 중 오직 두 가지만 선택 가능하며, 나머지 하나는 반드시 포기해야 한다는 것이다. 이는 단순한 이론이 아니라 역사적 실례로 뒷받침된다. 브레튼우즈 체제*의 붕괴는 고정환율을 유지하면서도 자본 이동의 자유와 통화정책의 자율성을 확보하려는 시도가 초래한 균열이었다. 아시아 외환위기 당시 많은 신흥국이 자본 개방과 고정환율을 동시에 유지하려다 위기를 맞았고, 현대 중국은 고정환율과 독립적인 통화정

---

* 브레튼우즈 체제는 1944년 미국 뉴햄프셔주 브레튼우즈에서 열린 국제회의에서 합의된 전후 국제통화질서다. 미국 달러를 기축통화로 삼고 금에 고정시키며, 각국 통화는 다시 달러에 고정되는 방식이었다. 이 체제는 전후 경제 안정과 무역 확대에 기여했지만, 1971년 닉슨 대통령이 금 태환을 중지하면서 결국 붕괴했다.

책을 유지하기 위해 자본 통제를 선택하고 있다. 이처럼 국가의 경제 전략조차 세 가지 모두를 가질 수 없다는 한계를 인정해야만 했다.

나는 이 불가능한 삼위일체 개념이 국가의 경제 운영에만 해당하는 것이 아니라, 개인 투자자의 선택에도 적용될 수 있다고 생각한다. 투자자가 본능적으로 바라는 세 가지는 명확하다. 위험은 낮고, 수익은 높으며, 시간은 짧을 것. 누구나 이 세 조건을 모두 충족하는 투자를 원하지만, 현실은 이 셋이 서로를 억제하는 관계 속에 있음을 곧 깨닫게 된다. 셋 모두를 충족하려는 시도는 언제나 과욕으로 끝나고, 그 대가는 손실이다. 셋 중 둘만 가질 수 있고, 하나는 반드시 내려놓아야 한다. 짧은 시간 안에 돈을 잃지 않고 안전하게 운영하고 싶다면 수익은 낮아질 수밖에 없다. 예금이나 단기 국채가 대표적인 예다. 리스크는 거의 없고 만기도 짧지만, 그만큼 보상도 적다. 반대로 단기간에 높은 수익을 얻고 싶다면 반드시 리스크를 감수해야 한다. 레버리지 투자나 테마주, 암호화폐 같은 자산이 그런 케이스다. 높은 수익 가능성이 존재하지만 그만큼 원금 손실 가능성도 높다. 마지막으로 높은 수익과 낮은 리스크를 동시에 원한다면 긴 시간이 필요하다. 인덱스 투자, 우량주 장기 보유, 복리 효과는 시간이 누적될수록 수익을 키우고 리스크를 줄여 준다. 하지만 이 전략은 조급한 사람에게는 불가능한 선택지이며, 견디는 힘이 수익의 전제조건이 된다.

사람들이 이 구조를 잘 받아들이지 못하는 이유는 단순하다. 인간은 리스크를 피하고 싶어 하면서도 빠른 성과를 원하기 때문이다. 바로 이 지점에서 욕망과 시장의 불일치가 발생한다. 조급함, 과도한 자신감, 공포 회피, 군중 심리 등 인간의 심리는 이 세 가지 조건이 동시에 가능할 것이라는 착각을 심어 준다. 투자자는 셋 모두를 원하고, 시장은 셋 모두를 허락하지 않는다. 결국 셋을 모두 쥐려는 자는 셋 모두를 잃게 된다. 세가지 중에서 어떤 것을 포기할 건지, 그건 투자자 개인의 성향이나 시기, 투자 대상 등에 따라서 달라질 수 있다. 그러나 개인 투자자가 투자를 하는 목적은 대부분 목돈을 만들기 위해서다. 그리고 목돈을 만들고 싶은 이유에는 은퇴자금도 있겠지만(은퇴자금 혹은 노후자금의 경우 대부분 은퇴를 앞둔 시점이나, 이미 은퇴를 한 투자자의 목표가 대부분이다.) 다수는 결혼이나 집을 장만하기 위해서, 아니면 직장을 그만둘 수 있을 만큼의 자금을 만들기 위해서다. 그런 목표가 없더라도 당장의 생활이 조금 나아질 수 있음을 기대하면서 투자 시장에 뛰어든다. 하지만 개인 투자자의 경우 투자 자금이 크지 않기 때문에 목적을 달성하지 위해서는 큰 수익률이 따라야 한다. 그리고 가능하면 빠른 시기에 수익을 얻고 싶어한다. 그래서 많은 개인투자자는 수익률과, 짧은 시간, 그리고 리스크 중에서 리스크를 포기하는 경향이 짙다.

자 그럼 한걸음 더 나아가서 하이 리스크가 존재하는 것에는 하이 리턴을 기대할 수 있을까? 이 질문에 답을 찾아보자. 기본적으로 하이 리스크 하이 리턴은 투자 시장에서 부분적으로는 맞지만 본질적으로는 틀린 답이다. 어떤 종목이 100만원에서 20만원으로 80%가 떨어졌다고 가정해보자. 20만원에 이 종목을 매수해서 다시 고점을 회복했을 때 400%의 수익을 얻을 수 있다. 이 리턴 값을 얻기 위해 리스크를 감당하는 것이 옳을까? 일단 이 질문에 답하기 위해서는 고점을 회복할 수 있는지에 대한 답이 먼저 필요하다. 이 질문에 대한 대답은 아주 쉽다. 아무도 모른다.

그렇기 때문에 400%의 수익을 얻기 위해서 어디까지 떨어질지 모르는 종목을 매수하는 것은 분명 잘못된 투자다. 투자 관점에서의 잘못이 아니라 확률에 따른 잘못이다. 리스크가 크다고 해서 그것이 리턴 값을 보장하는 것이 아니기 때문이다. 어떤 종목은 -80%에서 고점까지 회복을 해서 400%의 수익을 주기도 하지만 이건 어디까지나 생존자편향에 불과하다. 리스크가 낮은 종목이 400% 오르는 경우도 오히려 훨씬 많다. 레버리지는 어떨까? 단기간에 고수익을 올리기 위해서 레버리지 투자를 많이 한다. 이 부분에서는 높은 리스크를 감수하고 높은 리턴값을 얻을 수 있다는 것에 동의한다. 물론 레버리지 투자는 현물 투자보다 난이도가 압도적으로 높다. 주가라는 것은 변동성이라는 특성을 가지는데 레버리지 투자는 변동성이 취약하기 때문이다. 어떤 자산을 2배, 혹은 3배 추종하는 상품은 해당 종목의 가격을 추종하는 것이 아니라 하루하루의 수익률을 추종한다. 즉 오르거나 내리는 방향이 일정했을 때 더 큰 수익이 주어지는 것이지 만약 변동성이 심하다면 그 자체로 레버리지 투자는 리턴은 없고 리스크만 남게 된다. 이런 난이도까지 감안해서 리스크를 감수할 수 있다면 레버리지 투자를 해도 된다. 하지만 레버리지 투자를 하고 나서 손실을 입은 대다수의 투자자는 내가 감당한 리스크 때문에 손실을 입었다고 생각하지 않는다는 것이 문제다. 본인이 리스크를 감수해서 레버리지 투자를 했지만 막상 손실을 입으면 외부 탓을 한다. 그런 모습이 전형적인 자연인의 특성이다.

자연인은 말로는 리스크를 감수한다고 말하지만 실상은 리스크에 대한 생각 자체를 하지 않는 것이다. 레버리지 투자하기 전에 충분히 여러가지 리스크에 대한 가설을 세우고, 그것을 검증하는 자세로 시장에 참여하지 않는다. 그렇기 때문에 응석받이처럼 손실을 입었을 때 이를 쉽게 인정하려 하지 않는다. 그것이 앞으로 투자자가 계속 투자할 때 전혀 도움이 되지 않는다는 것을 알면서도 말이다. 시장이 어떻게 돌아가는지 그 원리를 이해해야 한다. 어떤 수익을 얻었을 때 그것이 어떻게 얻어지는지, 혹은 손실을 입었을 때 어떤 구조로 인해서 손실을 입었는지 말이다. 단순히 어떤 이유 때문에 주가가 올랐어, 혹은 전쟁 때문에 주식이 떨어졌어 같은 원인을 찾으라는 말이 아니다. 우리가 사는 세계는 1초동안에도 다 셀 수 없을 만큼 많은 일들이 일어난다. 그 많은 일이 일어나는 상황에서 우리는 어떤 사건에 대해 한 두가지의 원인을 반드시 찾아내려고 한다. 이는 불확실성을 싫어하는 인간의 고유 습성이다. 하지만 원인 찾기보다 실제로 세상이 어떻게 돌아가는지, 시장이 어떤 시스템으로 움직이는지를 아는 것이 중요하다. 레버리지를 투자했을 때 어떤 부분에서 추종하는 지수와 다르게 움직이는지, 레버리지 상품이 만들어지는 구조는 어떤지, 어떤 부분에서 더 손해를 입고, 이익을 얻을 수 있는지 구조를 파악하는 것이 중요하다는 이야기다. 투자란 결국 선택의 기술이고, 그 선택은 언제나 희생을 포함한다. 그것이 주어진 것을 당연하다는 듯 받아들이지 않는 반(反)자연인의 자세다.

나! 연필

나는 연필이다. 그러나 나를 만든 사람은 아무도 없다.

-레너드 리드-

연필 하나를 생각해보자. 너무 흔해서 그 존재를 의식하지조차 않는다. 그러나 미국의 경제학자 레너드 리드는 《나, 연필》[29]이라는 글에서 이렇게 말한다. "나는 연필이다. 그러나 나를 만든 사람은 아무도 없다." 연필이 만들어지는 과정은 상상 이상으로 복잡하다. 몸체에 쓰이는 삼나무는 오리건의 숲에서 벌목되고, 잘라지고, 가공된다. 흑연은 스리랑카의 광산에서 채굴되어 점토와 혼합된 뒤 고온에서 다듬어진다. 지우개를 감싼 금속 링은 황동과 주석으로 만들어지고, 그 고무 자체는 또 다른 대륙의 천연 고무에서 뽑아 낸 것이다. 이 재료들은 각기 다른 나라, 다른 산업, 다른 기술을 거쳐 운송되고 정제되며, 그렇게 수많은 사람의 손을 거쳐 하나의 연필로 조립된다. 놀라운 점은, 이 모든 것을 지휘한 사람은 아무도 없다는 것이다. 누구도 전체를 통제하지 않았다. 각자는 단지 자신이 아는 만큼, 자신이 가진 정보를 바탕으로 행동했을 뿐인데, 그 결과로 하나의 연필이 세상에 등장한 것이다. 이 사실을 우리는 너무 쉽게 잊는다.

우리는 종종 어떤 것을 당연하게 여긴다. 하지만 세상에 그냥 얻어지는 것은 없다. 예를 들어보자. 요즘의 아파트 단지 상가에는 대부분 편의점이 있고, 이 편의점은 24시간 문을 연다. 급하게 필요한 물건이 있을 때, 간단한 식사를 해결할 때, 우리는 그냥 슬리퍼를 신고 내려가 주스를 사고 과자를 고르고, 아니면 배달 앱을 켜 주문을 넣는다. 너무나 익숙한 일이다. 오렌지 주스를 사고 싶은 마음이 들었고, 나는 편의점에서 한 병을 사서 마셨다고 해보자. 나는 5천 원 남짓의 금액과 집 앞까지 걸어간 수고 정도만 지불했을 뿐이다. 그러나 이 작은 주스를 내가 손에 넣기까지는 상상할 수 없이 많은 사람의 노동과 자원이 투입되었다. 먼 나라의 농장에서 누군가는 오렌지를 재배한다. 적절한 토양과 기후, 해충 방제, 관개 설비를 관리하며 농사를 짓고, 그 농기계는 또 다른 사람이 만든다. 수확된 오렌지는 트럭에 실려 세척, 선별, 착즙, 살균, 포장 과정을 거친다. 포장된 주스는 항구로 이동되고, 다시 선박에 실려 바다를 건넌다. 선원, 항만 노동자, 물류 기사들의 손을 거쳐 내가 사는 도시의 편의점에 도착한다.

나는 이 모든 과정을 몰라도 주스를 마실 수 있다. 그러나 그것은 내가 이 과정을 인식하지 않아서가 아니라, 인식하지 않으려 했기 때문에 보이지 않았던 것이다. 이 거대한 시스템은 내가 몰라도 작동하지만, 내가 그 원리를 몰라도 괜찮다는 뜻은 아니다. 문명은 저절로 얻어진 것이 아니다. 철학자 오르테가는 이런 사람을 자연인이라 불렀다. 그는 자연인을 수렵과 채집을 하던 원시인에 비유했다. 문명의 기술을 소비하면서도 그 작동 원리에는 관심조차 갖지 않는 사람. 문명이 어떻게 가능한지 고민하지 않고, 그 혜택을 당연하게 받아들이는 사람. 그러다 그 혜택이 끊기면, 그것이 왜 사라졌는지를 이해하지 못한 채 분노하는 사람. 어떤 이들은 말할지 모른다. "고작 오렌지 주스 하나에 너무 많은 의미를 부여하는 거 아니냐"고. 그러나 바로 그 한 병의 주스조차 수많은 노동, 기술, 분업, 교환, 운송, 금융, 신뢰, 협력의 체계를 전제로 한다. 우리는 이 체계를 당연하게 여기지만, 그것은 결코 당연한 것이 아니다.

보이는 것과 보이지 않는 것

> 정책의 진짜 영향은 눈에 보이는 것이 아니라, 눈에 보이지 않는 그 다음의 효과다.
>
> -프레데릭 바스티아-

 연필과 오렌지 주스조차도 수많은 손을 거쳐 만들어진다. 그렇다면 하나의 도시는 어떨까? 우리가 국가를 만드는 게임을 한다고 가정해 보자. 먼저 헌법을 만들고, 정부를 세우고, 도로를 깔고, 주택을 짓고, 상업지구와 공업지대를 배치한다. 상수도와 전력망을 연결하고, 병원과 학교, 공원까지 설계한 도시가 완성된다. 모든 것이 계획대로 작동하는 것처럼 보인다. 그러나 현실은 게임과 다르다. 아무리 정교하게 설계한 시스템이라도, 그 안에 사는 사람들의 개별 행동과 반응, 시장 신호, 심리적 흐름, 자산 가격 변화, 정보의 비대칭성 등은 누구도 완벽히 예측하거나 통제할 수 없다. 이때 발생하는 것이 바로 양의 되먹임이다.

 예를 들어 보자. 도시 중심부에 상업지구를 배치하면 자연스레 유동 인구가 몰린다. 유동 인구가 많아지면 상권이 형성되고, 상권이 형성되면 땅값이 오른다. 땅값이 오르면 더 많은 자본이 몰리고, 자본이 몰리면 기반 시설이 확충된다. 기반 시설이 확충되면 유동 인구가 더 몰려들고, 그렇게 도심은 거대한 인구 집중과 자산 가격 상승의 회오리에 빠져든다. 문제는 이 흐름이 자기강화적이라는 점이다. 가난한 사람은 점점 외곽으로 밀려나고, 외곽은 낙후되며, 인프라가 나빠지고, 소득 격차와 교육 격차는 커진다. 그 결과, 도심은 과밀과 과열로 몸살을 앓고, 외곽은 방치와 공동화로 붕괴된다. 도시는 의도하지 않은 방향으로 극단적인 불균형을 향해 미끄러지기 시작한다. 또 다른 예를 들어 보자. 교통을 원활하게 하기 위해 도로망을 넓히고 고속도로를 새로 낸다. 처음엔 정체가 줄어드는 듯하지만, 도로가 넓어졌다는 이유만으로 더 많은 차량이 유입되고, 오히려 정체는 더 심해진다. 이 역시 하나의 되먹임이다. 문제를 해결하기 위해 투입한 개입이 오히려 문제를 강화하는 결과를 초래하는 구조가 된다. 혹은 도시 외곽에 저렴한 주택을 대량 공급했을 때, 사람들이 몰려들고 교통 인프라가 따라가지 못하면 출퇴근 시간이 늘어난다. 시간 손실과 불편이 누적되면서 삶의 질이 떨어지고, 결국 다시 중심지로 몰려드는 현상이 반복된다. 이 과정에서 일부 지역은 슬럼화되고, 일부 지역은 투기 대상이 된다. 균형을 위해 만든 정책이 균형을 무너뜨리는 상황이 발생하는 것이다.

이러한 양의 되먹임*은 대부분 계획자가 예측하지 못한 지점에서 발생하며, 설계자의 의도와는 무관하게 하위 시스템 간의 상호작용 속에서 자생적으로 형성된다. 이것이 바로 복잡계의 특징이다. 계획은 선형적이지만, 현실은 비선형적이다. 행위자 간의 반응, 시장의 신호, 심리적 모멘텀은 설계도가 예상하지 못한 방식으로 연결되고 증폭된다. 그렇기에 아무리 멀쩡해 보이는 도시라도, 그 내부에서 어떤 작은 변수가 작동하기 시작하면 전혀 다른 궤도로 흘러갈 수 있다. 마치 눈 덮인 산 위에 떨어진

---

* 양의 되먹임은 어떤 변화가 다시 원인으로 작용해 그 변화를 더욱 증폭시키는 과정을 말한다. 예컨대 옐로스톤에서 늑대를 제거했을 때가 그렇다. 포식자가 사라지자 사슴이 폭발적으로 늘어나 강가의 나무와 풀이 파괴되었고, 결국 강의 흐름과 생태계 전체가 흔들렸다. 늑대를 다시 도입하자 사슴 개체 수가 줄고 숲과 강이 회복되었는데, 이는 양의 되먹임이 어떻게 생태계 균형을 무너뜨리고 회복시킬 수 있는지를 잘 보여 주는 사례다.

작은 눈덩이가 점점 굴러 커지다가 결국 산사태를 일으키는 것처럼, 처음엔 사소해 보이던 변화가 되돌릴 수 없는 흐름을 만들어 낸다. 문명은 통제의 결과가 아니라 조정과 관찰의 결과라는 것이며, 계획은 설계가 아니라 적응을 전제로 해야 한다는 것이다. 프랑스의 경제학자 프레데릭 바스티아는 《보이는 것과 보이지 않는 것》에서 다음과 같은 통찰을 남겼다. "정책의 진짜 영향은 눈에 보이는 것이 아니라, 눈에 보이지 않는 그 다음의 효과다."

현실은 언제나 계획을 비껴간다. 아무리 정교하게 설계한 정책과 시스템도, 실제 사회에서는 예상하지 못한 반응과 결과들이 끊임없이 나타난다. 그 이유는 간단하다. 우리는 세상의 모든 것을 다 알 수 없기 때문이다. 경제학자 프리드리히 하이에크는 이를 지식의 분산*이라는 개념으로 설명했다. 세상에 존재하는 모든 정보와 지식은 특정한 사람이나 조직의 머릿속에 모여 있지 않다. 누구는 현장의 기후를 알고, 누구는 거래처의 감정을 읽고, 누구는 소비자의 변덕을 느낀다. 어떤 지식은 책에 쓸 수 있지만, 어떤 지식은 말로 표현할 수조차 없는 직감과 경험에 녹아 있다.

이런 수많은 파편화된 지식은 누구도 한 번에 다 가질 수 없고, 한 사람이 전부 판단할 수도 없다. 하이에크는 말한다. "그 누구도 전체를 통제할 만큼 충분히 알 수는 없다." 이 말은 인간의 한계를 인정하는 것이지만, 동시에 사회가 작동하는 원리를 설명하는 열쇠이기도 하다. 왜냐하면 시

---

* 프리드리히 하이에크(1899~1992)는 오스트리아 출신 경제학자로, 중앙집권적 계획경제의 한계를 지적하며 시장의 자생적 질서를 강조했다. 그가 말한 '지식의 분산'이란 사회에 존재하는 정보와 지식이 한 사람이나 한 조직에 모이지 않고, 개개인의 경험과 상황 속에 흩어져 있다는 뜻이다. 따라서 시장은 이러한 분산된 지식을 가격이라는 신호로 조율하는 장치라고 그는 보았다.

장은 바로 그 흩어진 지식들 사이의 반응과 신호로 구성되어 있기 때문이다. 사람들은 전체를 알지 못해도 가격이나 수요 같은 신호를 통해 각자의 판단을 조정하고, 그 결과로 거대한 조정과 협력이 이루어진다.

문제는 이런 복잡한 구조 안에서 살고 있음에도 불구하고 그 사실을 전혀 인식하지 못한 채 살아가는 사람들이 너무 많다는 데 있다. 오르테가는 이런 사람을 자연인이라 불렀다. 자연인은 문명의 혜택을 누리지만, 그 원리를 알려고 하지 않는다. 전기는 당연히 들어와야 하고, 식료품은 항상 편의점에 있어야 하며, 인터넷은 언제나 연결되어 있어야 한다고 여긴다. 그들은 문명의 뿌리는 보지 않고, 껍데기만 소비한다. 그래서 어떤 시스템이 멈추면, 왜 멈췄는지는 알지 못한 채 불만과 분노를 쏟는다.

자연인에서 벗어난 투자자

공짜 점심은 없다.

-밀턴 프리드먼-

우리는 매일 금융 시스템 위에서 살아간다. 그 사실을 자각하지 못할 뿐이다. 투자뿐 아니라 소비, 대출, 이체, 보험, 결제, 심지어 월급을 받는 일조차도 모두 금융 시스템이라는 거대한 구조 안에서 이루어진다. 하지만 이 구조는 콘크리트처럼 단단하지 않다. 그 기반은 의외로 단 하나의 단어, 바로 신용 위에 세워져 있다. 신용은 실제로 만질 수 있는 무언가가 아니다. 그것은 오직 믿음으로만 존재하는 무형의 질서다. 은행이 나에게 돈을 빌려주는 것은 지금 당장의 자산 때문이 아니라, 내가 미래에 갚을 것이라는 기대 때문이다. 사람들이 화폐를 사용하고 거래를 하는 것도, 그 종이 조각이 내일도 유효할 것이라는 사회적 확신 덕분이다. 금융이란 결국 미래에 대한 신뢰를 서로 공유하는 시스템이다. 이 시스템은 평소엔 너무도 매끄럽게 작동한다. 그래서 우리는 금융을 인식하지 못한 채, 편리함만 소비한다. 하지만 신용은 깨지는 순간에만 실체를 드러낸다. 그 믿음이 한 번 흔들리기 시작하면, 사소한 균열이 걷잡을 수 없는 붕괴로 이어진다.

2008년, 리먼 브라더스라는 하나의 투자은행이 무너졌을 때, 사람들은 단순히 하나의 기업이 파산한 것으로 보았다. 그러나 금융 시스템은 그렇게 단순하지 않다. "리먼도 무너졌다면, 다른 곳은 과연 안전한가?"라는 질문이 퍼졌고, 그 질문 하나가 시장 전체의 신용을 급속도로 증발시

컸다. 금융은 있을 때는 당연하지만, 사라질 땐 모든 걸 데려간다. 그리고 그것은 항상 눈에 보이지 않는 곳에서 시작된다. 이것이 우리가 구조를 이해해야 하는 이유다. 주가의 움직임이나 경제 지표처럼 눈에 띄는 현상만 보고 투자하는 사람은, 얇은 얼음 위에서 뛴다. 그 얼음 아래에서 금이 가고 있는지도 모른 채, 지금은 괜찮아 보인다는 이유로 계속 뛴다. 하지만 한순간에 얼음이 깨지면, 가장 먼저 빠지는 것도 그들이다. 금융 시스템은 우리 삶을 떠받치고 있는 토대이지만, 그 토대는 철근이 아니라 신뢰로 이루어져 있다. 그래서 그것은 가장 단단하면서도, 가장 쉽게 무너질 수 있는 기반이다. 당연해 보이는 것일수록, 가장 먼저 의심해야 한다. 투자자는 그 의심을 생활화할 수 있는 사람이어야 한다.

금융 시스템이라는 우리가 살아가는 기반은 눈에 보이지 않고, 대부분의 사람들은 그것이 어떻게 작동하는지 이해하지 못한 채 살아간다. 그런 태도는 금융만이 아니라 투자의 세계에서도 고스란히 반복된다. 대부분의 투자자는 시장이라는 복잡한 구조 위에 올라서 있으면서도, 그 구조의 작동 원리를 이해하려 하지 않는다. 주가가 오르면 기뻐하고, 떨어지면 분노한다. 주가가 오른 이유는 신문 기사에서 끼워 맞추고, 떨어진 이유는 유튜브 영상에서 찾아낸다. 왜 그 주식을 샀는지조차 정확히 기억하지 못한 채, 우연한 수익을 실력이라 착각하고, 손실이 나면 제도를 탓하거나 세상을 원망한다.

그것이 단지 편리하니까 혹은 당연하니까 누리며 살아간다면, 그 사람은 문명의 구조가 아닌 껍데기만 소비하는 것이다. 좋은 투자자는 단순히 "오르니까 산다", "남들이 좋다니까 산다"는 식으로 행동하지 않는다. 그들은 이 현상은 어떻게 생겼는가? 어떤 구조 안에 있는가? 그 구조는 어떤 피드백을 낳고, 그 결과는 어디까지 파급되는가? 시스템이 어떻게 작동하고, 무엇이 연결되어 있으며, 어디서 신호가 왜곡되고, 어떤 요소가 다음 변화를 유발하는지를 추적하려 한다. 자연인은 전체를 모른다는 사실조차 인식하지 못하지만, 좋은 투자자는 전체를 모를 수밖에 없다는 사실을 인정하고, 그래서 더 알고자 노력한다. 이해하려는 태도 자체가 투자의 일부다. '당연한 것'을 의심하는 회의주의자의 관점에서 진정한 투자는 시작된다.

그리고 이것은 단지 이론의 문제가 아니다. 나는 전업투자자로서 시장 안에서 살아남아야 한다. 그렇다면 대다수가 실패하는 방식으로는 결코 살아남을 수 없다. 대중의 투자 방식은 결국 '자연인의 투자 방식'이다. 겉으로 드러난 수익률과 전망만 소비하고, 그 아래 움직이는 구조는 보지 않는다. 나는 그들과 다른 길을 선택하기로 했다. 무엇을 살지 고민할 때, 이 투자가 실패했을 경우 내가 감당해야 할 리스크와 책임을 먼저 계산한다. 그것이 바로 덜 잃는 투자이고, 시장을 존중하는 태도다. 세상에 그냥 얻어지는 것은 없다. 그리고 투자야말로, 그 진실이 가장 잔혹하게 드러나는 영역이다. 우리는 이 모든 것을 머리로는 알고 있다. 하지만 막상 시장에 들어가면 행동으로 옮기지 못한다. 그래서 나는 시장이라는 외부를 보기 전에, '나'라는 내부부터 공부하기로 했다. 나는 어떤 상황에서 흔들리고, 어떤 이슈에 과잉반응하며, 어떤 정보에 취약한지를 파악하려 했다. 이해는 지식이 아니라 태도다. 당연한 것을 당연하게 여기지 않는 것, 그것이 진짜 시작이다.

크리슈나무르티의 말을 인용하면서 이 장을 마무리하겠다. "그러므로 당신이 자기 자신을 모르고, 자기의 사물에 대한 사고 방식이나, 또는 어째서 어떤 특정한 일을 생각하는지를 모른다든가, 당신의 생활을 좌우하는 여러 가지 배경, 혹은 예술이나 종교, 자기의 나라나 이웃, 그리고 자기에 대하여 어째서 일정한 신념을 가지는지를 이해하지 못한다면, 어떻게 사물을 옳게 생각할 수 있겠습니까? 만일 당신이 자기가 처해 있는 배경을 모르고, 당신이 생각하는 실체나 또는 당신의 사고가 어디에서 나온 것인지를 모른다면, 분명히 당신의 탐구는 전혀 쓸데없는 것이 되며, 당신의 행동은 아무런 의미도 없게 되어버리지 않겠습니까? 당신이 미국 사람이든, 인도 사람이든, 또는 당신이 믿고 있는 종교가 무엇이든 간에 이런 경우에는 전혀 무의미한 것입니다."[30]

7장

견해

평균인의 견해

사전에 이 문제에 관해 의견을 만들어 내려는 노력을 전혀 하지 않은 채 의견을 가질 권리가 있다고 생각함으로써 그들은 내가 "반역하는 대중"이라고 부르는 불합리한 인간 유형에 속한다는 것을 몸소 드러낸다.

-오르테가 이 가세트-

이 책에서는 전반적으로 투자자가 반드시 가져야 할 몇 가지 원칙에 대해서 꾸준하게 강조한다. 그 중에서 하나는 자신만의 견해를 가져야 한다는 것이다. 우리는 하루에도 수십, 수백 가지의 정보를 접한다. 뉴스의 헤드라인, 소셜미디어의 짧은 영상, 알고리즘이 추천하는 글, 누군가의 강연과 칼럼, 그리고 그보다 더 많은 피드백과 반응들. 그런데 정작 우리는 언제 이 모든 정보들을 제대로 해석해 본 적이 있었던가? 대부분의 경우, 우리는 정보를 해석하지 않는다. 오히려 정보가 우리를 해석한다. 그리고 그 결과로, 어느 순간 우리는 자신의 생각을 갖게 된다. 하지만 그것은 정말 우리 자신의 견해일까? 아니면 누군가의 해석이 우리에게 심어진 것일 뿐일까?

현대인은 인류 역사상 그 어느 시대보다도 많은 정보를 접하고 있지만, 정작 그 정보를 이해하고 해석하는 데 필요한 시간과 맥락은 점점 결핍되고 있다. 속도와 양에 중독된 이 사회에서 정보는 더 이상 해석의 대상이 아니라 소비의 대상이 되어 버렸다. 문제는 바로 여기서 시작된다. 정보는 언제나 맥락 속에서만 의미를 가진다. 그러나 우리는 그 정보를 받아들이기 전에 그것이 어디서 왔는지, 누구를 거쳐 도달했는지, 어떤 연결망 속에서 흐른 끝에 나에게 도달했는지를 거의 따지지 않는다. 이로 인해 많은 사람들은 스스로 생각한다고 믿지만, 실제로는 생각을 '수용'하고 있을 뿐이다. 판단을 내릴 때조차 자신의 관점이 아닌, 어디선가 들은 누군가의 의견을 반복할 뿐이다. 그럼에도 사람들은 누구나 자신만의 견해가 있다고 믿는다.

하지만 그 견해라는 것이 과연 무엇인가? 정말로 나만의 사고와 해석의 결과물인가? 아니면 누군가의 강한 주장과 나의 전이해가 어설프게 융합된 결과일 뿐인가? 혹은 단지 다른 사람의 말을 거의 그대로 받아들였지만, 반복하는 과정에서 그것이 나의 의견인 것처럼 착각하고 있는 것은 아닌가? 만약 우리가 스스로 어떤 견해를 가지고 있다고 생각한다면, 그 견해가 정말로 나로부터 비롯된 것인지 확인할 필요가 있다. 그 확인은 의외로 단순한 질문으로 시작된다. 내가 가진 어떤 견해가 있다면, 그것은 어디에서 온 것일까? 나는 그 견해를 처음 접했을 때, 나 자신의 생각과 얼마나 진지하게 비교해 보았는가? 그 견해가 나의 기존 생각과 일치하는지, 아니면 충돌하는지에 대해 스스로 숙고해 본 적이 있는가? 혹은 그저 그럴듯하다는 이유만으로 받아들인 것은 아닌가? 많은 사람들은 자신이 판단하고 선택했다고 믿지만, 실은 한 번도 자신의 기존 생각과 새로운 견해를 비교하고 검토해 보지 않은 경우가 많다.

오르테가는 1930년대 대중의 등장을 논하면서, 그들이 이전 시대의 일반 민중과는 다르다고 보았다. 대중은 더 이상 어리석지 않으며, 오히려 어떤 시대보다 높은 지적 능력을 지닌 존재로 평가했다. 이는 단순한 낙관이 아니다. 당시보다 훨씬 많은 사람들이 교육을 받고, 더 많은 지식을 접할 수 있게 되었기 때문이다. 그렇다면 지금을 살아가는 우리는 어떤가? 정보 접근성의 측면에서 보자면, 지금 이 순간에도 우리는 거의 모든 지식에 즉각 접근할 수 있다. 마음만 먹으면, 과거라면 수년이 걸릴 수도 있었던 통찰과 지식을 단 몇 분 안에 습득할 수 있는 조건을 갖추고 있다. 문제는 지적 능력이 아니라, 그 능력을 어떤 방식으로 사용할 것인가에 있다. 우리는 정말로 스스로 판단하고 있는가? 아니면 단지 지적인 소비를 하고 있는가? 이제는 견해를 '가졌다'는 사실보다, 그 견해가 어떻게 형성되었는지를 따져 볼 때다. 그것이 우리가 진정으로 사유하는 인간인지, 아니면 생각을 모방하는 인간인지 구분하는 기준이 될 것이다.

정보가 과잉 공급되는 오늘날, 더 이상 중요한 것은 정보를 얻는 것 자체가 아니다. 그보다도 어떻게 해석하느냐가 핵심이 되었다. 그러나 역설적이게도 정보의 선택지가 많아질수록, 사람들은 오히려 스스로 생각하고 해석하는 능력을 잃어 가고 있다. 이 퇴행은 단순한 무지가 아니다. 지적 능력이 과거 그 어느 시대보다 향상된 지금, 사람들은 자신이 무엇을 하고 있는지를 모르는 상태에서 무의식적으로 행동하는 것이 아니라, 정확히 알고 있으면서도 여전히 그러한 태도를 유지한다. 철학자 페터 슬로터다이크가 말한 계몽적 허위의식이 바로 그것이다. 그는 현대인이 허위의식을 갖는 이유는 몰라서가 아니라, 알고 있음에도 불구하고 그러한 행동을 반복하기 때문이라고 말한다.[31] 현대인은 스스로 생각하는 과정이 중요하다는 사실을 모르는 것이 아니다. 하지만 최적화라는 환상, 효율과 속도에 집착하는 사회적 분위기 속에서 생각하지 않기를 선택한다. 정보의 홍수 속에서 방향을 잃기보다는, 차라리 남이 가공해 준 정보만을 소비하며 안도한다. 그리고 그렇게 소비한 정보 위에, 자신이 충분히 숙고한 적조차 없는 단편적인 견해를 덧붙인다. 그렇게 태어난 견해는 애초부터 비판도 분석도 결여된 채, 오히려 냉소와 피상적 판단만을 남긴다. 우리는 지금, 생각하지 않으면서도 생각한 척하는 시대를 살고 있다.

인터넷의 등장은 인간의 삶을 바꿨다. 그리고 그 변화는 정보의 양에서 가장 극명하게 드러난다. 우리는 이제 매일같이 폭발적인 양의 정보를 접한다. SNS, 뉴스, 유튜브, 각종 플랫폼의 피드가 단 한 순간도 멈추지 않고 새로운 정보를 흘려보낸다. 정보는 이제 소수 전문가의 전유물이 아니다. 누구나 생산자가 되었고, 누구나 콘텐츠를 만들어낸다. 이러한 흐름은 반도체 칩의 발전 속도를 예측했던 고든 무어의 계산조차 무색하게 만들 만큼 빠르다. 하지만 역설적으로, 너무 많은 정보는 우리를 생각하지 않게 만든다. 경험하지 않아도 수많은 사실과 의견을 손쉽게 얻을 수 있는 시대, 경험은 점차 낭비로 여겨진다. 문제는 그 아껴진 시간을 우리가 어디에 쓰는가이다. 경험을 줄이고 확보한 시간을 우리는 대개 사유에 쓰지 않는다. 오히려 더 많은 정보를 소비하거나, 더 많은 자극을 쫓는 데에 허비하고 만다. 정보가 귀하던 시절, 우리는 타인의 경험을 정보로 치환함으로써 생존율을 높였다. 그것은 인류에게 실질적 효율을 안겨 준 전략이었다. 그러나 지금처럼 거의 모든 경험이 정보로 대체 가능한 시대에는, 오히려 정보와 경험 사이의 균형이 무너지고 있다. 이 불균형은 인간의 사고방식에 예기치 않은 부작용을 낳고 있다. 정보의 범람 속에서 인간은 점차 실재를 느끼지 못하게 되고, 직접 부딪쳐야 할 경험 대신 정제된 요약만을 받아들인다. 더는 스스로 체험하지 않고, 더는 자기 방식으로 해석하지 않는다. 이 시대의 문제는 정보가 너무 없어서가 아니라, 경험이 너무 부족해서 생기는 것이다.

사람들은 점점 직접 경험보다 정보에 의존하게 되었다. 특히 경험이 부족한 이일수록 정보를 제공하는 이에게 과도하게 기대게 되고, 그 결과 자신의 생각은 서서히 퇴색한다. 어느 순간부터는 스스로의 판단이 아니라 가공된 정보가 견해의 자리를 대신한다. 문제는 한 번 자리 잡은 견해가 쉽게 바뀌지 않는다는 데 있다. 견해를 바꾼다는 것은 단순히 생각을 고치는 일이 아니다. 그것은 처음 그 견해를 형성하기 위해 들였던 시간과 에너지, 과정 전체를 다시 반복하는 일이다. 그러니 사람들은 불편한 증거가 나타나도 견해를 고집하고, 오히려 기존 생각을 지탱해 줄 정보만 더 열심히 찾게 된다. 그리고 더 새로운 정보를 소비하는 것이 효율적이라 믿는다. 이 착각은 속도와 효율을 숭배하는 사회에서 너무도 쉽게 받아들여진다. 결국 사람들은 경청하는 태도를 잃고, 눈과 귀를 닫은 채, 오히려 자신의 견해만을 방어하고 내세운다. 그 견해가 어디에서 왔는지조차 알지 못하면서 말이다. 그러니 견해란 형성되기 전에 반드시 검증되어야 한다. 정보의 출처와 맥락, 전이해와의 충돌 여부, 자신이 그것을 어떻게 받아들였는지를 충분히 성찰한 뒤에야 비로소 견해라 부를 수 있다. 그러나 평균인은 이 모든 과정을 비효율적이라 치부하고, 아무런 노력도 기울이지 않는다. 대신, 이미 형성된 타인의 견해에 딴죽을 걸며 냉소적인 태도를 보이거나, 반대로 깊은 고민 없이 무한한 추종을 선택한다. 그렇게 사람들은 생각하지 않고 말하고, 검증하지 않고 믿으며, 성찰하지 않고 견해를 내세운다. 그것이 지금 우리가 목격하고 있는, 의견 과잉의 시대이자 사고 결핍의 풍경이다.

오르테가는 "대중은 자신이 완벽하다고 생각한다. 이를 위해서 특별한 허영심이 필요하다… 타인 속에서 자신이 바라는 자기관념을 확증받고자 한다"고 말했다.[32] 이 말은 단순한 자만심의 지적이 아니다. 그것은 인간 본성에 뿌리박힌 자기노출의 욕구에 대한 통찰이다. 인간은 본능적으로 자신을 드러내고자 한다. 이는 단지 주목받고 싶어서가 아니다. 관계를 원활하게 맺고, 생존을 유지하기 위한 전략이었다. 인간은 사회적 동물이기 때문에, 타인의 생각을 대단히 중요하게 여긴다. 집단 안에서 자신의 지위를 끊임없이 확인하고, 인정받는 과정을 통해 안정을 얻는다. 그러니 자기노출은 곧 생존과 연결된 행동이다. 하지만 이 노출의 본질은 결국 '공감'에 대한 갈망이다. 사람은 자신과 비슷한 무엇인가를 가진 집단, 곧 정체성을 공유할 수 있는 대상에게로 끌린다. 그렇게 자신도 모르는 사이, 어떤 집단에 속하게 되고, 그 집단의 인정을 통해 자기 자신을 확증받으려 한다. 이것은 단순히 사회적 소속감이나 유행을 따르는 행동이 아니다. 그것은 인간이 누구인가, 자신을 어떻게 인식하고 싶은가에 대한 문제다. 인간은 스스로를 설명하고 싶어 한다. 그리고 그 설명이 받아들여질 때, 비로소 자신의 존재가 확정된다고 느낀다. 그러니 공감은 단순한 감정이 아니라, 존재를 증명받고자 하는 인간의 가장 깊은 욕구다. 오르테가가 말한 '자기관념의 확증'은 바로 이 지점에서 비롯된다.

  이렇게 생각해 보자. 자신의 정치 성향과 전혀 다른 집단, 혹은 인터넷 커뮤니티에 들어가 자신의 정치적 견해를 드러내고 인정받고자 한다면 어떤 일이 벌어질까? 자신이 바라는 확증은커녕, 오히려 집단 전체로부터 비난과 공격을 받을 가능성이 크다. 물론 이러한 태도는 존중받아 마땅하다. 하지만 생존을 중요시하는 우리의 뇌는 그런 무모함을 사전에 차단하려 한다. 불안, 두려움, 걱정 같은 감정을 앞세워 우리를 그 행동으로부터 멀어지게 만든다. 그렇다면 어떻게 행동하게 될까? 아주 자연스럽게, 우리는 나와 비슷한 생각을 가진 사람들 곁으로 향한다. 내가 가진 견해를 받아들이고 지지해 줄 가능성이 높은 사람들, 나와 비슷한 방식으로 세상을 바라보는 이들이 있는 곳으로. 이것은 불편한 사실이지만 지극히 생존에 유리한 전략이다.

  그리고 만약 아직 자신만의 뚜렷한 견해가 없다면 우리는 대개 어떤 집단을 먼저 선택하고, 그 집단의 견해를 곧 나의 견해로 받아들이게 된다. 이것이 생존이라는 측면에서 보자면 더욱 안전하고 효율적인 방식이기 때문이다. 우리의 뇌는 아직도 원시 시대의 생존 환경에 맞춰 설계되어 있다. 현대 사회의 복잡한 조건과는 어긋난 방식일지라도, 여전히 이 구조는 우리를 안전하게 만든다. 문제는 이런 방식으로 형성된 견해는 나와 다른 입장을 가진 사람들, 다른 집단과 마주쳤을 때 방어적이 되기 쉽다는 점이다. 감정적 반응이 앞서며, 스스로의 입장을 고수하려는 심리 기제가 작동한다. 이는 꼭 정치나 이념, 이데올로기 같은 중대한 주제에서만 벌어지는 일은 아니다. 사소한 관심사나 일상적인 문제에서도 동일한 구조로 나타난다. 견해는 때때로 사고의 결과라기보다는, 소속과 생존을 위한 전략일 수 있다.

방대한 정보의 홍수 속에서 사람들은 길을 잃고 있다. 스스로 길을 찾기 보다 네비게이션이 안내해 주는 길을 따라 가고자 한다.

자연인의 견해

> 현상은 진실의 그림자일 뿐이다. 그것을 진실로 믿는 자는 동굴에 묶인 자일 뿐이다.
>
> -플라톤-

　나는 6살 때 처음 야구장에 방문했고, 그때 응원했던 팀이 아직도 내가 응원하는 팀으로 남아 있다. 6살 때 나를 야구장으로 인도한 것은 아버지였고, 내가 응원하는 팀은 당연하게도 아버지가 응원하던 팀이었다. 처음에는 단지 아버지를 따라서 응원하던 팀이었지만, 점차 내가 주체적으로 응원하는 팀이 됐다. 가끔은 다른 팀을 응원하는 친구들과 장난스럽게 다투기도 하고, 가끔은 인터넷에서 다른 팀 팬들과 논쟁을 벌이기도 한다. 신기하지 않은가? 누군가는 자신이 응원하는 스포츠 팀에 목숨을 걸만큼 집착한다. 그런데 그들이 그 팀을 선택한 계기는 대부분 타인에 의해서다. 하지만 그렇게 고착된 팬덤은 쉽게 바뀌지지 않는다.

　우리는 살면서 얼마나 많은 견해를 가지고 살아갈까? 내가 확실하다고 생각하는 그 생각들의 출처가 어디인지 하나하나 기억할 수 있을까? 나는 얼마전 아테프 아부 사이프가 쓴 《집단학살 일기》[33]라는 책을 읽었다. 그는 팔레스타인 출신의 작가이자 팔레스타인 해방지구 문화부 장관이다. 시상식에 참가하기 위해 가자지구에 들렀다가 아들과 함께 이스라엘-하마스 전쟁에 휘말렸고, 85일간 전쟁 한복판에 머물렀던 이야기를 썼다. 책 속에는 이념이나 정치적인 이야기보다 그저 쏟아지는 폭탄으로부터 살아남는 인간의 이야기를 담고 있다. 모든 가족이 가자지구에 살고 있고, 본인도 그곳에서 오래 살았고, 아내와 아이들 모두 가자지구에서 만나고 키웠던 그이기에 그곳에 사는 모든 사람이 그의 가족이고, 친척이고, 친구이자 동료였다. 그런 사람들이 한 명씩, 때로는 일가족 전체가 하룻밤 안에 공습으로 사라졌다. 이 책을 읽기 전 나는 이스라엘-팔레스타인 관계에 대해서 그저 역사적 사실만 알고 있었다. 그다지 어떤 감정은 느끼지 못했다. 중동전쟁이 지정학적 리스크나, 오일가격에 영향을 준다는 사실정도로 인지하고 있었다. 이 책이 시작되는 2023년 10월 7일, 하마스가 이스라엘을 침공한 날이 기억난다. 나는 여러 매체를 통해 하마스가 실시간으로 이스라엘을 공격하고 사람들을 학살하고 납치하는 영상을 봤다. 그리고 곧바로 이어진 이스라엘의 보복을 보고 어쩌면 당연하게도 그들을 응원했다. 이 견해는 어디로부터 온 것인가? 내가 이스라엘의 공격을 응원하는 마음은 어디에서 오는가? 그리고 아테프 아부 사이프의 책을 보고 느낀 감정은, 새로 생긴 견해는 또 어디에서 오는가? 이 견해들은 믿을 만한 것인가? 이스라엘-하마스 전쟁이라는 표현은 이스라엘이 팔레스타인을 억압하고 학살한다는 프레임에서 벗어나고자, 하마스를 전쟁의 대상으로 사용하면서 학살을 정당화한다는 기사를 읽었다. 하지만 이스라엘은 하마스와 전혀 상관없는 서안지구에 사는 팔레스타인 사람들도 탄압하고 있다. 하지만 서안지구에도 하마스와 연관이 있는 사람들이 살지 않을까? 가자지구를 초토화하는 공격에는 여러 병원과 학교들이 포함됐다. 사람들은 그저 병원이나 학교는 공습으로부터 안전하다고 생각해 그곳에 난민촌을 만들어 지내고 있었다. 그래서 이곳을 공격했을 때 더 많은 피해가 있었다. 이 대목에서 이스라엘에 대한 비인간적인 감정을 느낀다. 하지만 하마스는 일부러 학교나 병원에 자신들의 거처를 만든다. 공격받지 않고 위장하기 쉽기 때문이다. 그리고 하마스를 가자지구의 지배정당으로 만든 것은 바로 가자지구에 사는 사람들이다. 그럼 왜 이들이 싸우는지 그 본질을 찾아야 한다. 그래야 내가 어떤 견해를 선택하든 명분이 생긴다. 이스라엘의 탄생과 팔레스타인 사람들이 겪은 나크바*, 제노사이드, 디아스포라**, 그리고 끊임없이 이어지는 이스라엘을 향한 테러와 공격, 나는 이들에 관한 여러 책과 다양한 정보를 찾아보면서 내가 한때 순간의 감정으로 아무렇지 않게 가졌었던 견해들이 무서웠다. 하나의 견해를 되돌리는데 이렇게 많은 시간이 걸리는데 우리는 얼마나 많은 잘못된 견해들을 가지고 살고 있을까? 미처 그것이 한쪽으로 편향된 견해라는 것을 알지도 못한 채 말이다. 이와 같이 어떤 대상에 대해 그 원리를 모르면서 감정적으로 판단하는 것은 오르테가가 말하는 자연인의 특성과 연결할 수 있다. 그가 말하는 자연인의 특성은 성찰 없이 문명이 제공하는 것을 소비하는 존재이다. 수렵과 채집을 하던 시기의 인간처럼, 대중은 문명의 혜택을 자연스럽고 당연하게 여긴다. 그들은 표면적인 정보에 반응하며, 그 이면의 원리에 대해 질문하지

---

* '나크바(Nakba)'는 아랍어로 '대재앙'을 뜻하며, 1948년 이스라엘 건국 과정에서 약 70만 명 이상의 팔레스타인인들이 고향에서 쫓겨난 사건을 가리킨다. 당시 유엔 분할안에 반발한 전쟁 속에서 팔레스타인 마을 수백 곳이 파괴되거나 버려졌다. 대표적인 사례로 **디르 야신 학살**(1948년 4월, 유대 민병대가 마을 주민 100여 명을 학살), **하이파·야파에서의 대규모 추방**(팔레스타인인들이 항구도시에서 배를 타고 강제로 쫓겨남), **리다·람레 강제 행군**(수만 명이 여름 땡볕 속에서 물 없이 행군하다 수백 명 사망) 등이 있다. 이러한 경험은 팔레스타인 사회 전체에 깊은 상처를 남겼고, 지금도 난민 후손 세대의 집단 기억으로 이어지고 있다.
** '디아스포라(diaspora)'는 원래 고향을 떠나 흩어진 유대인 공동체를 가리키는 말이었지만, 오늘날에는 전쟁·탄압·빈곤 등으로 인해 고향을 잃고 세계 곳곳으로 흩어진 민족 전체를 뜻한다. 팔레스타인인들의 경우 1948년 나크바 이후 수백만 명이 주변 아랍 국가와 전 세계로 흩어졌고, 지금도 난민 캠프와 해외 공동체에서 살아가며 자신들의 뿌리를 기억하고 있다.

않는다. 그래서 문명의 혜택이 사라질 때, 그들은 왜 사라졌는지 묻기보다는, 그저 불만을 토로한다.

시중에 화폐가 풀리고 금리가 낮아지면, 대중은 앞다퉈 대출을 일으켜 자산을 매수한다. 그러나 그 유동성이 다시 인플레이션을 유발하고, 인플레이션이 자신의 삶에 악영향을 미친다는 사실에는 둔감하다. 당장의 이익에는 민감하지만, 그 대가로 치러야 할 책임에는 무관심한 것이다. 결국, 대중은 스스로를 성찰하지 않는다. 사회적·도덕적 책임을 인식하지 않고, 혜택은 당연시하며, 그 이면의 희생과 원리는 외면한다. 이는 단순한 무지가 아니라, 성찰을 거부하는 태도에서 비롯된다. 대중이 되지 않으려면, 이를 의식적으로 거부해야 한다. 그것은 결코 쉬운 일이 아니지만, 단 한 걸음이라도 대중의 길을 벗어나려는 시도 자체가 이미 중요한 시작이다. 투자든 철학이든, 삶이든 마찬가지다. 중요한 것은 엘리트가 되는 것보다 대중으로 남지 않겠다는 결심이다.

견해의 원천

당신이 가진 생각 대부분은 당신의 것이 아니다. 그것들은 당신이 속한 공동체가 당신에게 주입한 것이다.

-알랭드 보통-

누구에게나 견해는 있다. 우리는 어떤 문제를 마주했을 때 자연스럽게 하나의 입장을 취한다. 그 입장이 오랜 사유 끝에 형성된 것인지, 아니면 순간적인 감정에 반응한 것인지조차 알지 못한 채, 나는 이렇게 생각한다고 말하곤 한다. 현대인은 견해를 표현하는 데 익숙해졌지만, 정작 견해를 갖는다는 것이 무엇을 의미하는지, 그 말에 어떤 책임이 따르는지를 고민하지 않는다. 오르테가의 말처럼, 많은 사람들은 견해를 만들기 위한 노력은 하지 않으면서도 자신의 견해를 내세우는 데는 주저함이 없다. 하지만 견해는 저절로 생기지 않는다. 그것은 경험과 사고, 반복된 질문과 선택, 그리고 타인의 영향과 문화적 배경처럼 복잡한 요소들이 얽힌 결과물이다. 그럼에도 우리는 종종 그 견해가 어떤 경로를 거쳐 형성되었는지 돌아보지 않는다. 마치 처음부터 내 안에 있었던 순수한 생각인 양 착각한다. 그러나 실상은 그렇지 않다. 많은 경우 우리가 갖는 견해는 깊은 숙고의 결과라기보다, 타인의 의견을 짧게 소비하고 가공 없이 반사적으로 옮긴 말에 가깝다. 그것은 나의 생각이 아니라, 나에게 주어진 생각일 뿐이다.

견해를 갖는다는 것은 단순한 입장을 넘어서, 그 견해에 대해 책임지는 태도를 요구한다. 특히 전문적인 영역에서 견해를 내세우는 일은 말할 자유만으로 정당화되지 않는다. 예컨대 특정 분야의 전문가들 앞에서 자신의 생각을 주장하고 싶다면, 그 분야에 대해 얼마나 오랫동안 고민해 왔는지, 어떤 깊이와 맥락을 갖추었는지가 전제되어야 한다. 즉흥적으로 떠오른 생각을 마치 본질인 양 내뱉는다면, 그 발언은 곧 무게 없는 자기 노출에 지나지 않게 된다. 시간이 깃들지 않은 견해는 설득력을 가질 수 없다. 대부분의 사람들은 이 사실을 알고 있다. 그래서 자신의 견해를 말할 때, 상황과 장소를 가릴 줄 안다. 그러나 인터넷이라는 공간은 이 질서를 뒤흔든다. 익명성과 비책임성, 그리고 실시간 반응 구조는 견해를 숙고의 결과가 아니라 속도의 산물로 바꿔버린다. SNS나 댓글 창, 각종 커뮤니티에서는 방금 떠오른 생각이 수년간 다듬은 신념처럼 발화된다. 왜냐하면 그 공간에서는 말에 대한 책임을 지지 않아도 되기 때문이다. 발언은 가볍고, 반응은 즉각적이며, 견해의 진정성보다 자극성과 속도가 더 큰 영향력을 가진다.

사람들의 견해가 얼마나 가볍고 빠르게 형성될 수 있는지는 인터넷 커뮤니티의 댓글 창에서 쉽게 확인할 수 있다. 첫 댓글의 성향이나, 가장 많은 추천을 받은 댓글의 분위기에 따라 이후 댓글의 흐름도 유사하게 따라간다. 같은 주제의 글이라도 전혀 다른 분위기의 댓글이 달리는 경우가 많다. 많은 이들은 이렇게 반문한다. "커뮤니티는 다양한 사람이 활동하는 공간인데, 댓글의 성향이 그때그때 달라지는 것은 당연한 것 아닌가?" 맞는 말이다. 그러나 정작 중요한 질문은 이것이다. 왜 다양한 사람들이 활동하는 공간에서 댓글의 성향은 하나의 방향으로 쏠릴까? 예컨대 첫 번째 글에서는 긍정적인 댓글이 다수를 이루지만, 동일한 주제의 두 번째 글에서는 부정적인 댓글이 압도적이다. 긍정적인 의견을 가졌던 많은 사람들은 왜 두 번째 글에 침묵하는가? 부정적인 의견을 달았던 이들은 왜 첫 번째 글에 등장하지 않았는가? 이처럼 견해는 쉽게 형성되지만, 반대 의견에 직면했을 때 그것을 지탱할 내성을 갖추지 못한 경우가 대부분이다. 자신의 입장을 한 마디 보태는 일은 쉽지만, 반대 입장을 설득력 있게 방어하는 일은 어렵기 때문이다. 문제는 이렇게 가볍게 형성된 견해가 시간이 지날수록 점점 더 굳어진다는 데 있다.

러시아-우크라이나 전쟁이 그 예다. 이전까지 이 지역의 역사, 정치, 외교에 대해 큰 관심이 없던 사람들도 전쟁이 발발하자 각자의 견해를 갖기 시작했다. 물론 깊은 이해 없이 형성된 견해는 가볍다. 하지만 한 번 내뱉은 말은 자기 강화적으로 작용한다. 우연히 던진 의견이 지지를 받을 경우, 우리는 그것을 다시 되새기며 스스로 '나는 이런 생각을 가진 사람'이라는 정체성을 구성하게 된다. 이 과정을 반복하면 피상적인 감상은 확신으로 바뀌고, 누군가의 말에서 출발한 생각이 어느덧 내 견해처럼 내면에 자리 잡는다. 그래서 우리는 견해를 말하기 전에 반드시 스스로에게 물어야 한다. 이 생각은 어디서 온 것인가? 누군가의 말에서 비롯된 것은 아닌가? 아니면 오랜 시간 동안 나만의 질문과 사유 속에서 숙성된, 진짜 나의 언어인가? 지금 내가 하려는 말은 나의 생각을 더욱 깊이 있게 다듬어 줄 발언인가, 아니면 단지 반응을 끌어내기 위한 즉흥적 문장인가? 물론 누구나 견해를 가질 수 있다. 잘 알지 못할 때는 침묵하라는 뜻이 아니다. 다만 우리가 견해를 갖는다는 그 자체가 어떤 책임을 포함한다는 사실을 잊지 말아야 한다. 견해는 단지 지식의 결과물이 아니다. 그것은 인간이 불확실한 환경 속에서 생존하기 위해 세상을 해석하고 예측하려는 오랜 진화적 본능의 결과다. 그러니 견해는 생존의 기술이자, 인간이 세상을 이해하고자 했던 최초의 시도다. 그렇기에 우리는 더더욱, 그 생각이 어디서 왔는지를 질문해야 한다. 그 질문 없이 던져진 견해는 방향 없는 나침반처럼, 자신도 모르게 타인을 따라 흔들리기 마련이다.

하지만 현대사회, 특히 투자자에게 있어 견해가 온전히 자신의 것이 되기 위해서는 반드시 질문이 선행되어야 한다. 견해는 권리가 아니라 과정이며, 말은 자유이기 이전에 책임이다. 우리는 수많은 가벼운 말들이 넘실대는 온라인의 흐름 속에서 그것을 의식하지 못한 채 흡수하고, 그렇게 흡수된 타인의 견해는 어느새 우리의 판단과 감정을 지배하기 시작한다. 투자자는 특히, 무심코 들은 한두 마디가 머릿속에 깊이 박혀 고정관념이 되는 것을 경계해야 한다. 예컨대, "테슬라의 PER이 150이 넘는다, 완전히 거품이다"라는 말은, 테슬라에 대해 한 번도 진지하게 고민해 본 적 없는 이에게조차 '테슬라는 거품'이라는 견해를 만들어낼 수 있다. "미국 시장은 무적이다"라는 말을 듣고 시작한 투자자는, 어느새 자신도 모르게 미국 시장을 신봉하게 되고, "장기투자는 개인 투자자에게 의미가 없다"는 주장에 노출된 사람은, 그 한 문장만으로 자신의 투자 철학을 바꿔 버릴지도 모른다. 아직 상용화되지 않은 미래 기술에 대한 흥미로운 기사 하나, 이름도 처음 듣는 기업에 대한 긍정적인 내러티브 하나가 마치 미래의 애플을 놓칠 수 있다는 조급함으로 연결되고, 그 조급함은 그대로 투자로 이어질 수 있다.

엄청나게 방대한 정보를 다뤄야 하는 투자자라면, 어떤 의견이나 견해를 마주했을 때 그것이 곧바로 자신의 생각이 되기 전에 반드시 잠시 멈춤이 필요하다. 견해는 단지 표현의 문제가 아니다. 견해는 인식의 문제다. 내가 무심코 꺼낸 말 한마디가 곧 내 사고의 구조를 결정짓고, 누군가의 단편적인 발언 하나가 나의 견해로 굳어질 수 있다. 그래서 우리는 견해를 말하기 전에, 더디더라도, 불편하더라도 침묵 속에서 먼저 자신에게 질문해야 한다. 이 생각은 어디서 왔는가? 나는 왜 이 말을 하려 하는가? 그리고 나는 이 말에 어떤 책임을 질 준비가 되어 있는가? 현대인은 과거 어느 시대보다 더 많은 정보를 접하고 있다. 그러나 그 정보를 이해하는 데 필요한 시간과 맥락은 점점 부족해지고 있다. 속도와 양에 중독된 사회에서 정보는 이제 해석의 대상이 아니라 소비의 대상이 되어 버렸다. 문제는 여기서 시작된다. 정보는 항상 맥락 속에서만 의미를 갖는다. 지만 우리는 정보를 받아들이기 전에 그것이 어디서 왔는지, 누구를 거쳤는지, 어떤 연결망을 따라 나에게 도달했는지를 거의 따지지 않는다. 결국 우리가 받아들이는 것은 진실이 아니라, 누군가의 가공된 견해에 불과한 경우가 많다. 이 지점에서 우리는 네트워크 과학의 시선을 빌려올 필요가 있다. 《휴먼 네트워크》에서 설명하는 세 가지 중심성인 도수 중심성, 고유벡터 중심성, 확산 중심성은 정보가 어떻게 우리에게 도달하는지를 구조적으로 보여 준다. 정보는 언제나 연결을 따라 이동한다. 그리고 그 연결은 단순한 전달 경로가 아니라, 정보가 어떻게 해석될지를 좌우하는 필터 역할을 한다.

도수 중심성

> 거짓말도 백 번 반복하면 진실이 된다.
>
> －요제프 괴벨스－

  도수 중심성이란, 한 노드*가 네트워크에서 직접 연결된 이웃 노드의 수, 즉 연결선의 개수로 측정된다. 쉽게 말해, 나에게 가장 많이 노출되는 정보, 내가 가장 자주 접촉하는 사람, 자주 열어 보는 미디어, 자주 따라가는 계정들이 곧 도수 중심성이 높은 노드다. 보통 도수 중심성이 높다는 것은 그만큼 조회수, 인기, 노출 빈도가 높다는 뜻이다. 관객 수가 많은 영화, 가장 많이 팔린 베스트셀러, 좋아요가 많은 게시물, 조회수가 높은 유튜브 영상들이 여기에 해당한다. 문제는 바로 여기서 생긴다. 도수 중심성이 높다는 이유만으로, 우리는 그 정보를 더 진실되고 깊이 있으며, 심지어는 신뢰할 만하다고 착각한다. 그러나 단지 '많이 연결되어 있다'는 사실이 그 정보를 옳게 만들지는 않는다. 그럼에도 우리는 가장 많이 노출된 그것을 기준 삼고, 그에 따라 생각하고, 비교하고, 판단한다.

  이 구조는 나의 견해를 결정짓는 주요한 요소 중 하나다. 매일같이 특정 유튜브 채널을 본다면, 그 채널의 어휘와 시선은 어느새 나의 사고방식에 스며든다. 팔로워 수가 많은 계정을 신뢰하게 되는 이유도 마찬가지다. 그 사람의 생각이 논리적으로 우수해서가 아니라, 단지 많이 노출

---

* '노드(node)'는 네트워크 이론에서 하나의 점을 의미하는 기본 단위다. 사람 간의 관계망에서는 개인이 노드가 되고, 정보망에서는 특정 웹사이트나 계정이 노드가 된다. 노드와 노드를 잇는 선(링크)이 연결 구조를 만들며, 이를 통해 정보와 영향력이 흘러간다.

되고 자주 연결되어 있기 때문이다. 우리는 논리보다 빈도에 설득되는 존재다. 견해는 정교한 논증의 결과가 아니라, 반복적으로 접한 생각의 표면을 무심코 덧입은 경우가 더 많다. 도수 중심성이 높은 정보는 우리에게 익숙하고, 익숙함은 곧 신뢰로 전환된다. 그래서 사람들은 자주 노출된 말을 자신이 원래부터 해 오던 생각처럼 받아들이고, 그것을 자신의 견해로 굳힌다. 이처럼 도수 중심성은 견해가 어떻게 형성되는지를 이해하는 데 있어 구조적 기원을 설명해 주는 열쇠다.

이제 이 문제를 투자자의 관점에서 생각해보자. 투자자도 견해를 갖는다. "이 기업은 성장성이 있다.", "지금은 주가가 고점이다.", "한국 주식보다 미국 주식이 낫다." 그런데 그 견해는 어디서 온 것일까? 많은 투자자들은 자신이 내린 판단이 스스로의 분석 결과라고 믿는다. 하지만 실제로는 도수 중심성이 높은 정보에 반복적으로 노출되면서 형성된 견해인 경우가 대부분이다. 가장 대표적인 사례가 유튜브와 커뮤니티다. 예를 들어, 2021년 미국 증시를 뜨겁게 달군 키워드가 '친환경'이었다. 당시 이 주제는 거의 모든 투자자의 머릿속에 각인되어 있었다. 하지만 그것이 과연 각자의 분석을 통해 도출된 판단이었을까? 아니면 도수 중심성이 높은 수많은 콘텐츠와 게시물, 영상에 반복적으로 노출된 끝에 생긴 피드백 구조였던가? 물론 도수 중심성이 높은 정보는 단기적인 영향력이나 즉각적인 연결성 면에서 강한 효과를 보인다. 이런 정보가 시장에 퍼지면, 주가는 빠르게 반응한다. 많은 노출은 더 많은 노출을 유도하고, 주가 상승은 또 다른 주가 상승을 부르는 양의 피드백 고리를 만든다. 이러한 순환을 한두 번 경험하고 나면, 사람들은 도수 중심성이 높은 정보에 더 큰 신뢰를 보내게 된다. 정보의 질이 아니라 그 정보가 만든 시장 반응에 설득되는 것이다. 이처럼 도수 중심성이 높은 정보는 견해를 빠르게 형성하게 만들지만, 사고의 깊이는 보장하지 않는다. 그리고 그러한 정보는 이미 대부분에게 노출된 상태이기에, 시장에서는 후행적 반응만 남아 있을 가능성이 높다.

반대로, 도수 중심성이 낮은 정보는 아직 대중에게 널리 알려지지 않았지만, 내가 직접 탐색하고 찾아 낸 정보는 견해를 형성하는 데 시간이 걸리더라도, 의미 있는 선행적 기회를 제공할 수 있다. 이 책에서 계속 강조되는 스스로 생각하는 투자자에 가까워지는 과정이다. 그렇기에 투자자는 이 지점에서 반드시 자문해야 한다. 지금 내가 내리려는 판단은, 반복적으로 접한 말의 반영인가? 아니면 스스로 구조를 탐색한 끝에 도달한, 나만의 견해인가? 견해는 정보로부터 만들어진다. 하지만 그것은 무의식적으로 받아들인 정보가 아니라, 자각적으로 선별한 정보일 때만 견해가 된다. 그리고 그 자각은 언제 시작되는가? 바로, 정보의 중심성을 의심하는 순간이다.

알렉산더 대왕은 수많은 대군의 도열을 바라보다가 문득 눈물을 흘렸다. 백 년 뒤, 이들 중 아무도 살아남지 못할 것이라는 생각 때문이었다. 오늘날 시중에 쏟아지는 수많은 책들도 마찬가지다. 백 년이 지나면 대부분 사라질 것이다. 하지만 서점 한편에는 여전히 백 년을 버틴 책들이 남아 있다. 고전이란 바로 그런 책이다. 베스트셀러는 오래가지 못한다. 반면 고전은 이미 '살아남음' 그 자체가 증거다. 도수 중심성이 높은 정보로 만들어진 견해는 시간이 지나면 흔적 없이 사라질 수 있다. 하지만 자신이 직접 생각하고, 끝까지 붙들고, 스스로 창조해 낸 견해는 쉽게 사라지지 않는다. 그런 견해야말로, 오래도록 우리 정신 안에 살아남는다.

고유벡터 중심성

> 진실은 권력의 입을 통해 나올 때 진실로 여겨진다.
>
> -미셸 푸코-

　다음은 고유벡터 중심성이다. 네트워크 과학에서 말하는 고유벡터 중심성은 단순히 얼마나 많이 연결되었는가가 아니라 '누구와 연결되었는가'에 따라 나의 위치와 영향력이 결정된다는 개념이다. 견해의 구조를 이 개념에 비유해 본다면, 우리는 나의 견해가 '무엇에 연결되었는가'보다 '누구에게 연결되었는가'에 따라 무게를 부여하고 있는 셈이다. 권위 있는 전문가나 영향력 있는 집단으로부터 정보를 받을 때 그 정보는 고유벡터 중심성이 높다고 말할 수 있다. 문제는 이러한 정보가 신뢰와 깊이를 주는 동시에 맹신의 위험을 내포한다는 점이다.

　바로 이 지점에서 순응 편향이 작동한다. 순응 편향은 다수의 의견이나 권위자의 의견을 자신의 판단보다 우선시하는 인지적 경향이다. 우리는 '그 사람이 말했으니까', '그 기관이 발표했으니까'라는 이유로 의심과 분석을 생략한다. 사회적 긴장을 피하고 빠른 결정을 내리는 것이 더 안전하다고 느끼기 때문이다. 그러나 이때 견해는 더 이상 나의 것이 아니라, 누군가의 영향력 아래 형성된 복제물이 된다. 따라서 고유벡터 중심성이 높은 정보를 마주할 때 필요한 것은 단순한 신뢰가 아니라 의식적인 재해석이다. 그 사람의 구조와 프레임을 살피고, 그 해석이 어떤 전제에서 비롯된 것인지 확인해야 한다. 하지만 인간이 가진 순응편향은 지적사기에 좋은 표적이 되고는 한다.

"우리가 개발한 주가 분석 엔진은 기존 금융공학을 넘어서는 차세대 패러다임 위에 서 있습니다. 시장의 불확실성을 단순한 확률변수로 취급하지 않고, 푸앵카레의 비선형 동역학적 카오스 이론과 몬테카를로 확률 분포를 결합하여 다차원적 스토캐스틱 진동을 포착합니다. 이러한 접근은 기존 금융 모델이 간과했던 위상 전이(Phase Transition)의 임계점을 식별하는 데 결정적 역할을 합니다. 또한 시장 구조의 대칭성은 단순한 수요-공급 곡선이 아니라, 유클리드 기하학적 군(Group)의 불변량으로 정의됩니다. 이는 프랙탈 차원 분석을 통해 드러나는 자기유사적 패턴과 결합되어, 가격 움직임의 다중 스케일 특성을 정량화합니다. 이때 허스트 지수(Hurst Exponent)는 단순한 장기기억 계수로 기능하는 것이 아니라, 라이프니츠적 무한소 해석을 통해 시장 궤적의 미분가능성을 측정하는 도구가 됩니다. 무질서의 배후에는 언제나 질서가 존재합니다. 우리는 볼츠만의 엔트로피 개념을 금융 데이터에 적용하여 시장의 혼돈을 수치화하고, 리만 기하학의 곡률 공간에서 가격의 궤적을 추적합니다. 그 결과 도출되는 투자 신호는 단순히 '상승'과 '하락'을 예측하는 것이 아니라, 시장 자체의 존재론적 구조를 해명하는 도구로 기능합니다. 결국 우리의 시스템은 단순한 예측기가 아니라, 금융시장을 해석하는 일종의 과학적 언어입니다. 이는 곧, 투자를 수학적 진리에 가까운 영역으로 승화시키는 혁신이라 할 수 있습니다."

이 글을 읽으면 무슨 말인지 하나도 이해되지 않지만, 왠지 과학적 방법으로 주가를 분석하는 정교한 시스템처럼 느껴진다. 만약 누군가 이러한 과학 이론을 내세워 주가 예측 시스템을 만들었다고 주장하고, 이를 통해 높은 수익률을 얻을 수 있다고 투자자를 모집한다면, 많은 사람들은 복잡한 원리를 알지 못해도 "과학적 이론이 접목되었다"는 사실에 쉽게 마음을 열 것이다. 그러나 사실 위에서 소개한 과학적 주가분석 이론은 아무 단어나 조합해 만든 허구다. 얼핏 들으면 근거 있어 보이지만, 실제로는 공허한 말의 나열일 뿐이다. 누가 그런 말에 속겠냐고 할 수 있다. 하지만 앨런 소칼이 학술지《Social Text》에 제출했던 가짜 논문 사건*은 문제의 본질을 보여 준다. 그는 양자 중력, 해석학, 사회구성주의 같은 학문적 용어를 일부러 뒤섞어 엉터리 글을 썼다. 그럼에도 그 논문은 학술지에 실렸고, 전문가들조차 속아 넘어갔다. 복잡하고 난해한 용어가 마치 깊은 진리를 담고 있는 듯한 착각을 불러일으켰기 때문이다. 앞서 내가 만들어낸 "몬테카를로 엔진, 푸앵카레의 카오스 이론, 유클리드 기하학, 프랙탈, 엔트로피" 같은 조합 역시 소칼이 지적한 지적 사기[34]를 그대로 따라 한 것이다.

투자 시장에서 이러한 구조는 끊임없이 반복된다. 2008년 월가의 전설 버나드 메이도프**가 체포되었을 때, 그의 폰지 사기는 세계 금융사상 최대 규모였다. 그러나 사건의 본질은 사기의 기법이 아니라, 그 누구도 그를 의심하지 않았다는 사실이다. 메이도프는 증권사 대표이자 나스닥 거래소 위원장, 그리고 유대인 공동체에서 신망을 얻은 인물이었기에, 개

---

* 엘런 소칼(Alan Sokal, 1955~)은 미국의 물리학자로, 1996년 사회과학 저널에 일부러 난해하고 무의미한 글을 실어 학계의 허술함을 폭로했다. 이 사건은 '소칼 사건'이라 불리며, 이후 장 브릭몽과 함께 쓴 책《지적 사기》에서 포스트모더니즘 학자들이 과학 개념을 왜곡해 사용하는 문제를 비판했다.
** 버나드 메이도프(Bernard Madoff, 1938~2021)는 월가의 전직 투자자이자 나스닥 증권거래소 의장을 지낸 인물로, 역사상 최대 규모의 폰지 사기를 벌인 장본인이다. 그는 안정적인 고수익을 약속하며 자금을 끌어모았지만, 실제로는 신규 투자자의 돈으로 기존 투자자에게 이자를 지급하는 방식으로 운영했다. 2008년 금융위기 속에서 이 거대한 사기가 드러났고, 피해액은 약 650억 달러에 달했다.

인과 기관 투자자들은 그의 위상만으로 판단을 대신했다. 더 나아가, 그를 믿고 투자한 유명 인사들이 새로운 투자자들의 신뢰를 끌어들이는 순환 고리가 형성되었다. 결국 '내가 아니라, 그들이 믿고 있으니까'라는 집단적 논리가 모든 검증을 무력화했다. 이것이 고유벡터 중심성이 만들어 내는 양의 피드백의 전형이다. 사기가 아니더라도 마찬가지다. 우리는 큰 리스크 앞에서도 권위자의 말 한마디에 안심한다. "저 사람이 저렇게 말하는데 문제없겠지." 그러나 역사는 그 누구도 위기에서 예외가 아님을 보여 준다. 대통령도, 억만장자도, 최고의 투자자도 수없이 실수한다. 워렌 버핏 역시 자신은 여전히 많은 실패를 겪는다고 말한다. 벤저민 프랭클린의 말처럼 "권위에 의문을 제기하는 것이 첫 번째 의무"다.

결국 중요한 것은, 권위를 무조건 따르는 것이 아니라 스스로 의문을 품고 배움으로 전환하는 태도다. 위상을 좇는 추종은 배움을 가로막지만, 실패 속에서 배우려는 사람은 권위자를 따라가는 것이 아니라 자기만의 길을 만든다. 그것이 투자자에게 주어진 가장 중요한 과제다. 투자자에게 필요한 것은 바로 이 비판적 사고다. 시장에는 수많은 전문가가 있고, 이들의 언어는 검증 없이 개인투자자에게 쏟아진다. 중요한 것은 그들의 수익이 아니라, 얼마나 많은 청중을 모이는지 여부다. 따라서 이들에게 중요한 기술은 높은 적중률이 아니라, 그럴듯하게 말하는 능력이다. 어렵고 전문적인 단어가 적절히 섞이면 더 큰 효과를 발휘한다. 투자자에게 이것은 일종의 지적 사기로 다가온다.

이 문제는 기업 CEO의 언어에서도 드러난다. 투자자는 결국 회사라는 실체에 투자하는데, CEO의 말은 때로 현실을 포장하는 수단이 된다. 탈레브는 "주주 가치 창조", "장기 이익을 위한 단기 고통", "혁신과 기술에

헌신" 같은 진부한 CEO 언어들을 경계했다. 이런 말은 구체적 실체가 없는 수사일 가능성이 크다. 사업보고서 속 대표의 메시지를 읽으며, 그것이 회사의 본질을 꿰뚫고 있는지, 아니면 단순한 포장에 불과한지를 가려내는 것이 투자자의 과제다. 결국 유사과학에 속지 않는 법과 CEO의 언어에 속지 않는 법은 같다. 화려한 용어와 권위의 포장에 매혹되지 않고, 끊임없이 질문하고 검증하는 태도다. 투자자를 보호하는 유일한 길은 비판적 사고이며, 그것만이 불확실한 시장에서 자신을 지키는 가장 강력한 무기다.[35]

확산 중심성

> 새로운 패러다임은 단지 이전 패러다임보다 더 잘 설명하는 것이 아니라, 사람들이 이전의 데이터를 다르게 보도록 만든다.
>
> -토마스 쿤-

　마지막은 확산 중심성이다. 이는 정보가 어떤 네트워크 구조 속에서 얼마나 멀리, 얼마나 다양한 지점으로 퍼져 나갈 수 있는가를 보여 준다. 새로운 과학 이론, 혁신 기술, 비주류 담론은 처음엔 작고 미미하지만, 특정 조건을 갖춘 네트워크 안에서 빠르고 폭넓게 전파되며 기존 질서를 바꾼다. 이런 정보는 초기에는 소수에게만 기회이지만, 대다수는 그것이 이미 시장을 바꾼 뒤에야 뒤늦게 깨닫는다. 견해의 시작은 주류가 아닌 변두리에서 태어난다. 비트코인은 처음 소수의 해커와 암호학자, 기술적 이상주의자들의 실험이었다. 이들은 연결도 적고 영향력도 미미했지만, 구조적으로는 새로운 관점이 숨 쉬는 최초의 접점이었다. 테슬라 역시 초기에는 기술자들이 운영하던 작은 전기차 회사에 불과했다. 이 단계의 아이디어는 도수 중심성으로 설명된다. 연결은 제한적이지만 작은 밀도의 네트워크 안에서 미래의 패러다임이 조용히 움트는 것이다.

　확산 중심성이 높은 정보는 기존 질서를 바꾸고 해석의 틀을 재편한다. 그러나 초기에는 낯설고 해석되지 않기에 무시되거나 과소평가된다. 이 아이디어가 더 널리 퍼지려면 구조적 증폭이 필요하다. 바로 고유벡터 중심성의 개입이다. 고유벡터 중심성이란 단순히 많은 사람과 연결된 것이 아니라 영향력 있는 사람과 연결된 것을 의미한다. 정보는 그 자체의 논리보다 '누가 말하느냐'에 따라 무게가 달라진다. 비트코인이 대중화된 계기는 유명한 헤지펀드 매니저와 기술 리더들이 언급하면서부터였고, 테슬라는 일론 머스크라는 인물이 CEO가 되면서 주목받았다. 이 단계에서 정보는 권위를 입고 개인의 통찰에서 시장의 신호로 변한다. 그러나 동시에 위험도 따라온다. 권위를 따른다는 것은 자율적 해석을 유보한다는 뜻이며, 투자자는 무의식적으로 해석의 책임을 타인에게 넘기게 된다. 고유벡터 중심성이 높을수록 의심은 줄고 맹신은 강화된다. 마지막 단계는 정보가 시장 전반에 퍼져 대중적 견해가 되는 과정, 바로 확산 중심성의 영역이다. 이 단계에서 정보는 분석이나 사실보다 짧고 간결하며 감정적 내러티브로 소비된다. 비트코인은 어느 순간 '디지털 금'이 되었고, 테슬라는 '세상을 바꾸는 기업'이라는 이미지로 덧씌워졌다. 이런 내러티브는 유튜브, 트위터, 커뮤니티를 거치며 반복되고 재가공되어 정보가 아니라 정서로 소비된다. 사람들은 더 이상 따져 묻지 않고, "다들 그렇게 말하니까", "이건 상식이야"라며 견해를 받아들인다. 그러나 그 견해는 구조가 설계한 결과일 뿐이다. 확산 중심성은 정보의 출처를 흐리게 만들고, 구조의 흔적을 감춘다. 그래서 사람들은 자신이 스스로 판단했다고 믿지만, 사실은 구조가 이미 방향을 정해둔 궤도를 따르는 것이다. 결국 견해란 저절로 생겨나는 것이 아니라, 정보가 구조를 타고 이동하고 변형되는 과정을 거쳐 내 안에 정착한 해석의 잔여물이다. 지금 내가 가진 견해가 정말 나의 것인지 확인하려면, 그것이 어디서 시작됐는지, 누구를 거쳐 어떤 경로로 나에게 도달했는지를 물어야 한다. 중요한 것은 정보의 출처가 아니라, 그것이 통과한 구조적 경로다.

    도수 중심성은 생각의 시작을, 고유벡터 중심성은 판단의 권위를, 확산 중심성은 감정의 전염을 설명한다. 이 세 가지를 이해하지 못하면 견해는 결코 나의 것이 아니다. 진짜 투자자는 정보를 단순히 해석하는 사람이 아니라, 그 정보가 이동하는 구조 자체를 해석하는 사람이다. 구조를 읽어 낼 수 있을 때 견해는 비로소 타인의 것이 아닌 자신의 것이 되고, 책임질 수 있는 판단으로 이어진다. 견해는 말보다 앞선 침묵 속에서, 구조를 되짚는 고요한 질문 속에서 형성된다.

구조에서 투자의 방법을 찾다

> 시끄러운 것은 좋지 않고, 좋은 것은 시끄럽지 않다.
>
> −프랑스의 속담−

한때 시장을 뜨겁게 달군 기업이 있었다. 2021년, 미국 주식시장에서 가장 큰 주목을 받았던 종목 중 하나였던 니콜라는 수소전기트럭을 만든다고 선언하며 주가가 단기간에 폭등했다. CEO 트레버 밀턴*은 테슬라 이후 차세대 친환경 기업이라며 대중의 환호를 받았고, 유명 인플루언서와 유튜버, 심지어 일부 언론까지 그 가능성을 높이 평가했다. 회사는 GM과 파트너십을 맺었다는 뉴스 하나로 하루 만에 수십 퍼센트씩 주가가 급등했다. 이것은 확산 중심성과 고유벡터 중심성이 동시에 작용한 사례다. 하지만 도수 중심성, 즉 실제 제품을 접하고 검증한 사용자의 리뷰는 존재하지 않았다. 기술은 시제품조차 없었고, 나중에 밝혀진 바로는 홍보 영상에 나온 트럭조차 언덕길에서 굴린 연출이었다. 구조를 건너뛰고 감정과 포장으로 급속히 확산된 정보는 그렇게 허무하게 꺼졌다.

반면 같은 시기, 조용히 움직이고 있던 기업이 있다. ASML이라는 네덜란드 기업이다. 반도체 제조 장비, 특히 EUV 장비를 독점 생산하는 이 기업은 오랫동안 아무도 주목하지 않던 시기에 기술을 축적했고, 소수의 반도체 엔지니어들과 일부 전문 산업 분석가들만이 그 중요성을 알고 있었

---

* 트레버 밀턴(Trevor Milton, 1982~)은 미국의 기업가이자 수소전기트럭 회사 니콜라(Nikola)의 창업자다. 그는 테슬라에 비견되는 차세대 친환경 기업을 내세우며 투자자와 대중의 관심을 끌었지만, 실제로는 핵심 기술과 제품이 부풀려진 것으로 드러났다. 2020년 사기 혐의로 기소되었고, 2022년 배심원단에 의해 유죄 평결을 받았다.

다. 이 기업의 진짜 가치는 대중에게 알려지기 전, 전문가들 사이에서 수년간 검토되고 분석된 결과물이었다. 삼성전자나 TSMC와 같은 고객들이 먼저 ASML을 선택했고, 고유벡터 중심성이 높은 기관이나 기술 애널리스트들이 언급하면서 점차 시장의 관심을 얻기 시작했다. 그 후에야 유튜버와 개인투자자들, 일반 언론이 이 기업에 주목했고, 주가는 오랜 시간 우상향 흐름을 그리며 시장에서 정당한 위치를 차지하게 되었다.

투자자는 숫자를 본다. 그러나 현명한 투자자는 숫자만 보지 않는다. 숫자는 언제든지 포장될 수 있고, 기대감은 단기적으로 현실을 덮을 수 있다. 시장에는 언제나 화려하게 등장하는 기업이 있고, 동시에 묵묵히 제 갈 길을 가는 기업도 있다. 진짜 투자자는 그 두 기업이 걷는 길의 구조를 본다. 그리고 그 구조가 얼마나 정직한지를 묻는다. 도수 중심성만 높은 기업은 많다. 이름이 많이 거론되고, 검색이 많고, 뉴스 노출이 잦다. 광고와 바이럴, 유튜브 리뷰, 인플루언서 추천이 이어지면, 그 기업은 금세 '대세'가 된다. 하지만 그 정보는 얼마나 해석되었는가? 누구에 의해 검증되었고, 어떤 관점에서 토론되었는가? 단지 많이 노출된 기업이라면, 그것은 정보의 양일 뿐 질이 아니다. 이 구조는 대개 확산 중심성만을 선점한 경우다. 감정적 확산은 빠르지만, 믿음은 깊지 않다. 반대로 고유벡터 중심성이 개입된 경우도 있다. 시장에서 명망 있는 기관투자자, 유명 애널리스트, 영향력 있는 인플루언서가 투자했다고 알려진 기업이다. 이 경우 우리는 고유벡터 중심성에 의한 주가를 의심해야 한다. 유명 인물이 언급했다는 이유만으로, 정작 사업 모델이나 재무 구조는 살피지 않은 채 따라붙는 수요는 생각보다 흔하다. 고유벡터 중심성은 때로 신뢰를 대신해 준다. 하지만 그것은 투자자가 의심을 멈추는 순간, 무기가 아니라 약점이 된다.

정말 중요한 것은 이 기업이 견디는 시간을 지나왔는지 여부다. 견디는 시간이란 곧 구조를 통과한 시간이다. 기업이 처음 시작했을 때, 소수의 고객이나 초기 사용자들에게 신뢰를 얻고, 그 신뢰가 점차 전문가와 기관, 고유벡터 중심성이 높은 네트워크에 도달했고, 마지막으로 대중에게 널리 확산된 순서를 거쳤는가? 혹은 반대로, 초반부터 확산 중심성만을 이용해 노출을 과도하게 만들고, 실체보다 기대감만으로 부풀려진 것은 아닌가? 기업을 평가할 때, 그 기업이 만든 제품이나 서비스가 실제로 어느 단계의 구조를 타고 있는지를 보는 눈이 필요하다. 그 구조가 순차적인 신뢰의 사슬로 이어져 있는지, 아니면 누군가의 이름이나 돈에 의해 인위적으로 확산되었는지를 묻는 감각이 필요하다. 수익보다 먼저 구조를 보라. 구조는 껍질을 벗겨도 남지만, 감정은 증발하고 사라진다.

따라서 투자자는 단순히 도수 중심성이 높은 기업에 매몰되어선 안 된다. 이름이 많이 회자된다고 해서, 많은 뉴스에 등장한다고 해서, 그것이 구조를 통과한 견해로 바뀌었다는 보장은 없다. 또한 고유벡터 중심성이 높은 인물이 언급했다고 해서, 그 기업의 내실까지 검증된 것은 아니다. 판단의 기준은 단순하다. 이 기업은 시장의 견고한 해석을 통과해왔는가? 아니면 포장된 이야기로 감정을 자극하고 있는가? 기업의 진짜 가치는 구조 속에서 정제된 해석의 총합이다. 견딘 기업이 강한 기업이고, 구조를 거친 주가가 신뢰할 수 있는 가격이다. 투자는 구조의 흐름을 추적하는 일이며, 나만의 견해를 끝까지 책임지는 일이다. 그리고 그 견해는, 광고나 이름이 아니라 구조를 통해 완성된다.

군중심리

침묵하는 대중, 행동하는 군중

한 치 앞도 보이지 않는 상황이라도, 대중이 틀렸으면 거기에
당당히 맞서서 틀렸다고 외치는 것이 의무다.

-조지 오웰-

오르테가가 말한 대중이라는 개념은 단순히 숫자의 다수가 아니다. 그는 《대중의 반역》에서, 문명의 혜택을 누리면서도 자기 성찰 없이 살아가는 인간형을 대중이라 정의했다. 이들은 책임은 회피하고 권리는 당연하게 여긴다. 수준 높은 지적 탐구보다는 편안함을 선택하고, 깊은 이해보다는 단기적인 만족을 택한다. 오르테가는 이 대중이 문명의 파괴자가 될 수 있다고 경고하면서 이들의 폭력성을 경계했다. 하지만 대중은 말 그대로 평범한 사람들의 일상적인 모습이다. 사회적인 변화로 인하여 형성된, 그저 말없이 살아가는 개인들이고, 존재 그 자체로 폭력적이지 않

다. 여기서 우리가 주목해야 할 건, 이 대중이 특정한 조건에서 군중의 형태로 나타났을 때 보이는 전혀 다른 양상이다. 대중의 등장이 단순한 사회적인 변화이고 우려였다면, 군중의 등장은 역사적으로 늘 현실적인 사건을 만들었다. 아니 반대로 사건의 시작을 군중의 출현이라고 불러야 한다. 대중의 형태는 지속적으로 이어지지만 군중은 일시적 현상에 그치지만 그만큼 강력한 영향력을 지닌다. 대중이 이전시대보다 높은 교육수준에 안주하는 존재였다면, 군중의 일원이 될 경우 개인의 높은 교육수준이 무색해진다. 군중심리의 저자 귀스타브 르 봉의 표현을 빌리자면 "혼자였다면 교양인이었을지 모르나 군중이 되면 야만인, 즉 본능대로 행동하는 사람이 된다."

그렇다면 대중은 어떻게 군중으로 변화하게 되는 것일까? 대중이 평범한 사람들이라면, 이들이 어떻게 폭력적이고 급진적인 성향을 지닌 집단으로 발전되는 걸까? 역사적으로 군중이 출현하게 된 원인은 다음과 같이 정리할 수 있다. 첫 번째 사회적 불만이다. 정치적으로나 사회적 계급으로부터 억눌린 감정이 오랜 기간 쌓이다가, 어느 순간을 기점으로 폭발하면서 집단화 된다. 특히 구조적으로 불균형 해소가 불가능할 때 그렇다. 압제는 혁명을 부른다. 인간은 기본적으로 공정에 대한 욕구가 있다. 이 욕구를 침해당했을 때 사람들의 마음속에 저항이라는 감정이 생겨난다. 그래서 이 불공정함에 명분을 만들고자 수많은 왕조나 종교, 그리고 귀족들이 많은 노력을 했다. 중국의 왕조가 교체될 때마다 등장했던 천명 사상이 그러하고, 유럽 중세에 왕권신수설이 그렇다. 인도의 카스트제도는 태어날 때부터 정해진 의무이며, 환생을 위한 과정이라고 합리화한다. 조선시대의 유교는 충과 예를 강조하여 신분제의 명분을 이어

갔고, 북한에서 주장하는 백두혈통도 사람들에게 권력의 세습을 합리화하기 위한 수단이다. 만약 이런 명분이 없었다면 불공정함을 느끼는 순간 다수는 군중으로 바뀌게 될 것이다. 그리고 이런 명분과 합리화는 영원할 것 같지만 한번 균열이 생기기 시작하면 급속도로 무너진다.

두 번째 원인은 경제적 빈곤이다. 경제적 위기로 인해 생존의 위협이 생긴다면 곤궁에 처한 다수의 사람들은 집단적으로 반발하게 된다. 전세계의 역사를 살펴보면 경제적 빈곤에 빠져 생존에 위협을 받게 됐을 때 더 이상 참지 못한 민중이 일으킨 혁명은 수도 없이 많다. 인간의 가장 기본적인 욕구를 지켜 주지 못한다면 그 어떤 평범한 사람도 참기 어렵다. 그 외에도 이념과 종교적 문제, 통신 기술의 발달로 인한 집단화 등의 이유로 대중은 군중으로 발전한다.

하지만 앞서 설명한 원인들이 발생했다 해도 반드시 대중이 군중으로 변모하는 것은 아니다. 현재도 많은 국가에서는 구조적 불공정, 불평등, 불균형, 그리고 생존을 위협할 정도의 경제적 빈곤이 이어지지만 군중에 의한 항거가 발생하지 않는다. 대중에서 군중으로 변모하기 위해서는 집단화해 줄 지도자가 필요하다. 지도자란 어떤 집단이 될 수도 있고, 혹은 한 명의 인물, 혹은 어떤 구호가 그 역할을 할 수도 있다. 대중을 규합해서 집단화 할 수 있는 중심점이 있어야 필요하다는 의미이다. 개인은 평소에도 절망하거나 불만을 품을 수 있다. 하지만 그들의 불만과 절망감은 담벼락을 넘기 어렵다. 하지만 일단 어떤 일에 분노한 집단이 생긴다면 개인의 불만도 담벼락을 넘어 집단에 합류할 용기가 생긴다. 애초에 절망을 느낀 개인의 불만이 담벼락을 넘지 못했던 것은 용기의 문제가 아니다. 바로 구조적인 수단의 문제였기 때문이다.

우리의 뇌는 어떤 생각이 행동으로 이어지기 전에 비용을 계산한다. 비용이라는 것은 단순하게 돈의 문제가 아니라 이 행동으로 인해 내가 얻을 수 있는 실익과 손해를 계산하는 의미이다. 정치 사회적인 문제로 인해 개인이 불만을 품고 혼자서 대항한다는 것은 지나치게 큰 비용이 든다. 개인은 힘이 없고, 대항해야 하는 대상의 힘은 너무 크기 때문에 이런 행동으로 인해 얻을 이익보다 손해가 더 크기 때문이다. 하지만 혼자가 아니라 다수의 집단이 함께 움직인다면 이야기가 달라진다. 집단의 힘은 개인보다 강력하고, 대항해야 할 대상의 힘에도 밀리지 않는다. 이런 경우 이익을 얻을 확률은 올라가고 손해는 분산되니 적어진다. 심리학에서는 이를 행동의 초기 진입 장벽 문제로 본다. 개인 혼자 행동하는 것은 높은 장벽이지만, 집단에 합류하는 것은 낮은 진입 장벽이다.

누군가가 집단을 형성해 주기만 한다면 집단의 세는 승수효과로 늘어날 수 있다. 한명일 때보다는 열명일 때 더 많은 군중을 모을 수 있고, 백명, 천명, 만명이 됐을 때는 진입 장벽이 점점 낮아져서 더 많은 사람이 참여할 수 있기 때문에 그 세가 더 빠르게 불어난다. 모두가 아무 말도 하지 않을 때는 개인도 아무 말을 하지 않는다. 하지만 모두가 침묵을 깬다면 개인도 침묵을 깨기 쉽다. 독일의 정치학자 엘리자베스 노엘 노이만은 이를 침묵의 나선 이론*이라고 불렀다. 그는 사람들은 자기 의견이 소수라고 느낄수록 더 말을 아끼게 되고, 그럴수록 그 의견은 점점 더 사라

---

* 엘리자베스 노엘 노이만(Elisabeth Noelle-Neumann, 1916~2010)은 독일의 정치학자이자 여론 연구자다. 그녀가 제시한 '침묵의 나선 이론(spiral of silence)'은 사람들이 자신의 의견이 소수라고 느낄수록 더욱 침묵하게 되고, 이 침묵이 다시 그 의견을 더 소수처럼 보이게 만드는 악순환을 설명한다. 결국 다수 의견만 더욱 부각되고, 사회 전체가 실제보다 더 한쪽으로 기울어져 보이는 효과가 나타난다.

지는 것처럼 보인다고 말한다. 이 상태가 지속되면 결국 사람들은 불만은 사라진 것처럼 보이게 되고 침묵함으로써 암묵적으로 불균형한 사회구조에 동의하는 것처럼 보이게 된다. 하지만 모두가 불만을 갖고 있기 때문에 어떤 구심점으로부터 집단이 형성되기 시작하고, 임계점을 넘는 순간 침묵했던 사람들이 불만을 표출하게 된다. 군중의 등장이다.

즉 평범한 사람들이 군중으로 이어지기 위해서는 어떤 구심점이 필요하다. 개인의 절망이나 불만은 공감대를 형성하지만 이것만으로는 군중이 만들어지지 않는다. 역사적으로 군중의 봉기를 살펴보자면 다수의 공감대를 형성하는 사건에 의해서 봉기가 일어나는 것처럼 보이지만 내면을 살펴보면 봉기를 조직하고 지원하는 세력이 존재함을 알 수 있다. 왜 역사적으로 군중의 봉기는 성공해도 그 몫이 대중에 돌아가지 않을까? 왜 항상 같은 역사가 반복되는가? 혁명은 반드시 대중의 힘이 필요하지만 혁명을 조직하고, 설계하는 주체는 따로 있기 때문이다.

러시아 혁명

> 노동자는 자발적으로 사회주의 의식에 도달할 수 없으며, 의식 있는 혁명가 집단이 바깥에서 그 의식을 주입해야 한다.
>
> -블라드미르 레닌-

1917년 러시아에서는 두 차례의 혁명이 연달아 발생했다. 2월 혁명은 제정 러시아의 종말을 알렸고, 10월 혁명은 볼셰비키당의 정권 장악으로 이어진 사회주의 대혁명이었다. 표면적으로는 모두 대중의 분노와 참여에 의해 촉발된 것처럼 보였지만, 혁명의 전개 과정과 결과를 면밀히 살펴보면 이는 단순한 민중 봉기가 아닌, 조직된 정치 세력이 대중의 분노를 활용해 권력을 장악한 역사였다.

1905년 대규모 시위에서 군대를 동원해 잔인하게 국민들을 학살한 이후 왕정에 대한 국민들의 불신은 깊었다. 1917년 겨울은 유난히 추웠고 철도가 모두 얼어 도시의 식량마저 바닥나기 직전이었다. 계속된 전쟁과 수송체계의 마비로 인한 보급 문제가 더해지자 물가는 치솟았고, 사람들의 경제적 빈곤은 극심했다. 1917년 2월 23일은 국제 여성의 날이었다. 사회주의 세력은 이날을 기회로 삼고 혁명을 기획했다. 이날은 식량난과 전시 고통에 시달리던 여성 노동자들의 행진이 예정되어 있었다. 행사를 위해 많은 군중이 모여들 것이고, 그들은 모두 불만을 품고 있었기 때문이다. 행진이 시작되자 사회주의 세력은 시위를 시작했고, 곧 노동자와 시민들의 참여로 시위가 확대되었다.

사회주의 세력들은 이 날을 계획적 행동의 기회로 인식하고 적극 개입했으며, 이내 수도 페트로그라드*는 1000만 명이 넘는 인파가 거리로 몰리는 대규모 집회로 뒤덮였다. 군대 일부는 시위 진압 명령을 거부하고 민중 편에 서며, 300년을 이어온 로마노프 왕조는 사실상 일주일 만에 무너졌다. 왕정 붕괴 이후, 러시아 전역은 해방된 대중의 정치적 열망으로 들끓었다. 정치인, 노동자, 농민, 학생, 일반 시민 등등 혁명에 동참하지 않은 세력이 없었고, 혁명에 성공하자 모두 자신의 정치적 권리와 마땅한 보상을 얻기 원했다. 1917년 3월부터 7월까지 약 100만 명 이상이 파업에 참가했으며, 군대는 급속히 해체되었고, 병사들은 명령 체계를 따르지 않았다. 임시로 세워진 정부는 유명무실해졌고, 러시아는 전국 단위의 무정부 상태로 접어들었다.

하지만 임시정부가 왕정에서 벌인 전쟁을 지속한다는 발표를 하자 레닌은 임시정부의 결정에 반기를 들었다. 그는 정권을 탈취하고 전쟁을 종식한다는 목표를 가지고 러시아로 돌아갔다. 이 혼란 속에서 볼셰비키는 일관된 정치 노선을 제시했다. "모든 권력을 소비에트로", "전쟁 즉시 중단", "토지의 재분배"라는 구호는 당시 민중의 요구를 대변하는 듯 보였고, 볼셰비키는 점차 소비에트 내 다수를 확보하며 세력을 확장했다. 결국 10월 25일(11월 7일), 레닌과 트로츠키가 이끄는 볼셰비키는 페트로그라드의 정부 청사를 점령하고 임시정부를 전복했다. 겨울궁전의 점령은 상징적 장면이었지만, 실제 전투는 거의 없었고, 권력의 이양은 사실상 사전 계획된 무혈 쿠데타에 가까웠다. 후대의 역사학자들, 특히 수정

---

* 페트로그라드(Petrograd)는 러시아 제국의 수도 상트페테르부르크가 1914년 제1차 세계대전 중에 이름을 바꾼 것이다. 독일어 어감을 피하려고 '상트페테르부르크' 대신 러시아식 표현인 '페트로그라드'로 불렸으며, 1924년 레닌 사망 후에는 '레닌그라드'로 개칭되었다가, 소련 붕괴 이후 다시 원래 이름인 상트페테르부르크로 돌아갔다.

주의 역사관에 입각한 연구자들은 10월 혁명을 민중의 혁명이라기보다, 정치적으로 조직된 소수 집단의 권력 탈취로 평가한다. 미국의 러시아 사학자 리처드 파이프스는 이를 "소수의 광신자들이 사회혼란을 이용해 권력을 장악한 쿠데타"로 규정했고, 올랜도 파이지스는 "민중이 만든 혁명은 2월이었고, 10월은 볼셰비키의 쿠데타였다"고 평가했고, 마크로 페로는 "1917년 10월의 봉기는 대중의 운동이면서, 동시에 여기에는 소수만이 참가하였다." 라고 말했다. 실제로 10월 혁명 이후, 민중이 꿈꾸었던 자유와 평등, 자치의 이상은 곧 권위주의적 일당독재 체제로 대체되었다. 소비에트는 형식적으로 유지되었지만, 실질적 권력은 볼셰비키 중앙당에 집중되었고, 반대파는 숙청되거나 탄압당했다. 노동자 자치와 언론 자유는 사라졌고, 경제는 전시공산주의 체제로 통제되며 민중의 삶은 오히려 악화되었다.

결국 1917년의 러시아 혁명은, 민중이 거리에서 쟁취한 권리가 정당 내부의 권력으로 이양된 과정이었다. 수많은 사람들이 자유를 위해 싸웠지만, 그 결실은 정당 중심의 통제 국가로 귀결되었고, 이후 수십 년간 이어진 소련 체제는 철저히 당의 권위 아래 대중을 통제하는 방식으로 운영되었다. 대중은 혁명의 연료다. 하지만 연료는 스스로 타오르지 않는다. 혁명이 끝나면 연료는 휘발되고 연료를 태운 사람들이 남은 승리의 전유물을 얻는다. 대중의 분노는 다시 사그라들고 별로 달라지지 않은, 어쩌면 더 가혹한 일상이 그들에게 계속된다.

프랑스 혁명

우린 전에 왕을 죽였지, 성급히 세상을 바꾸려 했어, 이제 왕이 바뀌었지만, 예전 왕과 다를 게 없네, 자유를 위해 싸웠던 우리, 이젠 빵을 위해 싸우네! 평등이란 과연 무엇일까? 죽으면 모두 평등해지지

-레미제라블 2부 가브로쉬 넘버
Look Down Beggar 중에서-

프랑스 혁명(1789)은 민중이 절대왕정을 무너뜨리고 봉건제를 폐지하며, 정치적 근대성을 향해 도약한 상징적 사건으로 평가받는다. 바스티유 감옥의 습격, 삼부회, 국민의회, 테니스코트의 서약 등은 모두 대중이 역사의 전면에 등장한 대표적인 순간들이었다. 하지만 혁명의 실제 과정을 살펴보면, 이러한 대중의 집단 행동은 단순한 자발적 동기에 의한 봉기가 아니라, 사전에 꾸준하게 축적된 계몽과 그 계몽을 바탕으로 정치적 세력의 조직적 개입이 있었기에 가능했던 사건임을 알 수 있다.

18세기 후반 프랑스는 계몽주의 사상의 중심지였다. 루소, 볼테르, 디드로 등의 사상가들은 자유, 평등, 자연권, 사회계약 등의 개념을 통해 기존의 절대군주제와 특권 신분제를 비판했고, 이 사상은 단지 철학자들의 사상에만 머물지 않았다. 도시의 중산계층과 일부 사제, 지식인 집단은 이 사상을 교육과 출판, 토론회를 통해 점차 하층민에게 전달했고, 특히 지방의 가난한 사제들은 1신분의 일원이었음에도 자신과 다를 바 없는 농민 대중을 대상으로 교육과 설교를 통해 기존 질서에 대한 비판적 인

식을 전파했다. 결국 이는 단순히 굶주리고 고통받는 대중이 아니라, 자신들의 처지를 인식하고 그것이 부당하다고 느낀 대중을 만들어 냈고, 이 인식의 전환이 봉기의 기초가 되었다. 다시 말해, 프랑스 대중은 계몽되었기 때문에 봉기할 수 있었고, 그 계몽은 외부로부터 유입된 것이었다.

혁명 초기, 고등법원과 귀족들이 국왕의 재정 정책에 반기를 들고 삼부회 소집을 요구했지만, 곧 이 갈등은 3신분의 부르주아가 주도권을 쥐게 되는 정치적 투쟁으로 전환되었다.* 부르주아 계급은 대중의 불만을 조직화할 능력과 수단을 가지고 있었으며, 이를 활용해 귀족과 왕권 사이의 균열을 파고들었다. 삼부회의 선거 과정, 국민의회의 수립, 테니스코트의 서약 등은 모두 부르주아가 법률과 정치 조직 경험을 바탕으로 이끈 움직임이었다. 그러나 그들이 주도한 이 흐름이 폭발력을 가지기 위해서는 대중의 참여가 필요했고, 바로 그 대중은 이미 계몽된 상태에서 행동의 계기만 기다리고 있었다. 바스티유 감옥 습격은 자발적인 폭동처럼 보였지만, 실제로는 정치 선동가들과 언론, 유인물 등을 통해 불만이 조직화되고, 군중이 동원된 결과였다. 파리에는 과격한 선동가들의 선동과 구호가 남발되었다.**[36]

---

* 프랑스 혁명 직전, 귀족과 고등법원은 루이16세의 재정 개혁에 반발하며 왕권에 정면으로 맞섰다. 당시 고등법원은 주로 매관매직으로 관직을 얻은 신귀족들로 구성되어 있었는데, 이들은 구귀족과 마찬가지로 면세 특권을 누리면서도 왕의 법령을 승인할 권한까지 쥐고 있었다. 루이16세가 재정적자를 메우기 위해 특권층에도 과세하려 하자, 고등법원과 귀족은 이를 거부하고 삼부회 소집을 요구했다. 이 사건은 결과적으로 제3신분 부르주아가 정치 전면에 나서게 되는 계기가 되었다.

** 온갖 종류의 처형! 사지를 찢어 죽이는 사열형四裂刑, 수레로 찢어 죽이는 거열형車裂刑, 불에 태워 죽이는 화형, 목을 달아 죽이는 교수형, 갖가지 고문형. 도처에서 행해지는 이 사형은 지난날이 우리에게 만들어 준 아주 나쁜 습관이다. 지배자들은 우리를 개화시키지 않고 야만으로 만들어 놓았던 것이다. 그들 자신도 결국 야만이었으니까. 그들은 지금 자기들이 뿌린 씨를 거두고 있다. 앞으로도 계속 거둘 것이다. -바뵈프가 아내에게 보내는 편지 중-

이후 파리뿐만 아니라 전국으로 퍼진 농민 봉기는 이미 수년 전부터 하층 사제와 계몽주의자들의 영향 아래 자라난 정치적 불만이 행동으로 전환된 사례라고 볼 수 있다. 농민과 평민, 빈민은 혁명에서 가장 먼저 움직였고, 가장 많이 희생했다. 그러나 1789년 8월 봉건제 폐지 이후 제도 개혁은 부르주아 중심의 국민의회에서 이루어졌고, 대중은 입법과 정치 결정에서 배제되었다. 봉건적 권리는 폐지되었지만, 토지는 유상으로 매입해야 했고, 경제력 없는 농민 다수는 실질적 변화를 경험하지 못했다. 대표적으로 1789년 8월, 봉건제 폐지 법령이 발표되었으나 모든 봉건적 권리가 무상으로 폐지된 것은 아니었다. 세금이나 인신적 의무는 폐지되었지만, 토지와 관련된 권리는 유상 폐지 원칙이 적용되었다. 소작농들은 땅을 가지기 위해서는 기존 지주로부터 매입해야 했고, 대부분의 농민들은 그럴 자금이 없었다. 결과적으로 봉건제는 법적으로 폐지되었으나, 토지 소유 구조는 변하지 않았고, 농민 대중의 경제적 현실은 크게 달라지지 않았다. 농민은 해방되었는데 토지는 해방되지 않았다.

정치적 권력도 마찬가지였다. 1차적으로는 부르주아가 귀족과 왕권을 무너뜨리고 권력을 쥐었고, 이후 공화파와 급진파, 나폴레옹 집권 등 다양한 정치 세력이 부상했지만, 민중이 정권의 실질적 주체가 된 적은 없었다. 농민과 도시 노동자는 자주 등장했지만, 대체로 혁명을 정당화하거나 지지 세력으로 동원되는 역할에 머물렀다. 프랑스 혁명은 단순히 굶주린 민중이 거리로 뛰쳐나온 사건이 아니었다. 그 이전에 사상과 언어, 해석의 틀이 주어졌고, 대중은 그 틀 안에서 자신들의 처지를 이해하게 되었으며, 마침내 행동하게 되었다. 하지만 그 행동이 만든 결과는 항상 대중의 손에 돌아간 것은 아니었다. 대중은 혁명의 기폭제였지만, 혁명의 수혜자는 계몽을 주도하고 권력을 조직한 세력이었다. 결국 프랑스 혁명은 대중의 정치적 자각과 행동이 어떻게 정권 교체의 동력이 되었는지를 보여 주는 동시에, 그 과정에서 대중은 이용되고, 곧 소외될 수 있다는 역사적 아이러니를 남겼다. 그들은 움직였지만 지배하지 않았다. 행동했지만, 결정하지 못했다. 이 점에서 프랑스 혁명은 민중의 힘과 한계를 동시에 보여 준 사건이었다.

19세기 프랑스는 반복되는 혁명과 봉기가 일어나던 시기였다. 대혁명(1789)의 여파는 왕정 복고와 다시 혁명을 거쳐 1830년 7월 혁명으로 이어졌고, 이후에도 대중의 저항은 끊이지 않았다. 1830년, 시민들은 부르봉 왕조를 몰아내고 새로운 왕 루이 필리프를 맞이했지만, 혁명은 곧 실망으로 바뀌었다. 새로운 정권은 왕정의 이름만 바꾸었을 뿐, 노동자와 서민 다수를 권력구조에서 배제한 부르주아 왕국에 지나지 않았기 때문이다. 그로부터 2년 후인 1832년 6월, 파리에서 또다시 민중 봉기가 일어났다. 레미제라블 2부의 배경이 바로 이 시기다. 극중 가난한 빈민의 아이로 나오는 가브로쉬의 노래에서 당시 프랑스 빈민의 심정이 잘 느껴진다. "우린 전에 왕을 죽였지, 성급히 세상을 바꾸려 했어, 이제 왕이 바뀌었지만, 예전 왕과 다를 게 없네, 자유를 위해 싸웠던 우리, 이젠 빵을 위해 싸우네! 평등이란 과연 무엇일까? 죽으면 모두 평등해지지."

표면적으로 보면 이 사건은 라마르크 장군의 죽음을 계기로 일어난 자발적 민중 저항으로 보인다. 라마르크는 나폴레옹 전쟁의 영웅이자 당시에도 민중의 지지를 받던 인물이었다. 그의 장례식은 수많은 시민이 운집한 대규모 행사였고, 그 군중 속에서 봉기가 시작됐다. 이 장면은 대중의 분노가 스스로 행동으로 터져 나온 것처럼 보인다. 그러나 실제 봉기의 내막은 다층적이었다. 이 봉기는 단지 라마르크의 죽음이라는 사건에 반응한 대중의 즉흥적 반란이 아니었다. 당시 루이 필리프 체제에 불만을 품고 있던 공화주의자들과 비밀결사 조직들은 이미 수개월 전부터 봉기를 계획하고 있었고, 대중의 분노가 언제 폭발할지를 예의주시하고 있었다. 이들은 라마르크 장례식처럼 수많은 시민이 자연스럽게 모일 수 있는 기회를 전략적으로 활용했다. 봉기의 '트리거'는 장례식이었지만, 그 트리거를 점화시킬 기획은 따로 존재했던 것이다. 실제로 6월 봉기는 도심 일부에서 격렬한 교전으로 이어졌고, 바리케이드와 무장 충돌이 벌어졌지만, 그 범위는 제한적이었다. 공화주의자들은 군중의 동원 가능성과 정부군의 반응을 모두 고려한 계산된 행동을 준비하고 있었고, 이 계획은 군중의 감정과 겹치는 지점에서 실행되었다. 즉, 감정은 대중의 것이었으나, 행동은 조직된 정치 세력의 것이었다. 하지만 결과는 성공적이지 못했다. 봉기는 진압되었고, 루이 필리프 정권은 오히려 공화파에 대한 탄압을 강화했다. 이 사건 이후 대중의 정치적 에너지는 다시 일상으로 흩어졌고, 봉기에 가담했던 시민들은 처벌을 받았으며, 조직을 이끌던 정치 세력은 다시 지하로 숨어들었다. 정권은 바뀌지 않았고, 대중의 삶 역시 바뀌지 않았다.

1832년 6월 봉기는 19세기 프랑스 혁명사의 반복 구조를 그대로 보여준다. 민중은 늘 분노하고 행동하지만, 그 감정은 대개 정치적 의도를 가진 조직된 세력의 전략에 흡수되었고, 봉기가 실패하면 책임은 대중에게, 주도권은 다시 상층부로 돌아갔다. 이러한 흐름은 이후에도 반복된다. 1848년 2월 혁명, 같은 해 6월의 노동자 봉기, 1871년 파리코뮌까지, 프랑스 대중은 혁명의 가장 강력한 에너지원이었지만, 권력의 최종 수혜자가 된 적은 없었다. 1832년 6월 봉기는 자발성과 기획의 교차점에서 일어난 사건이었다. 분노는 분명히 대중의 것이었지만, 그 분노를 조직하고 행동으로 만든 것은 명확한 정치적 목적을 가진 소수의 세력이었다. 이 구조는 이후 반복된 프랑스의 혁명과 봉기에서도 일관되게 나타난다. 대중은 정권 교체의 동력이었지만, 결코 권력의 주체로 인정받지 못했다. 프랑스 혁명사는 단지 혁명의 반복이 아니라, 대중 동원의 반복이자 대중 소외의 반복이기도 하다. 1832년의 봉기는 그 구조를 가장 선명하게 보여 주는 사례다.

개인의 상실

혼자였다면 교양인이었을지 모르나 군중이 되면 야만인, 즉 본능대로 행동하는 사람이 된다.

-귀스타브 르 봉-

역사에서 군중은 종종 거대한 변화를 일으키는 결정적 힘으로 작용해 왔다. 프랑스 혁명, 1848년 유럽 각지의 혁명, 러시아 혁명, 그리고 현대의 시민혁명까지. 이 변화들에서 군중은 왕을 끌어내리고 권력을 흔들었고, 봉건제와 절대주의를 무너뜨렸다. 그러나 이러한 위대한 전환의 끝에서 군중이 얻은 것은 무엇이었는가? 군중은 힘은 있었지만, 결과를 가져가지 못했다. 그 이유는 단순한 배신이나 억압이 아니라, 군중 그 자체의 심리적 구조에 원인이 있다는 점에서 귀스타브 르 봉의 이론은 탁월한 설명틀을 제공한다.

르 봉은 군중이 형성되는 첫 단계에서부터 개인의 자율성과 비판력이 상실된다고 보았다. 사람은 군중 속에 들어가는 순간, 더 이상 독립적인 개인으로서 행동하지 않는다. 지식인과 일반 대중 사이에는 교육 수준의 차이가 있을 수 있지만, 각자가 지닌 성격 자체에는 본질적으로 큰 차이가 없다. 아무리 탁월한 사람이라 해도 인간이란 본질적인 평범성을 공유하며, 이는 진화 과정에서 형성된 본능이나 민족, 문화와 같은 요소에 따라 무의식적으로 지배를 받는다. 그 결과, 개인이 내리는 판단은 평소 지능이나 지식 수준에 따라 다를 수 있지만, 일단 군중이 형성된 상황에서는 아무리 뛰어난 이들이 모인다 해도, 그들이 내리는 집단적 결정은 오히려 더 평범하거나 비합리적일 수 있다.

군중의 일원이 되면, 독립된 개인으로 있을 때와는 완전히 다른 방식으로 생각하고, 지각하며, 행동한다. 르 봉이 지적했듯이, 이때 사람들은 마치 자신만의 의지와 판단력을 상실한 것처럼 군중의 정서와 분위기에 쉽게 휩쓸린다. 그 결과, 한 명 한 명의 이성적 판단은 흐려지고, 군중의 정서에 따르는 집단적 무의식이 지배적인 힘을 발휘한다. 이러한 현상은 민주주의 사회든 전체주의 사회든, 어느 시대와 공간에서도 반복된다.

군중이 되면 탈개인화된다. 책임감은 분산되고, 익명성은 높아진다. 이로 인해 평소에는 상상할 수 없는 행동이나 극단적인 결정을 내리기도 한다. 집단 속에서 개인은 자신의 행동에 대한 죄책감이나 도덕적 부담을 덜 느끼게 되고, 때로는 비이성적이거나 파괴적인 행동까지도 쉽게 정당화한다. 이렇게 볼 때, 군중이란 단순히 여러 개인의 집합이 아니라, 평소에는 드러나지 않는 집단적 무의식과 본능이 표면화되는 하나의 새로운 존재라고 할 수 있다.

결국, 르 봉이 경고한 것은 군중 속에서 사라지는 개인의 이성이 사회에 미치는 위험이다. 그는 아무리 탁월한 개인이라도 집단에 속하는 순간, 평범성이라는 무의식의 힘에 이끌릴 수밖에 없다는 점을 강조했다. 군중의 결정은 언제나 합리적이거나 현명하다고 기대할 수 없으며, 오히려 비합리성과 충동성이 드러나는 경우가 더 많다는 점에서, 우리는 집단 속에서 스스로의 생각과 행동을 더욱 경계할 필요가 있다. 군중은 논리로 설득되지 않고, 이미지와 구호에 의해 움직이며, 책임을 느끼지 않기 때문에 평소보다 훨씬 더 격렬하고 과격한 행동도 가능해진다. 게다가 군중의 일원이 된다는 사실만으로도 다수가 갖는 힘을 자연스럽게 얻게 된다. 이 점에서, 군중은 거대한 힘의 원천이 되지만, 그 힘은 통제되지 않은 감정의 분출일 뿐이다. 그러므로 지도자나 상징, 구호 같은 매개체가 있어야만 방향을 갖는다. 즉, 군중은 힘은 있지만 스스로 방향을 정하지 못한다. 이것이 바로 혁명에서 군중이 연료는 되지만 원하는 결과를 얻지 못하는 이유다.[37]

투자자의 입장에서 탈개인화는 공든 탑을 무너뜨릴 수 있는 결정적 위험 요인이다. 시장에는 늘 사이클이 존재하며, 좋은 시기가 영원하지 않듯 어려운 시기 역시 언젠가는 지나간다. 그렇기 때문에 시장의 흐름을 파악하고 적절히 대응하는 것도 중요하지만, 그보다 더 중요한 것은 투자자로서의 정체성을 확고히 하고 자신의 원칙을 끝까지 지키는 일이다. 시장이 급변할 때일수록 나만의 기준과 철학이 흔들리지 않도록 주의해야 한다. 하지만 탈개인화 현상은 투자자의 이런 원칙을 서서히 무너뜨린다. 평소에는 냉정하게 분석하며 일관된 기준을 유지하던 투자자조차, 어느 순간 시장의 흐름과 대중의 분위기에 휩쓸려 원래의 투자성향과는 전혀 다른 선택을 하게 된다. 군중 속에 있을 때, 자신의 판단력이 흐려지고 책임감이 분산되면서, 나만 뒤처질 수 없다는 불안감에 급등주, 밈 주식 등 평소라면 손대지 않았을 종목에 과감히 뛰어들게 된다. 처음에는 단순한 호기심이나 작은 이탈에서 시작하지만, 이 경험이 반복될수록 투자자는 점점 원칙을 잃고 군중의 심리에 휩쓸린다. 그렇게 쌓아 올린 투자 철학과 전략은 점차 희미해지고, 자신만의 판단 대신 시장의 소음에 휘둘리기 시작한다. 이 책의 2장에서 살펴본 것처럼 잦은 노출은 우리의 전이해를 지배하기도 한다. 그렇게 되면 더 많은 위험이 눈에 들어온다. 결국 투자자로서 가장 경계해야 할 것은 시장의 변화가 아니라, 군중 속에서 자신을 잃어버리는 일이다. 자신의 투자 원칙과 정체성을 지키려면, 항상 탈개인화의 위험을 인식하고, 순간의 분위기에 휩쓸리지 않겠다는 의식적 노력이 필요하다. 이는 단순히 주식시장에서뿐 아니라, 모든 결정의 순간마다 자신만의 중심을 지키는 태도와도 연결된다.

투자자의 세계에서 탈개인화는 한 사람의 오랜 신념과 냉철한 원칙마저도 한순간에 무너뜨릴 수 있는 위험한 함정이다. 이 사실을 증명하는 대표적인 인물이 바로 아이작 뉴턴이다. 그는 세기의 천재로 꼽히지만, 투자시장 앞에서는 평범한 인간으로서의 약점을 고스란히 드러냈다. 남해회사거품이 영국 사회를 뜨겁게 달구던 1720년, 뉴턴 역시 이 흐름에서 자유로울 수 없었다. 그는 시장 초기에 주식을 매입해 짧은 시간 안에 큰 수익을 거둔다. 이때만 해도 뉴턴은 냉철한 분석과 이성적인 판단으로 투자에 임했으며, 다른 이들이 열광적으로 뛰어들 때 오히려 이익 실현을 선택한다. 그러나 상황은 곧 바뀐다. 주식 가격이 폭등을 거듭하고, 사회 곳곳에서 남해회사 투자로 큰돈을 벌었다는 소문이 퍼지자, 뉴턴의 주변 인물들, 친구, 친척들까지 너도나도 주식시장에 뛰어들기 시작한다. 영국 전체가 열광의 도가니에 빠진 가운데, 뉴턴도 서서히 군중의 소용돌이에 휘말려 들어간다. "나만 이런 기회를 놓치는 게 아닐까" 하는 두려움과 이미 많은 사람들이 투자하고 있으니 안전하다는 오판, 즉 탈개인화의 전형적 현상이 그를 지배하기 시작했다. 그렇게 그는 자신의 원칙을 잊고 다시 남해회사에 대규모로 재투자한다. 결과는 비극이었다. 버블이 꺼지자 뉴턴 역시 막대한 손실을 입었다. 누구보다 뛰어난 이성을 지녔던 그조차 군중 심리에 휩쓸려 본래의 투자 원칙을 스스로 허문 것이다. 뉴턴은 훗날 이렇게 회고한다. "나는 천체의 움직임은 계산할 수 있지만, 인간의 광기는 도저히 계산할 수 없었다." 그의 이 한마디는, 인간이 군중 속에서 얼마나 쉽게 자신의 원칙과 신념을 내던질 수 있는지를 잘 보여 준다. 뉴턴의 실패는 단순한 투자 실패담이 아니다. 냉철한 이성도, 확고한 원칙도 집단적 열광과 익명성 앞에서는 쉽게 무너질 수 있다는 것을 보여 주는 교훈이다.

투자자로 살아간다는 것은, 언제든 군중의 파도에 휩쓸릴 수 있다는 위험을 인식하고, 자신만의 원칙을 끝까지 붙드는 것에서 출발한다. 뉴턴의 경험은 오늘날 시장을 살아가는 우리에게, 내면의 목소리와 시장의 소음을 구분할 줄 아는 힘이야말로 가장 중요한 투자 전략임을 일깨워 준다.

피리부는 사나이

> 한 사람이 믿으면 망상이고, 몇 사람이 믿으면 컬트이고, 많은
> 사람이 믿으면 종교인 셈이다.
>
> —회의주의자 사전 중—[38]

르 봉은 군중이 형성된다고 해서 곧 조직되는 것은 아니라고 보았다. 중은 지도자의 말에 열광하고, 단순한 메시지에 반응하며, 복잡한 현실보다는 상징을 좇는다. 즉, 방향과 목적은 항상 외부에서 주입된다. 어떤 집단이든, 겉으로 보기에 평온한 일상은 언제든 한순간에 요동칠 수 있다. 하지만 그 변화의 시작에는 반드시 자극이 있다.

독일의 오래된 민담, 하멜른의 파이드파이퍼 이야기는 이 점을 상징적으로 보여 준다. 도시는 쥐떼로 몸살을 앓고 있었고, 아무리 애써도 해결할 길이 없었다. 그때 이름 모를 이방인, 파이드파이퍼가 나타나 피리를 불었다. 신기하게도 쥐떼는 그의 피리 소리에 홀린 듯이 한 방향으로 움직였고, 곧 거리에서 쥐는 사라졌다. 하지만 마을사람들은 그에게 약속한 대가를 지불하지 않았다. 그러자 이번엔 그가 마을의 아이들을 데리고 어디론가 사라져버린다. 파이드파이퍼의 피리는 그저 소리가 아니다. 그것은 흩어져 있는 집단에게 방향을 부여하는 자극이다.

군중 역시 그렇다. 잠재력은 언제나 크다. 하지만 평소에는 흩어진 개인에 불과하다. 이들이 집단이 되어 움직이는 순간에는 언제나 자극이 있다. 평소 정권에 불만이 많은 사람들이 있다고 가정해보자. 축구경기를 보기 위해 수만명의 사람들이 한 곳에 모였다. 이들은 각자 내면에 불

만을 가지고 있었지만 이 불만이 단순히 많은 사람들이 모였다고 해서, 그들이 같은 불만을 공유하고 있다고 해서 분출되지 않는다. 하지만 누군가의 메시지, 하나의 구호가 모여 있는 집단을 일깨우고, 평범한 일상을 갑자기 다른 세계로 바꿔놓을 수 있다. 역사의 중요한 순간마다 우리는 파이드파이퍼의 피리처럼, 집단의 방향을 결정하는 어떤 외침을 발견할 수 있다.

결국 중요한 것은 집단이 가지고 있는 불만 자체가 아니다. 그 불만의 응축된 에너지를 현실의 변화로 만들어 내는 자극의 힘, 즉 누가 피리를 부느냐는 것이다. 역사에서 실제로도 그랬다. 프랑스 대혁명의 바스티유 습격은 굶주림과 분노라는 감정이 동력이었지만, 그 감정을 행동으로 조직한 것은 사제들의 계몽과 혁명 지도자, 인쇄물과 자극적인 선동가였다. 300년간 국민들의 존경을 받았던 러시아제국의 로마노프 왕조를 몰락시킨 2월 혁명은 국제여성의 날 행사를 위해 모였던 많은 사람들이 사회주의 세력의 구호아래 혁명으로 발전한 대표적 사례이다. 그 외에도 1979년 이란 혁명은 아슈라 대축일을 맞아 대규모 종교행사가 시위로 변모했고, 혁명으로 이어졌다. 군중은 항상 힘을 지닌다. 그러나 그 힘을 현실의 결과로 바꾸는 데에는 외부의 자극이 필요하다.

존 로는 1671년 스코틀랜드에서 금 세공업자의 아들로 태어났다. 당시 기준으로 금세공업이라는 직업은 단순히 금을 세공하는 직업이 아니었다. 그들의 일은 현대로 따지자면 금융업과 같다. 무역이 활발해진 탓에 거래는 늘었는데 금화나 은화의 공급은 이를 따라가지 못했다. 이때 사람들은 자신이 가진 귀중품이나 금화와 은화를 금세공업자에게 맡기고 일종의 인증서를 받았는데 이 인증서가 거래에 사용되기 시작했다. 한마디로 지폐의 역할을 인증서가 대신한 것이다. 무겁고 가치가 일정하지 않은 금화보다 금세공업자가 발급한 인증서는 기능면에서 훌륭했다. 게다가 이들은 실제로 고객들이 거치한 물건에 대한 인증서만 발행하지 않고 대출 형식의 인증서도 남발하였는데 이것은 현대 화폐 발행의 원리와 같다. 이들이 다량의 대출 인증서를 발행하는 것은 레버리지 효과를 일으키는데 윌리엄 번스타인은 "레버리지는 실물 자산 대비 서류 자산의 팽창 비율"이라고 설명했다.[39]

존 로의 집안은 금융가였다. 그는 어려서부터 금융 교육을 받고 자랐고 자신만의 화폐이론이 있었다. 그가 생각하기에 유럽의 경제는 금과 은을 기반으로 하기에 한계가 명확했다. 시장에 유통되는 화폐가 많으면 많을수록 시장이 활성화되고 경제가 발전할 것이라는 생각했다. 그는 국가의 신용으로 발행하는 화폐에는 금과 은 같은 실물 자산을 기반으로 하지 않아도 괜찮다고 생각했다. 대신 토지를 화폐에 연동하면 된다고 주장했다. 그의 이론은 여러 면에서 현대화폐이론*(MMT, Modern Monetary Theory)과 상당히 유사하다. 그가 살았던 시기가 17세기라는 점을 감안하면 대단히 혁명적인 화폐이론을 주장한 셈이다.

그는 유럽의 여러 국가에게 자신의 화폐이론을 도입할 것을 제안했지만 여러 차례 거절당했다. 그러던 중 프랑스에서 루이 14세가 사망했다.

---

* 현대화폐이론(MMT, Modern Monetary Theory)은 자국 통화를 발행할 수 있는 정부는 파산하지 않으며, 필요한 만큼 화폐를 찍어 지출할 수 있다는 견해를 핵심으로 한다. 이 이론에 따르면 국가 재정적자는 반드시 문제가 되는 것이 아니고, 오히려 정부 지출은 경제를 돌리고 완전고용을 달성하는 수단이 될 수 있다. 다만 무제한 발행은 인플레이션을 일으킬 수 있으므로, 세금은 정부 재정 충당보다는 물가와 총수요를 조절하는 장치로 이해된다. 전통 경제학이 재정적자를 위험으로 보는 데 반해, MMT는 정부 지출 여력을 더 넓게 해석한다는 점에서 논쟁이 많다.

프랑스는 오랜 전쟁으로 파산지경에 이른 상태였다. 프랑스는 존 로의 화폐이론을 일부 수용해서 그에게 시민자격증과 함께 은행설립을 허가했다. 프랑스의 국가재정은 형편없는 수준이었기에 국채를 자주 발행했는데 이에 따라 국가에서 발행하는 화폐의 가치는 계속 떨어졌다. 하지만 존 로가 설립한 은행에서 발행되는 은행권은 액면가를 그대로 보증해 주었기에 많은 사람들로부터 인기를 끌게 되었다. 이를 바탕으로 기반을 마련한 존 로는 미시시피 회사를 인수해서 왕실의 부채를 인수하는 대신 무역 독점권을 얻어낼 수 있었다. 존 로의 뛰어난 금융감각은 빛을 발하는데 왕립은행으로 인정받은 그의 은행에서 화폐를 찍어 내서 왕실의 부채를 사들이고, 그렇게 사들인 국채로 미시시피 회사의 주식을 매수했다. 이제 미시시피 회사의 주가만 유지된다면 왕실의 부채는 사라진다. 언뜻 보기에 말이 안 되는 것 같지만 놀랍게도 현대의 많은 국가의 부채 역시 마찬가지의 원리로 작동한다. 왕실의 채권은 이자가 있는데 이자는 미시시피 회사의 주식이 오르면서 자연스럽게 소각된다. 마찬가지로 현대 국가의 채권에도 이자가 있는데 이는 인플레이션으로 인해 화폐가치가 하락하면서 희석되기 때문이다.

문제는 미시시피 회사의 주가가 안정적으로 오르는 것이다. 존 로는 이 해결책을 이미 알고 있었다. 화폐의 공급을 늘리면 시장경제가 활성화되고 자연스럽게 주식시장도 안정된다. 게다가 국가의 부채가 완전히 사라지자 국가의 채권 신용도도 올라갔다. 사람들은 프랑스 왕실의 채권을 사들이고 그 채권으로 미시시피 회사의 주식을 샀다. 당시 미시시피 회사의 주식은 청약형식으로만 매매됐는데 청약시점에 이미 10%가 넘는 프리미엄이 주어졌다. 알릭세이 유르착의 책 제목처럼 모든 것은 영원해 보였다. 사라지기 전까지는 말이다. 랑스의 국민들은 왕실의 방만한 재정과 잦은 전쟁으로 경제적 빈곤 상태였다. 누구나 지옥 같은 생활에 대한 불만과 그것으로부터 벗어나고자 하는 욕망이 있었다. 이런 사람들의 바람을 한 방향으로 모아서 이끌어 주는 피리부는 사나이가 바로 존 로였다. 그에게 투자하기만 하면 모두 돈방석에 앉았다. 왕족이나 귀족, 상인, 서민, 민중, 빈민 가리지 않고 주식을 사기위해 달려들었다. 주식 판매는 존 로의 집에서 이뤄졌는데 너무 많은 사람들이 몰려들자 그는 왕자에게 주식을 파는 대가로 그의 넓은 수아송 저택을 임대 받아 그곳에서 주식을 매매했다.

프랑스의 국민 전체가 광기에 휩싸였다. 부자가 되고 싶다는 욕망에 국가 전체가 사로잡혔다. 존 로에게 주식을 매수하기 위해서 사람들은 귀금속과 부동산을 전부 내다 팔고 있었고, 체면도 중요하지 않았다. 한 귀족부인은 일부러 존 로가 지나가는 길에서 마차를 넘어뜨려 그에게 주식을 매수했고, 수많은 염문이 존 로의 주변에서 피어났다. 이제 존 로는 선택의 기로에 섰다. 화폐발행을 지속하면 이 모든 것을 유지할 수 있다. 다만 광기는 더 거세질 것이며 자신이 주장한 화폐이론의 부작용을 마주하게 될 것이다. 그렇다고 화폐 발행을 멈춘다면 부채가 사라져 더 방만해진 왕실의 재정이 무너질 것이고, 그것은 미시시피 주식, 아니 프랑스 전체의 경제가 무너짐을 의미했다. 이미 상황의 심각성을 깨달은 많은 사람들이 귀금속을 프랑스 밖으로 유출하고 있었다. 존 로의 화폐발행은 너무 많은 사람들의 목숨줄을 쥐고 있었다.

이 광기는 엉뚱한 이유로 끝을 맞이했다. 콩티 대공 역시 주식을 매수하고자 했지만 존 로가 이를 거부하자 마음이 상했다. 그는 자신이 가진 모든 지폐를 들고 은행을 찾아가 주화로 바꿔달라고 요구했다. 하지만 은행에 그만한 주화가 있을 리 만무했다. 구하고 싶어도 외국으로 반출된 수많은 귀금속과 주화들 때문에 마련할 수도 없었다. 콩티 대공의 지폐를 주화로 바꿔 주지 못했다는 소문이 돌자 사람들은 너도나도 은행으로 찾아가 지폐를 주화로 바꾸고자 했다. 일명 뱅크런*이 발생한 것이다.

현대 금융도 다르지 않다. 금융은 기본적으로 신용을 바탕으로 만들어진다. 신용은 아주 단순하게 가치가 없는 종이 한 장에 숫자로 금액을 적은 뒤 이를 국가가 가치가 있는 것으로 보증해 준다는 의미이다. 그리고 이 업무를 은행이 대신한다. 만약 국가가 신용을 잃는다면 어떻게 될까? 1920년 바이마르 공화국에서는 화폐의 가치가 1억배 가까이 떨어졌다. 빵 한 조각을 사기 위해서 1마르크가 필요했다면 이제는 1억마르크가 필요하다는 의미이다. 국가의 신용은 화폐가 유지되는데 결정적인 역할을 한다. 은행은 어떨까? 국가가 화폐의 가치를 보증해도 은행이 망한다면 그 모든 것을 보전해 줄 수 없다. 우리나라의 경우 국가가 보증해 주는 예금은 한 금융기관 당 5천만원 까지다. 만약 은행이 예금을 사람들에게 돌려주지 못한다면 어떤 일이 일어날까? 18세기 프랑스 사람들과 다르지 않을 것이다. 모두 은행으로 뛰어가 돈을 돌려달라고 할 것이다. 한 개의 은행에서 이런 일이 발생해도 모든 은행으로 전염된다. 신용으로 쌓아

---

* 뱅크런(bank run)은 은행의 지급 능력에 대한 불안이 퍼지면서 예금자들이 한꺼번에 돈을 찾아가는 현상을 말한다. 은행은 예금을 모두 현금으로 보관하지 않고 대출이나 투자에 운용하기 때문에, 대규모 인출 요구가 몰리면 쉽게 흔들린다. 한국에서도 2011년 토마토저축은행 사태가 대표적이다. 경영 부실로 퇴출설이 돌자 수많은 예금자들이 한꺼번에 지점을 찾아 인출을 시도했고, 결국 뱅크런이 현실화되며 금융당국의 영업정지 조치가 내려졌다. 이 사건은 저축은행에 대한 불신을 전국적으로 확산시키며 금융시스템 불안을 키웠다.

올린 금융은 평소에는 견고해 보이고 절대 무너지지 않을 것 같지만 작은 균열해도 쉽게 무너진다. 또 한 번 알렉세이 유르착의 책 제목을 인용하겠다.《모든 것은 영원했다, 사라지기 전까지는》

결국 미시시피 회사와 프랑스의 경제는 무너졌다. 왕실의 재정은 이전보다 더 큰 타격을 입었고, 결국 이 문제를 끝까지 해결하지 못해 프랑스 대혁명으로 이어진다. 이 과정에서 수많은 프랑스의 사람들은 막대한 경제적 피해를 입었고, 그 상처는 오래갔다. 존 로에 대한 후대의 평가는 엇갈린다. 그의 시대를 앞서간 화폐이론, 금융이론, 그리고 그것을 실행한 능력은 높이 평가받는다. 오히려 존 로는 국민 전체의 탐욕을 헤아리지 못한 피해자라는 평가도 존재한다. 하지만 프랑스 군중은 달랐다. 이전부터 쌓여 있었던 불만을 해소할 수 있는 기회가 오자 모든 광기를 쏟아부었다. 비단 경제적 문제만은 아닌 것이 평소 경제적으로 전혀 어려움이 없었던 왕족이나 귀족들도 동참했다. 평생 노동을 해도 신세가 바뀌지 않았을 테지만 미시시피 회사의 주식으로 반나절만에 평생 구경도 못해볼 돈을 벌었다는 소식이 사람들을 미치게 만들었다. 그러나 그 최후는 소수의 사람들을 제외하고 모두 끝나지 않는 지옥으로 다시 떨어졌다.

투자시장에 참여하고 있는 사람들은 종종 자신만은 예외라고 믿는다. 하지만 군중은 언제나 자기 의지가 아니라 타인의 신호에 휩쓸린다. 미시시피 회사의 사례처럼, 어느 순간엔 모두가 한 방향으로 달려간다. 누군가가 새로운 가능성, 일확천금의 길을 제시하면, 처음에는 조심스러운 사람들이 조금씩 참여한다. 그 다음에는 더 많은 사람들이 '남들도 하니까' 뒤따르고, 점점 분위기가 뜨거워진다. 모두가 같은 곳을 바라볼 때, 시장의 논리는 더 이상 개인의 냉철한 판단이 아니라 야성적 충동에 의해 움직이기 시작한다.

파이드파이퍼가 피리를 불면 마을의 쥐들이 하나같이 그 뒤를 따른다. 그 모습은 단지 동화 속 이야기가 아니라, 인간의 실제 경제적 행동에서도 반복된다. 쥐를 몰고 가는 피리부는 사나이는 언뜻 보기에 구원자이자 기회의 상징이지만, 실상은 무리를 '어딘가로' 몰고 가는 신호다. 투자시장에서도 마찬가지다. 한 명의 선동가, 혹은 뉴스 헤드라인, 유튜브의 한 영상이 집단적 열광을 불러일으키면, 합리적 판단은 쉽게 무너진다. 불안과 욕망, 두 감정이 결합하면 사람들은 자기 삶에서 한 번도 경험해 보지 못한 모험을 서슴없이 시도한다.

존 로의 사건은 이 모든 과정을 압축해 보여 준다. 프랑스 사회 곳곳에 쌓여 있던 불만과 좌절, 그리고 신분을 뛰어넘고자 했던 군중의 욕망이 한순간에 시장의 광기로 분출됐다. 그 결과는 지옥이었다. 한때는 황금빛 미래를 약속하던 미시시피 회사의 주식도, 끝내는 모두를 끝없는 낙오와 파산의 구렁텅이로 몰아넣었다. 소수의 운 좋은 사람만이 도망쳤고, 대다수는 파멸을 맛보았다. 투자시장에서 군중의 에너지에 편승하는 것은 결국 자기 운명의 주도권을 내던지는 일이다. 남이 다 한다고, 모두가 간다며, 불안에 휘둘려 참여했다면, 반드시 그 대가를 치르게 된다. 군중은 결코 책임을 나누지 않는다. 집단은 자기 안에서 폭발한 욕망과 분노를 끝내 한 사람, 한 집단에 전가하고 다시 해산한다. 남들 따라 피리를 쫓던 쥐들처럼, 한순간 모두가 나락으로 떨어지고 나면, 남는 건 허무와 상처뿐이다. 시장은 언제나 군중의 탐욕을 먹고 자란다. 피리부는 사나이가 사라지고, 음악이 멎으면, 모든 참가자는 자신이 어디에 있는지 비로소 깨닫게 된다. 그때서야 자신의 판단이 아니라 집단의 욕망에 휩쓸렸음을, 그 대가가 얼마나 혹독한지 뼈저리게 경험하게 된다. 투자는 늘 자신의 고요한 이성과 거리두기에서 출발해야 한다. 피리 소리에 귀를 막지 못하는 한, 군중의 광기에서 결코 자유로울 수 없다. 역사는, 그리고 존 로의 사건은 이 진실을 반복해서 증명한다.

환상을 좇는 사람들

> 대중은 거짓말을 처음에는 부정하고, 그 다음엔 의심하지만,
> 되풀이하면 결국에는 믿게 된다.
>
> —파울 요제프 괴벨스—

    대중은 평소 어떤 자극을 기다리고 있다. 개인으로 있을 땐 중립적이고 이성적으로 보일 수 있지만, 실제로는 눈에 보이지 않는 신호를 갈망한다. 귀스타브 르 봉은 이들이 어떤 암시를 받으면 곧장 군중으로 변하며, 그 영향력은 개인의 세계에서 경험할 수 있는 것과는 전혀 다르다고 말했다. 돌발적이고 또렷한 신호가 던져지는 순간 군중 전체가 감염되듯 반응한다. 이는 바이러스처럼 빠르고 저항 없이 퍼져 나가며, 집단은 이성적 숙고나 토론 없이 한쪽으로 쏠린다. 일단 방향이 설정되면 군중은 스스로의 논리를 합리화하고 상상력을 덧붙이기 시작한다. 기대는 단순한 바람에서 출발하지만, 시간이 지날수록 환상으로 변한다. 심리학에서 말하는 희망적 사고가 바로 이런 과정이다. 사람들은 자신이 바라는 미래만 바라보고, 그에 부합하는 정보와 해석만 받아들이며, 현실적 제약이나 부정적 신호는 점차 배제한다. 이 과정에서 군중은 실제보다 더 낙관적인 전망을 품게 되고, 결국 자신이 만들어낸 환상에 사로잡힌다.

    이렇게 커진 환상은 다시 군중의 행동을 자극한다. 소문과 암시는 곧장 거대한 진실처럼 받아들여지고, 서로의 믿음을 확인하며 증폭된다. 실제와 상상, 사실과 해석이 쉽게 뒤섞이고, 어느 순간에는 허상과 현실의 경계마저 사라진다. 본래라면 의심했을 이야기조차 집단적 열기 속에

서는 자연스럽게 수용된다. 만델라 효과가 대표적인 사례다. 많은 이들이 넬슨 만델라가 1980년대 감옥에서 사망했다고 기억했지만, 실제로 그는 2013년에 세상을 떠났다. 집단적 암시와 왜곡된 기억이 모이면 존재하지 않는 사건마저 공동의 현실로 굳어진다. 중세 유럽의 마녀사냥도 같은 구조다. 한두 명의 주장이 의심으로 시작했으나, 점차 마을 전체가 마녀의 존재를 확신하고 광기에 빠졌다. 2000년대 인터넷을 달군 디스맨(this man)* 신화 역시 동일하다. 실체가 없는 이야기가 전염병처럼 퍼지며, 수많은 이들이 "나도 그를 꿈에서 봤다"고 믿게 된 것이다. 이 모든 것은 암시가 군중의 상상력을 자극하고, 그것이 전염되며 변형되는 과정이다. 실체 없는 암시는 전염성이 강할 뿐 아니라 퍼지면서 더 많은 상상력이 덧붙여져 왜곡된다. 결국 기대하는 상황과 맞물리며 맹신을 낳고, 이는 실제 행동으로 이어진다. 헨리 리가 지적했듯, 마녀 광풍은 신학자들의 상상력과 교회 권력의 확립이 맞물려 희생양을 만들어 낸 사건이었다. 불평과 불만을 해소하기 위한 창구로 집단적 환상이 동원된 것이다.

주식시장은 이런 군중심리에 가장 민감한 무대다. 시장은 차갑고 이성적인 분석만으로 움직이지 않는다. 오히려 투자자들의 기대와 불안, 소문과 암시에 훨씬 빠르게 반응한다. 특정 종목에 대한 루머, 유명 인사의 발언, 짧은 기사 한 줄이 순식간에 시장을 흔든다. 이 과정에서 개별 투자자의 신중한 판단은 군중의 열기 속에 묻힌다. "이 회사는 제2의 테슬라

---

* '디스맨(This Man)'은 2006년 인터넷에서 퍼진 도시전설로, "전 세계 사람들이 꿈속에서 공통적으로 본 남자"라는 이야기에서 비롯되었다. 한 심리학자가 환자들의 꿈을 조사하던 중 동일한 얼굴의 남자가 반복적으로 등장한다는 보고가 나왔고, 이 얼굴 그림이 인터넷에 퍼지면서 화제가 되었다. 그러나 실제로는 마케팅 캠페인의 일환으로 만들어진 허구였음이 드러났다. 지금은 밈(meme)이나 괴담처럼 소비된다.

다"라는 말 한마디면, 근거가 부족하더라도 시장의 상상력은 이야기를 확대 재생산한다. 언론, 커뮤니티, SNS는 이 암시를 반복적으로 주입하며, 모두가 같은 미래를 확신하게 된다. 그 순간 시장에는 집단적 환각이 형성된다. 실적이 증명되지 않은 기업의 주가가 기대와 환상만으로 치솟는 것이다. 이런 현상이 극단에 이르면 시장은 버블로 변한다. 투자자들은 처음에는 의심하다가도 주가가 오르는 것을 보고는 곧장 군중에 합류한다. 누구나 기회를 놓칠까 두려워하기에, 확인되지 않은 정보, 과장된 미래, 심지어 허구에 가까운 소문까지도 진실로 받아들인다. 1960년대 고고버블, 1990년대 닷컴버블, 2000년대 부동산 버블, 그리고 최근 비트코인 열풍까지, 모두 암시와 상상력, 집단적 맹신이 빚어 낸 결과였다. 하락장 역시 다르지 않다. "곧 무너진다"는 경고가 던져지면 아직 아무 일도 없었는데도 불안이 번지고, 실제 매도세가 이어져 하락이 현실이 된다. 이 또한 자기실현적 구조다. 결국 시장에서 정보란 본래 중립적이지만, 인간의 상상력과 집단적 기대, 암시에 의해 언제든 왜곡된다. 이성이 사라진 군중의 시장에서 환상은 언제나 진실보다 앞서고, 맹신은 파국의 서막이 된다. 그렇기에 투자자는 집단의 암시에 흔들리지 않고 스스로 의심할 수 있는 거리를 지켜야 한다.

르 봉은 군중의 에너지는 지속되지 않는다고 말했다. 군중은 행동할 때는 힘이 있지만, 목적이 달성되면 해산되어 다시 개인으로 돌아간다. 그래서 혁명의 주체였던 대중이 권력을 얻지 못하고, 결국 결과에서 소외되는 것이다. 프랑스의 1832년 6월 봉기, 1848년 6월 봉기, 1871년 파리코뮌은 모두 같은 과정을 반복했다. 대중은 혁명의 연료였으나, 결코 결과의 주인공이 되지 못했다. 군중은 인상과 이미지, 반복되는 감정 자극에 반응하며, 같은 실망을 겪고도 다시 같은 선동에 동원된다. 역사는 결국 군중이 환상에 이끌려 행동하고, 그 대가로 소외되는 패턴을 끝없이 반복해 왔다.

Part 2

불확실성 인정하기

들어가며

　우리가 발 딛고 사는 세계는 공정하지 않다. 삶은 태어나는 순간부터 무작위로 배분되기 때문이다. 중요한 출발점은 세계가 나에게 맞추길 바라지 말고, 세계의 본질을 먼저 인정해야 한다는 것이다. 세계관이란 믿음이 아니라 세상을 전제하는 틀이다. 이 틀을 어떻게 받아들이느냐가 실패와 성공, 분노와 평정, 심지어 투자 성과까지 갈라놓는다. 공정이라는 단어는 마음을 달래 주지만 시장은 공정하지 않다. 그래서 핵심은 예측이 아니라 반응, 통제 불가능을 인정한 뒤 통제 가능한 것을 다루는 태도다. 인간은 예측기계다. 뇌는 과거를 저장하기 위해서가 아니라 미래를 대비하려고 기억을 재구성한다. 불확실성은 본능적으로 불쾌하고, 우리는 틀릴 것을 알면서도 예측을 멈추지 못한다. 고대의 신탁, 중세의 점성술, 현대의 경제전문가와 알고리즘은 형태만 달라진 같은 욕망의 산물이다. 문제는 예측 그 자체가 아니라, 예측이라는 틀에서 벗어나지 못하는 태도, 그리고 권위와 노출에 끌려가는 우리의 편향이다. 더 똑똑하고 더 크게 말하는 사람이 더 자주 맞히는 것이 아니다. 정보가 늘고 모델이 정교해

질수록 확신은 커져가지만 시장은 더 자주 우리의 예측을 벗어난다.

역사는 인간이 세계를 이해하려 애써 온 기록이자 세계관의 변천사다. 그리스 철학자들은 모른다는 자각에서 출발해 인간이 통제할 수 있는 덕과 판단을 고민했다. 기독교 세계는 우연을 신의 섭리 안으로 끌어들여 닫힌 질서를 만들었다. 근대의 기계론은 이 질서를 신이 아닌 수학과 법칙으로 대체했다. 베이컨은 경험과 실험을, 데카르트는 연역과 확실성을, 케플러는 하늘의 움직임을 수학으로 번역했다. 뉴턴은 마침내 자연을 거대한 시계장치로 설명하며 "법칙이 있다면 미래는 계산된다"는 확신을 인류의 표준으로 세웠다. 라플라스는 이 확신을 우주 전체로 확장했고, 불은 인간의 사고마저 계산 가능한 논리로 옮겨 놓았다. 그 정점에서 푸앵카레가 균열을 냈다. 초기 조건에 미세하게 민감한 시스템, 다시 말해 카오스. 법칙을 알아도, 모든 변수를 기록해도, 장기 예측은 본질적으로 흔들린다. 뉴턴이 천체의 움직임은 계산했지만 "인간의 광기"는 계산하지 못한다고 토로한 이유가 여기에 있다.

투자자는 이 흐름을 외면하며 매번 같은 함정에 빠진다. 시장은 숫자와 차트가 아니라 집단적 신념과 해석의 총합, 즉 세계관이 만든 구조다. 같은 뉴스라도 사람들은 다른 프레임으로 읽고, 그 차이가 가격을 만든다. 전문가의 예측은 기준점을 제공하지만, 그 기준점이 오히려 사고를 고정시키고 의사결정을 왜곡한다. 권위 편향, 노출 편향, 인센티브 유발 편향이 뒤엉키면 "더 그럴듯한 말"이 "더 그럴싸한 수익"으로 오인된다. 역사적으로도 대공황, 전쟁, 금융위기 앞에서 확신에 찬 전망은 번번이 무너졌다. 지진, 날씨처럼 시장도 확률로만 다가갈 수 있는 영역이 많다. 이번 파트는 그 세계관을 정면으로 다룬다. 첫째, 무작위성과 불공정이 구조임을 인정한다. 피해자의 자리에서 설계자의 자리로 옮겨 앉는 순간, 선택지가 보인다. 둘째, 예측 집착을 끊고 반응 설계를 배운다. 통제 가능한 것을 디폴트로 고정하고, 통제 불가능한 것은 작정하고 무시한다. 셋째, 확률적 사고를 습관화한다. 맞고 틀림이 아니라 확률로, 한 번의 성공이 아니라 반복적이고 지속적인 생존으로 사고를 전환한다. 넷째, 인지편향을 기록으로 교정한다. 뉴스나 타인의 의견을 접한 즉시 내 감정과 가정을 적고, 데이터로 검증해 기준점 오염을 줄인다. 다섯째, 세계관의 변화를 추적한다. 정책·기술·인구·안보 같은 상위 구조의 신념 흐름을 관찰하고, 사건을 변수로 보지 말고 구조의 표출로 읽는다. 예측을 위해서가 아니라, 포지션을 더 빨리 조정하기 위해서다. 큰소리로 미래를 맞히겠다고 약속하지 않고, 대신 "틀릴 때 얼마나 작게 잃고, 맞을 때 얼마나 크게 먹을 것인가"를 목표로 한다. 이것이 예측의 세계에서 확률과 생존의 세계로 건너가는 유일한 다리다.

이 파트에서는 장기 예측의 기술이 아니라, 예측 불가능성 속에서의 설계를 다룬다. 세계관의 역사에서 배우고, 법칙은 유용하지만 전능하지 않다는 사실을 상기한다. 카오스는 피할 수 없지만 준비할 수 있다. 우리는 필멸자이자 예측기계다. 그렇다면 답은 분명하다. 세계에 맞춰 달리는 법을 배워야 한다. 통제 가능한 것을 강하게, 통제 불가능한 것을 짧게. 예측으로 이기려 하지 말고, 구조로 살아남기에 대한 이야기다.

9장

예측을 대하는 세계관

세계관의 이해

세계가 우리에게 맞추기를 바라지 말고, 우리를 둘러싼 세계의 본질을 인식하고 우리가 적응해야 한다.

-찰리 멍거-

어렸을 때 음식을 남기면 어머니는 늘 이렇게 말씀하셨다. "네가 남기는 그 음식을 먹고 싶어도 먹지 못하는 사람들이 세상에는 얼마나 많은 줄 아느냐." 단순히 밥을 남기지 말라는 뜻이었겠지만, 동시에 내가 다른 누군가보다 훨씬 나은 환경에서 자라나고 있음을 알게 해 주는 말씀이기도 했다. 조금 더 커서 영어를 배우기 시작했을 땐, 미국에서 태어나지 않은 것을 원망했다. '미국에서 태어났다면 자연스럽게 영어를 배웠을 텐데'라며 투정을 부렸다. 청년이 되어 군대에 갈 나이가 되었을 때는 징병제를 불평했다. "왜 우리는 여전히 의무복무를 해야 하지? 일본이나 중국은 모병제인데." 원망과 억울함은 나이를 먹어도 다른 형태로 모습을 바꿔 계속 찾아왔다. 이처럼 우리는 누구나 살아가며 불공평하다고 느낀다. 어떤 이는 부모의 재력 덕분에 더 나은 교육을 받고, 더 많은 기회를 얻는다. 또 어떤 이는 태어난 나라 덕분에 풍요로운 삶을 살고, 반대로 누군가는 전쟁과 기아로 집을 잃고 난민으로 전전한다. 혹은 태어날 때부터 건강하지 못한 몸을 타고나기도 한다. 이 모든 차이는 하나의 사실을 드러낸다. 우리는 무작위성 위에 놓여 있다는 것이다. 태어날 때 어떤 것도 스스로 선택할 수 없다. 단지 주어진 것일 뿐이다.

세계관은 바로 이 무작위성과 불확실성을 어떻게 받아들이느냐에서 출발한다. 사람들은 본능적으로 공정을 기대한다. 열심히 하면 보상을, 선한 행동에는 좋은 결과를 바라며, 이것이 삶을 평가하는 중요한 기준이 된다. 앨버트 리스가 정부 부처에서 임금 체계를 다루며 "모든 상황에서 가장 중요한 요소는 공정성이었다"고 말했듯, 공정은 보편적 가치다. 한때 세계 절반을 지배했던 사회주의 사상도 결국 공정성에 대한 집단적 열망을 보여 준다. 그러나 현실은 언제나 그 기대를 배반한다. 누군가는 노력하지 않아도 기회의 중심에 있고, 누군가는 평생 노력해도 변두리에 머무른다. 이때 사람들은 불공평을 나의 실패로 받아들이거나, 반대로 타인의 성취를 단순한 운으로 치부하며 분노한다. 하지만 시장은 공정하지 않고, 세상은 예측 불가능하며, 운은 노력과 무관하게 분포된다. 우리가 자주 듣는 "열심히 하면 보상이 있다"거나 "재능보다 성실함이 오래간다"는 말은 복잡한 현실을 단순화시키는 방어 장치일 뿐이다. 삶은 처음부터 무작위로 주어진다. 나는 대한민국이라는 나라, 특정한 시대, 어떤 부모, 어떤 성별과 피부색을 가진 채 태어났다. 그 중 단 하나도 내가 선택한 것은 없다. 그럼에도 우리는 이런 조건들을 당연하게 여긴다. 바로 이 지점에서 중요한 자각이 시작된다. 무작위로 주어진 불공평이야말로 세계를 구성하는 구조라는 사실이다. 세계관은 믿음이 아니라 세상을 가정하는 틀이다. 어떤 이는 세상을 공정하다고 보고, 어떤 이는 그렇지 않다고 본다. 전자는 실패를 자신 탓으로 돌리고, 후자는 구조를 탓한다. 결국 세계관은 무작위성과 불공정함을 받아들이는 태도, 그리고 그 안에서 자기 위치를 해석하는 방식에 따라 달라진다. 그렇다고 불공평을 운명처럼 받아들여야 한다는 뜻은 아니다. 오히려 무작위성과 불확실성을 인정하는 태도는 현실을 더 분명히 인식하게 한다. 내가 어디에서 이득을 보고, 어디에서 손해를 보고 있는지를 균형 있게 바라보게 한다. 우리는 흔히 손해에만 주목하지만, 감지하지 못한 이득도 분명히 존재한다. 전쟁, 기아, 억압적 통치 속에 살아가는 이들과 비교해 보면, 지금 이 글을 읽고 있다는 사실 자체가 이미 운의 결과다.

　세계관을 이해한다는 것은 전체를 보는 능력이다. 내가 놓인 위치가 무작위성을 포함한다는 사실을 인정하고, 그 위에서 삶의 방향을 설계하는 태도야말로 세계관을 초월하는 출발점이다. 세상은 결코 공정하지 않지만, 그 불공정을 단지 벌어진 일로 받아들이는 순간 우리는 더 이상 피해자가 아니라 설계자가 된다. 내가 선택할 수 없는 조건에 끌려가기만 하지 않겠다고 결심하는 순간, 세계관은 한계가 아니라 기회로 변한다. 여기서 한 걸음 더 나아가면 세계관이란 모두에게 동일한 구조가 아니라, 해석에 따라 전혀 달리 작동한다는 점을 알 수 있다. 같은 나라, 같은 지역, 같은 교육을 받은 사람들조차 전혀 다른 현실을 산다고 느끼는 이유는, 세계관이 객관적 체계가 아니라 경험과 감정, 신념이 섞여 만들어진 해석의 총합이기 때문이다. 같은 뉴스를 보고도 어떤 이는 분노하고, 다른 이는 무덤덤한 이유가 여기에 있다. 따라서 중요한 것은 지금 내가 어떤 세계관 속에 있으며, 그것이 어디에서 비롯되고, 어떤 방식으로 나에게 영향을 미치고 있는지 이해하는 일이다. 세계관은 우리를 지배하지만 동시에 우리가 재구성할 수도 있다. 자신이 놓인 세계관의 원리와 구조를 파악하는 사람만이 그것을 넘어설 수 있다. 세계는 무작위성과 불확실성으로 구성되어 있고, 우리는 저마다 다른 프레임을 가지고 살아간다. 그러나 이 사실을 인정하는 순간, 더 깊은 이해와 더 나은 선택이 가능해진다. 세상을 바꿀 수는 없더라도, 세계를 읽는 눈은 바꿀 수 있다. 그 눈으로부터 기회를 포착할 수 있다.

투자자에게도 마찬가지다. 자신이 어떤 세계관에 놓여 있는지 직시해야 한다. 시장은 단순한 숫자나 차트의 흐름이 아니라, 인간의 집단적 신념과 해석, 그리고 그 바탕이 되는 세계관이 맞물려 움직이는 구조다. 전통적 경제학이 놓친 지점은 바로 이 부분이다. 사람들은 각자 다른 해석을 통해 세상을 바라보기 때문에, 어떤 이에게는 합리적인 판단이 다른 이에게는 비합리적인 충동으로 보일 수 있다. 그래서 시장을 정량적 예측만으로는 설명할 수 없다. 나는 투자자로서 지난 100년간 시장을 흔든 전쟁, 금융위기, 통화정책, 재난과 같은 사건들이 단순한 돌발변수가 아니라, 그 시대를 지배한 세계관 속에서 발생한 사건임을 깨달았다. 문제는 많은 투자자들이 세계관의 흐름을 보지 못하고 사건 하나하나를 돌발변수로만 취급한다는 것이다. 그들에게 시장은 늘 혼돈이며, 매번 충격을 준다. 그러나 사건의 표면보다 그 배경의 구조를 읽는다면, 왜 이런 사건이 반복되는지, 어떤 믿음에서 비롯되었는지를 이해할 수 있다. 물론 이것이 미래 예측을 가능하게 하지는 않는다. 오히려 세계관을 깊이 이해할수록 미래는 본질적으로 불확실하다는 사실을 더 명확히 알게 된다. 중요한 것은 예측이 아니라 반응이다. 세계관의 흐름을 이해하는 사람은 예측 불가능성을 전제로 시장을 바라보고, 그 위에서 자신만의 전략을 구축한다. 결국 세계관을 이해한다는 것은 시장을 이해하는 길이며, 동시에 세계관에 휘둘리지 않고 스스로를 지키는 가장 근본적인 방어다.

세계관 속으로

> 인간은 자기가 선택하지 않은 세계 속으로 던져져 있다.
> -마르틴 하이데거-

투자자가 알아야 할 세계관은 단순한 투자환경을 의미하지 않는다. 지금 어떤 과학기술이 유망하고, 그것에 투자해서 돈을 불리고, 비트코인 같은 새로운 뉴노멀을 따라가야 하는 유행이나 시황에 국한되지 않는다. 세계관은 우리가 세상을 바라보고, 생각하고, 느끼고, 결정하는 모든 방식에 영향을 미친다. 미처 그것에 어떤 의문을 제기하지 못할 만큼 너무나도 당연하게 우리의 생각 깊은 곳에 자리 잡고 있다. 이처럼 중요한 세계관을 이해하기 위해서는 먼저 그것이 지닌 몇 가지 특성을 알아야 한다. 첫번째는 앞에서 살펴봤듯이 무작위적이라는 점이다. 대부분의 사람들은 세계관을 자발적으로 선택하지 않는다. 어느 나라에서 태어나고 자라느냐, 또는 어떤 시대에 태어나느냐에 따라 그 삶 전체가 결정되는데, 어디에서 언제 태어날지는 우리가 선택할 수 없다. 가령 북한에서 태어난 사람이 자신이 속한 세계를 비관해 대한민국으로 탈북 했다고 가정해 보자. 그는 세계관을 의식적으로 선택한 것일까? 언뜻 보면 그렇게 볼 수도 있다. 북한과 한국은 서로 다른 정치체제와 문화, 즉 세계관을 가지고 있으므로, 그 차이를 인식하고 탈북을 감행했다면 하나의 선택처럼 보일 수 있다. 하지만 더 큰 틀에서 보면, 대한민국과 북한이 분단된 세계 자체가 이미 특정한 세계관의 산물이며, 탈북이라는 행위조차 그 세계관의 영향력 아래 있다고 볼 수 있다. 물론 탈북은 기존 세계관에서 벗어나고자

하는 일종의 초월적 시도일 수는 있다. 그러나 대한민국에 사는 사람들 또한 그 나름의 세계관에 영향을 받고 살아간다.

현대를 지배하는 많은 세계관은 2차 세계대전 이전과 이후로 크게 나뉜다. 2차 세계대전은 인류의 세계관을 바꾸는 중대한 계기였고, 대한민국도 그 흐름에서 예외는 아니었다. 해방과 동시에 분단이 되었고, 곧이어 한국전쟁이라는 비극을 겪었으며, 이후에는 브레턴우즈 협약의 수혜국으로 경제성장을 이뤄냈다. 또한 냉전의 최전방 국가로서 지정학적 역할을 수행했다. 냉전은 1991년 소련의 붕괴로 공식 종료됐지만, 한국 사회에 내재한 냉전 체제는 여전히 경제와 정치, 사회, 문화 전반에 걸쳐 영향을 미치고 있다. 이 모든 세계관은 대한민국 국민 개개인의 삶 속에 침투해 있지만, 대부분은 무의식에 자리 잡고 있어 자각되지 않는다. 세계 전체가 공유하는 세계관만 존재하는 것이 아니라, 특정 지역만의 세계관도 존재한다. 문화나 관습처럼 보이지만, 그것도 역시 하나의 세계관이다.

두 번째 세계관의 특성은 집단적이면서도 개인으로부터 독립적이라는 점이다. 어떤 개인은 자신이 속한 세계관에 저항하거나 벗어나려 한다. 우리가 기억하는 과거의 인물들 소크라테스, 갈릴레이 갈릴레오, 찰스 다윈, 혹은 체 게바라 같은 인물들은 대부분 기존 질서에 맞서려 했던 사람들이다. 이런 인물들이 역사에 남는 이유는 그만큼 대부분의 사람들은 세계관에 순응하며 살아가기 때문이다. 세계관은 집단적 사고를 무의식 속에 고정시키고, 패러다임을 넘는 사유나 행동을 어렵게 만든다. 누구도 세계관으로부터 완전히 자유로울 수 없다. 제레미 리프킨은 세계관이 우리의 현실인식과정에서 너무나도 강력한 힘을 발휘하고 있기 때문에 우리는 세상을 바라보는 다른 시각도 있음을 전혀 상상하지 못한다고

말한다.[40]

　세 번째 특성은, 세계관은 시기에 따라 끊임없이 변하고 다른 세계관으로 대체된다는 것이다. 그래서 현재의 세계관에 속한 사람은 과거의 세계관 속에서 살아간 사람들을 쉽게 이해하지 못한다. 정치와 경제 체제에서 이런 현상은 특히 자주 나타난다. 고대 그리스의 역사가 폴리비우스는 정치체제가 일정한 순서로 반복된다고 봤다. 처음엔 뛰어난 지도자가 등장해 군주정이 시작되지만, 시간이 지나면 무능한 군주나 폭군에 의해 쇠락한다. 귀족들이 그 권력을 이어받아 귀족정치를 시작하지만, 이 또한 특권의 부패로 몰락한다. 이후 시민들의 봉기로 민주정이 등장하지만, 포퓰리즘과 선동가들의 등장으로 무질서에 빠지고 다시 군주정이 나타나는 순환이 반복된다. 이 순환은 각 정치체제가 완벽하지 않으며, 어느 시기에나 그 당시에는 나름의 필요에 의해 등장했음을 보여 준다. 하지만 현재의 시점에서 과거를 보면, 당연히 이해가 안 되는 지점들이 많다. 마찬가지로 애덤 스미스가 주장한 작은 정부와 자유 경제는 1929년 대공황을 막지 못했고, 이를 대체한 케인스 주의는 1970년대 스태그플레이션을 막지 못했다. 다시 대두된 신자유주의는 극심한 양극화를 낳았다. 지금 와서 보면 왜 그런 정책을 썼는지 이해가 안 될 수도 있지만, 당시에는 그것이 최선의 처방이었다. 이는 일종의 지식의 저주*와 같다. 현

---

* 지식의 저주(Curse of Knowledge)는 자신이 알고 있는 것을 다른 사람도 알고 있다고 무의식적으로 가정하여, 상대방의 이해 수준을 고려하지 못하는 인지적 편향을 말한다. 이 개념은 1989년 경제학자 콜린 카메러(Colin Camerer), 조지 로웬스타인(George Loewenstein), 마틴 웨버(Martin Weber)에 의해 처음 제시되었으며, 이후 교육, 커뮤니케이션, 비즈니스 등 다양한 분야에서 논의되고 있다. 대표적인 사례는 엘리자베스 뉴턴(Elizabeth Newton)의 '태퍼와 청자(tappers and listeners)' 실험이 있다. (출처: Camerer, C., Loewenstein, G., & Weber, M. (1989); Newton, E. (1990); Wikipedia, Curse of Knowledge)

재의 세계관으로는 과거의 결정을 비합리적으로 보게 되며, 당시 상황과 논리를 이해하지 못한다. 세계관은 그렇게 시대마다, 문화마다, 정치적 조건마다 달라지며 인간의 생각과 행동, 심지어 투자 결정에도 깊이 관여한다.

가르시아 장군에게 보내는 편지

역사의 거대한 흐름 속에서 위대한 개인조차 결정적 영향력을 행사할 수 없다.

-마크 뷰케넌-

앞서 소개했던 세계관을 초월하고자 했던 인물들, 소크라테스, 갈릴레이 갈릴레오, 찰스 다윈, 체게바라와 같은 인물들은 분명 세계관에 직접적인 영향을 준 인물이다. 긍정적이든 부정적이든 세계관에 영향을 주는 인물들은 역사속에서 어렵지 않게 찾아볼 수 있다. 하지만 그런 위대한 인물들만이 세계관을 초월하고 극복하는 건 아니다. 때로는 묵묵히 자기 삶에 충실했던 사람들, 그저 주어진 역할에 최선을 다했던 사람들 역시, 자기만의 방식으로 세계관을 넘어서 살아왔다.

엘버트 허버드의 《가르시아 장군에게 보내는 편지》[41]에 나오는 로완 중위가 그런 인물이다. 그는 미국 스페인 전쟁 당시 쿠바 정글 어딘가에 있는 가르시아 장군에게 편지를 전하라는 임무를 받는다. 아무런 경로도, 정보도 주어지지 않은 상태에서, 그는 임무를 받고도 아무것도 묻지 않았다. 왜 해야 하는지, 어떻게 찾아야 하는지도 묻지 않았다. 그는 그저 편지를 들고 정글로 들어갔다. 어떤 사람은 이것을 순종적이라 폄하할 수도 있다. 하지만 그는 자신이 처한 세계에서 무의미하고 어떤 것도 바꾸지 못할 질문을 던지는 대신, 그 속에서 자신이 할 수 있는 역할에 집중한 사람이었다. 이런 사람은 세상을 직접 바꾸진 못해도 세상이 변하는데 일조하고, 세상에 쉽게 흔들리지 않는다. 엘버트 허버드의 아들 바트가

로완이야말로 미서 전쟁의 진정한 영웅이라고 말한 것처럼 모두가 알아주진 못해도 그는 충분히 제 역할을 해낸 것이다.

이런 사람들은 자신의 논리를 증명하려 들지도 않고, 세상의 불합리를 비난하지도 않는다. 그들은 자신의 한계를 자각하면서도, 거기서 멈추지 않는 사람이다. 그 태도는 오늘날에도 충분히 유효하다. 누군가는 거대한 구조를 설계하고, 누군가는 그 구조 안에서 살아간다. 하지만 로완 중위 같은 사람은 그 구조가 어떠하든, 의미를 묻기보다 책임을 택한다. 그 역시 하나의 세계관을 극복하는 방식이라고 말할 수 있다. 로완 중위와 비슷한 사람들을 영화 속 인물들에서 발견할 수 있다.

예를 들자면 포레스트 검프다. 그는 자신이 어떤 세계관 안에 놓여 있는지도 모른 채, 삶에 최선을 다한다. 포레스트는 지능이 낮고 척추 측만증으로 인해 불편한 다리를 가진 채 태어났다. 하지만 그는 불편한 다리를 안고 괴롭히는 아이들을 피해 달려야 했다. 멈추지 않는 달리기는 결국 그를 대학 미식축구 선수로 만들었다. 그는 누구보다 빠르게 달려 터치다운을 만들어 냈고, 미국 풋볼 대표로 백악관에 초청되어 케네디 대통령을 만나기도 했다. 포레스트가 다니던 앨라배마 대학교에 흑인 학생 두 명이 입학을 시도한다. 흑인 차별이 당연시되던 당시, 주지사는 등록을 막기 위해 경찰을 동원했고, 이에 대응해 케네디 대통령은 주방위군을 투입했다.* 이 장면에서 포레스트는 흑인 여학생이 떨어뜨린 책을 아

---

* 1963년 6월 11일 미국 앨라배마 대학교에서 당시 앨라배마 주지사 조지 월리스가 흑인 학생 2명의 수업 등록을 막기 위해 대학 강당의 문을 막아선 사건. 결과적으로 주지사의 방해는 존 F. 케네디 대통령의 명령으로 금방 끝났으며 두 학생의 등록은 가능해졌다. 미국의 흑인 인종차별 관련 사건 중 하나이며 지금까지도 남아 있는 미국 남부의 흑인 차별 분위기를 보여 주는 해프닝이다.

무렇지 않게 주워 준다. 그는 흑인을 차별하지 않는다. 아니, 애초에 차별이라는 개념조차 인식하지 못하는 사람이었다. 이 장면은 우리에게 꽤 의미 있는 통찰을 남긴다. 세계관을 의식하지 못하는 사람조차도 세계관 속에 존재한다는 사실이다. 지금 우리가 사는 세계관의 인식으로 당시 사람들의 생각을 평가하는 것은 어리석고 오만한 태도일지 모른다. 그들의 행동과 생각이 지금 관점에서 옳든 옳지 않든, 현재 우리의 관념으로 그들을 재단하기에 앞서 그들이 어떤 세계관 속에서 그런 행동을 했는지를 먼저 이해할 필요가 있다. 원리를 이해하지 못하고 표면적으로 드러난 결과에만 집착할 경우, 우리는 감정에 쉽게 매몰될 수밖에 없다.

토마스 쿤이 말하는 과학의 역사를 바라보는 방식은 중요한 단서를 제공한다. 그는 과학사를 볼 때 과거 사건이 현재에 어떤 영향을 주었는지를 따지기보다는, 그 사건이 벌어진 당시의 내부적 맥락과 온전성을 따져야 한다고 말한다. 그러니까 현대 과학의 관점에서 갈릴레오를 해석하는 것이 아니라, 갈릴레오의 생각이 그의 스승, 동료, 제자들 그리고 동시대 과학자들과 어떤 관계를 맺고 있었는지를 따져보아야 한다는 것이다.[42] 마찬가지로 영화 《포레스트 검프》에서 그가 살던 시절의 앨라배마는 인종차별이 만연했던 지역이었다. 물론 인종차별은 지금의 기준으로 보면 명백한 문제지만, 그 시대를 전체적으로 미개했다고 단순화하거나 함부로 낙인 찍어서는 안 된다. 투자자라면 특히 더 그래야 한다. 과거를 현재의 시선으로 재단하면 결국 역사로부터 배울 수 있는 것은 아무것도 없기 때문이다. 세계관의 중요한 특성은 변화다. 1+1=2처럼 공리가 아니다. 그렇기 때문에 가장 중요한 것은 그들이 살았던 세계관을 먼저 이해하고, 그 안에서 어떤 의사결정과 행동이 나왔는지를 파악하는 것이다. 그렇게 볼 때, 포레스트 검프는 세계관에 무관심한 인물이지만 동시에 세계관에서 자유로울 수 없는 인간의 조건을 잘 보여 주는 존재이기도 하다.

미식축구덕에 무사히 대학교를 졸업하게 된 포레스트는 졸업식 날 받은 모병 전단지를 보고 아무런 고민 없이 군 입대를 선택한다. 애국심이나 어떤 사명감 때문은 아니다. 그가 훈련소에서 왜 입대 했느냐는 상관의 명령에 "상관의 명령을 따르기 위해 입대했습니다."라고 말한 것처럼 그의 삶은 그저 시간의 흐름에 따라 자연스럽게 이어지는 것이었다. 그가 훈련소에서 만난 친구 버바도 마찬가지다. 애국심이나 공산주의에 맞서겠다는 이념적 사명감은 없었다. 그도 자신이 살아가는 세계관을 이해하지 못했고, 단지 새우잡이 선장이 되고 싶은 청년이었을 뿐이다. 그러나 그들은 베트남 전쟁이라는 거대한 역사의 소용돌이에 휘말렸고, 그 안에서 목숨을 잃고, 상처를 입는다. 포레스트와 버바는 베트남에 파병됐고, 그곳에서 직속상관인 댄 중위를 만난다. 댄 중위의 가문은 대대로 미국이 겪은 모든 전쟁에 참전했다. 미국 독립전쟁, 미국 남북전쟁, 1차 세계대전, 2차 세계대전, 그리고 베트남 전쟁까지. 미국인이라면 어떤 세대나 모두 전쟁을 겪었다는 의미다. 포레스트는 전투 중에 부상을 입은 상태에서도 많은 동료를 구했지만 그의 가장 절친한 동료인 버바는 그의 품에서 죽었다. 그는 동료를 구한 공로를 인정받아 워싱턴으로 초대받았고 린든 B. 존슨 대통령에서 훈장을 받았다. 이일로 워싱턴을 방문한 포레스트는 그곳에서 우연히 반전시위*에 참여하기도 한다. 부상을 당해 군

---

* 영화 《포레스트 검프》(1994)에서 주인공은 워싱턴 D.C.의 링컨 기념관 앞에서 열린 베트남 전쟁 반전 시위 무대에 우연히 오르게 된다. 이는 실제 역사적 사건을 바탕으로 한 연출이다. 1967년 10월, 약 10만 명의 시위대가 워싱턴에 모여 전쟁 반대를 외쳤고, 링컨 기념관 앞과 펜타곤 앞에서 대규모 시위가 이어졌다. 당시 시위에는 히피 문화, 민권운동 세력, 참

병원에 입원해 있는 동안 탁구만 쳤던 포레스트는 미국 탁구대표로 중국을 방문해 핑퐁외교의 선봉장에 선다. 그렇게 그는 세번째 대통령을 마주하게 되는데 그가 바로 리처드 닉슨이다. 그는 닉슨 대통령이 직접 잡아 준 호텔에 묵으면서 수상한 광경을 목격하고 신고하게 되는데 이 사건이 닉슨 대통령을 사면하게 만든 워터게이트 사건[*]의 시발점이 된다. 포레스트는 자신의 의지와 무관하게 미국 역사의 중요한 지점에 항상 위치한 인물이 된다. 하지만 나는 이 지점에서 이런 생각을 하게 됐다. 인종차별의 중요한 사건현장에 없었어도, 베트남 전쟁에 참전하지 않았어도, 핑퐁외교의 사절단이 아니었어도, 워터게이트 사건의 목격자가 아니었어도 그 시대에 살던 모든 미국 사람, 아니 전세계 사람들은 이 사건에 크든 적든 영향을 받았다. 포레스트가 그저 시대의 흐름에 따라 흘러갔고, 그럼에도 그의 인생이 여러 사건에 의해 결정된 것처럼 평범한 사람들의 삶도 그들과 무관한 사건들에 의해서 결정된다. 포레스트처럼 세계관을 몰라도, 관심 없어도, 결국 모든 사람은 그들이 사는 세계관이 만든 구조 안에서 살게 된다.

위화의 소설을 장예모 감독이 영화화한 《인생》[**]의 주인공인 푸구이는

전 군인까지 함께하며 사회 전반의 불만을 표출했다. 영화 속 장면은 바로 이 시기의 분위기를 상징적으로 담아낸 것으로, 순수하고 단순한 포레스트의 시선과 대비되며 당시 미국 사회의 분열과 격정을 드러낸다.

[*] 영화 《포레스트 검프》(1994)에는 주인공이 우연히 워터게이트 빌딩 근처에 머물다, 손전등 불빛이 새어 나오는 것을 신고하는 장면이 나온다. 이 장면은 실제 역사적 사건인 '워터게이트 사건'을 풍자적으로 재구성한 것이다. 1972년 닉슨 대통령 재선을 위해 민주당 본부 도청을 시도한 인물들이 체포되면서 시작된 이 사건은, 이후 행정부 차원의 조직적 은폐 공작까지 드러나 1974년 닉슨의 사임으로 이어졌다. 영화는 순수하고 단순한 포레스트의 시선을 통해, 미국 현대사의 거대한 사건들을 아이러니하게 스쳐 지나가는 방식을 보여 준다.

[**] 인생(活着)은 중국 작가 위화(余華)의 동명 소설을 원작으로, 장예모 감독이 1994년 영화

한때 부잣집 도련님이었지만 도박에 빠져 전 재산을 날리고, 가문까지 몰락시킨다. 충격에 아버지는 돌아가시고, 뒤늦게나마 가족을 챙기기 시작한다. 그림자극을 하며 생계를 잇던 그는 국공내전이 터지자 징집되고, 인민군에 잡혀 포로생활을 한다. 전쟁이 공산당의 승리로 끝나고 그는 포로생활 중 인민군에 봉사한 공로로 인민군에 인정받아 전역 군인 대우를 받고 집으로 돌아간다. 고향에 돌아온 푸구이는 세상이 달라졌다는 사실을 직접 목격한다. 그의 전 재산을 빼앗아 간 도박꾼 룽얼이 공산당에 의해 반혁명분자로 낙인 찍혀 처형된 것이다.* 이를 본 푸구이는 아내에게 내가 도박으로 재산을 잃지 않았다면, 저 자리에 내가 있었을 수도 있었겠다고 말하며 안도한다. 세계관의 변화가 낳은 새로운 질서 속에서 살아남은 건, 아이러니하게도 모든 것을 잃었기 때문이었다. 하지만 살아남는다고 해서 그에게 더 나은 삶이 보장되는 것은 아니었다. 그는 대약진 운동 시기에 아들을, 문화대혁명 시기엔 딸을 잃는다. 그의 인생은 끊임없이 시대의 구조에 짓눌린다. 그 구조를 이해하고 순응하려 했지만, 그 노력조차 구조를 바꾸진 못한다.

 소개된 세 사람은 모두 위인이 아니다. 그들은 세상을 바꾸지 않았고,

 로 각색한 작품이다. 영화는 국공내전, 대약진 운동, 문화대혁명 등 격변의 중국 현대사를 배경으로, 한 가족이 겪는 삶의 굴곡과 생존을 그린다. 위화의 소설이 시대 속에서 인간의 고통과 존엄을 묘사했다면, 장예모는 이를 더 보편적인 가족 드라마로 풀어내 세계적 호평을 받았다. 그러나 중국 정부는 정치적 이유로 영화의 상영을 금지했고, 장예모는 일정 기간 영화 제작 활동을 제약받았다.

* 토지개혁은 1949년 중화인민공화국 수립 직후 공산당이 추진한 대규모 사회 개혁 정책으로, 지주와 부농의 토지를 몰수해 농민들에게 재분배하는 것이 핵심이었다. 이 과정에서 수많은 지주가 '반혁명분자'로 낙인 찍혀 공개재판과 처형을 당했고, 룽얼의 죽음도 이러한 토지개혁 운동 속에서 벌어진 사건으로 묘사된다. 토지개혁은 농민들의 지지를 얻는 데 크게 기여했지만, 동시에 폭력적 숙청과 사회적 혼란을 동반했다.

책 한 권 쓰지 않았으며, 철학을 논하지도 않았다. 물론 스스로 의도하지 않았지만 세계관의 변화에 일조하고, 일원으로써 각자의 역할에 최선을 다했다는 공통점이 있다. 그들은 모두 각자의 방식으로 세계관을 넘어서 살아낸 사람들이다. 어떤 이는 묻지 않고 책임을 완수함으로써, 어떤 이는 알지 못하면서도 삶에 충실함으로써, 또 어떤 이는 변화의 소용돌이 속에서 살아남기 위해 계속 자신을 조정하며 역할을 해냈다. 결국 세계관을 극복한다는 것은 꼭 그것을 논리로 해체하거나, 대안을 제시하는 일만을 의미하지 않는다. 때로는 세상이 무너질 때 무너지지 않는 삶의 태도, 혼란 속에서도 삶을 포기하지 않는 성실함, 나를 둘러싼 구조를 감지하고 거기서도 의미를 찾으려는 의지가 세계관을 넘는 길이 된다.

 우리는 모두 세계관이라는 틀 안에 살아간다. 그러나 그 틀 안에서 어떤 감각을 가지고, 어떤 자세로 살아갈 것인가는 스스로 결정할 수 있다. 거대한 변화에 맞서 싸우는 사람도, 흐름에 휩쓸리면서도 중심을 잃지 않는 사람도, 자기 일에 충실한 사람도 모두, 각자의 방식으로 세계관을 넘어선다. 마크 뷰캐넌의 말처럼 "역사의 거대한 흐름 속에서 위대한 개인조차 결정적 영향력을 행사할 수 없다."[43] 세계관이라는 거대한 틀 속에서 한 인간의 영향력은 미미할 뿐이다. 하지만 그럼에도 불구하고 세계관을 이해한다는 것은 투자자의 관점에서 큰 이점이 될 수 있다. 개개인의 철학, 지식, 노력 이전에 우리가 어떤 세계관 속에 놓여 있느냐가 결정적인 변수로 작용하기 때문이다. 대다수의 사람들은 시장을 분석하려 애쓰지만, 시장보다 더 거대한 틀인 세계관은 분석하지 않는다. 이 장에서 내가 다루고 싶은 것이 바로 그 지점이다.

세계관으로의 초대

내 언어의 한계가 곧 내 세계의 한계다.

-루트비히 비트겐슈타인-

아마 대부분의 투자자 역시 시장 예측이 불가능하다는 사실을 알고 있을 것이다. 경제지표는 오차범위 밖에서 튀어나오고, 주가 흐름은 뉴스보다 먼저 움직이며, 금리는 피터 린치의 조언처럼 중앙은행조차 명확히 통제하지 못하는 것이라 예측 자체가 시간낭비에 지나지 않는다. 그럼에도 불구하고 사람들은 예측을 멈추지 않는다. 다양한 방면의 사람들이 내놓은 노이즈에 예민하게 반응하고, 차트를 분석하며, 전문가의 일간 전망에 기대를 건다. 이 모순은 마치 "모든 크레타인은 거짓말쟁이다"라는 에피메니데스의 패러독스를 닮았다. 본인 역시 크레타인인 에피메니데스가 자기 민족이 모두 거짓말을 한다고 말할 때, 우리는 그 말이 진실인지 거짓인지 알 수 없다. 그도 투자자도 마찬가지다. 예측이 틀릴 수밖에 없다는 것을 예측의 전제로 삼는다. 즉, 시장은 예측할 수 없다는 믿음이 하나의 예측이 되어 버린다. 그래서 예측을 부정하면서 동시에 또 다른 방식의 예측을 감행한다. 시장은 무작위라는 말은 곧 내일도 무작위일 것이라는 미래에 대한 또 다른 확신으로 전환된다.

인간의 뇌는 불확실성을 불편하게 여긴다. 그래서 틀린 예측이라도 없는 것보다는 낫다는 식으로, 일종의 심리적 안전장치를 만들어 낸다. 예측은 방향을 알려 주기보다는 불확실성 속에서 안도감을 주는 일종의 정신승리다. 마치 진실과 거짓 사이에서 흔들리는 에피메니데스의 역설처럼, 우리는 예측은 의미 없다고 말하면서도 누군가의 예측에 귀를 기울이고 의지한다. 이는 종교적 신앙과 유사하다. 신의 존재를 믿지 않으면서도 재난 앞에서 신의 이름을 부르는 것처럼, 시장의 무질서 속에서 우리는 누군가가 방향을 알고 있다고 믿고 싶어진다. 이 패러독스의 진짜 문제는 틀린 예측이 아니라, 예측이라는 사고의 틀에서 벗어나지 못하는 인간의 구조다. 생존은 인간 존재의 가장 근본적인 목표다. 인간을 구성하는 수많은 생리적·인지적 요소들은 모두 이 생존이라는 목적을 달성하기 위해 작동한다. 생존에 불리한 특성을 지닌 개체는 역사 속에서 도태됐고, 그만큼 후손을 덜 남겼다. 지금 우리가 존재한다는 사실은 곧, 생존 본능에 충실했던 조상들의 유전자가 이어졌다는 뜻이다. 인간은 생존에 유리한 방향으로 진화해 왔고, 그 진화의 흐름은 지금도 계속되고 있다. 오스트랄로피테쿠스에서 호모 사피엔스로 진화하는 데는 수백만 년이 걸렸다. 하지만 기록된 문명의 시간은 그에 비하면 턱없이 짧다. 과학 기술은 무어의 법칙처럼 비선형적으로 발전해 왔지만, 인간의 뇌, 특히 생존에 중점을 둔 뇌 구조는 그 속도를 따라가지 못한다. 우리는 스마트폰과 인공지능 속에서 살지만, 여전히 '원시의 뇌'를 가지고 있다. 그렇다면 원시의 뇌가 가장 두려워하는 것은 무엇일까? 바로 불확실성이다. 불확실성은 불안을 낳는다. 무슨 일이 벌어질지 모른다는 사실 자체가 우리에게는 공포다. 미래는 본질적으로 불확실한 영역이다. 그러나 여기서 역설이 생긴다. 예측은 불확실성을 줄이기 위한 수단이자, 인간이 진화적으로 갖게 된 생존 전략이다. 우리는 매 순간 예측을 한다. 그것은 투자나 경제 전망처럼 거창한 일이 아닐 때조차 마찬가지다.

우리의 일상적인 행동조차도 예측을 바탕으로 이루어진다. 예를 들어

보자. 밤에 잠을 자다가 목이 말라 깼다고 하자. 우리는 본능적으로 냉장고에 물이 있을 것이라 예측한다. 우리의 머릿속에는 정신적 지도가 있기 때문에 가능한 일이다. 그리고 그 정신적 지도를 따라 방문을 열고, 거실을 지나, 주방으로 간다. 그리하여 물을 꺼내 마신 후, 다시 침대로 돌아온다. 이 짧은 동작 속에도 두뇌는 끊임없이 예측을 수행한다. 만약 그 상황이 사막이라면? 우리의 두뇌는 오아시스를 찾아야 한다는 방향으로 예측을 재구성했을 것이다. 사막이 아닌 침대에 있다고 해서 우리의 뇌가 예측 기능을 멈추는 일은 없다. 두뇌는 경험과 기억을 바탕으로 끊임없이 미래를 계산하고 있다. 냉장고에 물이 있다는 확신이 없다면, 우리는 아예 침대에서 일어나지도 않았을 것이다. 예측과 확신은 행동을 가능하게 하는 동력이다. 하버드 정신의학과의 존 레이티* 교수는 이렇게 말했다. 계획, 고찰, 숙고, 움직임은 모두 행동에 관한 것이다. 그리고 이들은 예측이라는 과정을 거치지 않고는 가능하지 않다. 문을 열고, 방향을 잡고, 냉장고 앞에 다다르는 그 모든 과정은 기억된 정보와 예측된 결과에 의해 수행된다. 만약 냉장고가 있어야 할 자리에 없다면, 그것은 실제 위치의 변화가 아니라 기억 오류 때문일 가능성이 크다. 낯선 공간에

---

* 존 J. 레이티(John J. Ratey, 1948~)는 하버드 의과대학 정신의학과 임상 부교수로, 신경정신의학 및 행동과학 분야에서 30년 이상 연구와 임상 경험을 쌓아 온 학자이다. 그는 뇌의 가소성(neuroplasticity)과 운동의 신경생물학적 효과에 주목하여, 운동이 학습능력, 집중력, 기억력, 감정 조절, 불안 및 우울 증상 완화에 긍정적인 영향을 미친다는 점을 뇌과학적으로 규명했다. 대표 저서 《운동화 신은 뇌》(Spark: The Revolutionary New Science of Exercise and the Brain)(2008)에서는 일리노이주의 한 고등학교에서 체육 수업을 중심으로 교육 성취도와 정서적 안정을 동시에 끌어올린 사례를 소개하며, 운동이 단순한 신체활동을 넘어 '학습을 위한 기초 인프라'임을 강조했다. 그는 "운동은 뇌를 위한 최고의 약(the single best thing you can do for your brain)"이라 주장하며, ADHD, 불안장애, 우울증 같은 신경정신 질환에도 운동이 주요한 비약물적 개입 수단이 될 수 있음을 설파한다.

서 익숙한 방향으로 걷다가 엉뚱한 곳에 도착한 경험은, 이러한 뇌의 예측 시스템이 얼마나 일상적으로 작동하는지를 보여 준다.

결국 인간이라는 존재는 예측 없이는 단 한 걸음도 움직일 수 없다. 예측은 단순히 미래를 맞히는 기술이 아니라, 생존을 가능하게 만드는 가장 근본적인 뇌의 작동 방식이다. 그래서 인간은 예측기계라고 불릴 만하다. 그러나 그 뇌는 완벽하지 않다. 뇌는 과거에 익숙했던 방식대로, 과거의 기억을 근거로 미래를 그려낸다. 이 구조는 효율적이지만 때로는 오류를 낳는다. 그리고 투자라는 분야에서 그 오류는 치명적인 결과로 이어지기도 한다. 피할 수 없는 본능이기에, 우리는 오히려 그 본능의 한계를 더 깊이 이해하고 극복하려는 노력이 필요하다. 예측을 맹신할 것이 아니라, 그 행위 자체를 객관적으로 관찰하고, 한계를 인식한 채 사용할 수 있는 전략이 필요하다. 내 언어의 한계가 내 세계의 한계라고 말한 비트켄슈타인의 말처럼 예측을 비판하면서도 다른 형태의 예측에 기대는 이 구조는 단순한 모순이 아니라 인간 정신의 한계를 드러낸다. 나는 시장에서 살아남기 위해서 예측에 의존하는 자신을 넘어서야 한다고 생각했다. 그 예측이 의미를 가진다는 믿음 자체를 의심할 수 있어야 한다고 여겼다. 그럴 때에야 비로소, 내가 예측의 세계가 아니라 확률과 생존의 세계에 발을 들이게 된다. 이제 예측이라는 주제에서 한 걸음 더 나아가, 인간이 그토록 예측을 갈망해 온 역사 속 여정을 따라가 보려 한다.

오늘날 우리가 내일의 주가를 알고 싶어 하듯, 고대의 조상들 또한 내일의 운명을 알고자 했다. 그들은 어떤 방식으로 미래를 내다보려 했는가? 그들의 예측은 지금의 투자자에게 어떤 통찰을 줄 수 있을까? 그리고 우리는 그 지혜를 빌려 조금 더 정확하게, 혹은 조금 더 현명하게 미래를 예측할 수 있을까? 지금부터 그 긴 여정을 따라가 보자. 먼저, 우리가 세상을 인식하는 토대인 세계관에 대해 이야기해 보려 한다. 우리는 세상을 있는 그대로 보기보다, 자신이 속한 틀 안에서 세상을 본다. 그 틀이 바로 세계관이다. 세계관은 우리가 무엇을 중요하게 여기고, 어떻게 판단하며, 어떤 결정을 내리는지까지 결정짓는 인식의 프레임이다. 물고기가 물속을 인식하지 못하듯, 우리는 자신이 어떤 세계관에 갇혀 있는지도 인식하지 못한 채 살아간다. 그리고 그 세계관은 역사 속에서 축적된 지식, 신념, 문화, 종교, 과학, 정치, 언어의 틀 위에서 형성된다. 예측이라는 인간의 행위조차도 이 세계관이라는 구조물 안에서 작동하며, 그 한계 또한 세계관의 경계에 가로막혀 있다. 따라서 예측을 이해하고자 한다면, 먼저 인간이 어떻게 세계를 인식해 왔는지를 들여다보아야 한다. 이제, 인류가 어떤 세계관을 가지고 있었고, 그것이 어떻게 변해 왔는지를 살펴보며 본격적인 지적 탐험을 시작해 보자.

그리스 철학

너 자신을 알라

-소크라테스-

서양의 문화, 철학, 종교, 경제, 사회, 교육, 정치 등 어느 영역 하나 그리스 철학의 영향을 받지 않은 곳이 없다. 우리는 종종 진보라는 개념에 매몰되어 살아간다. 세상은 더 나아지고 있으며, 앞으로도 그럴 것이라는 믿음. 이러한 믿음에는 과거를 덜 진보된 시기로 여기는 전제가 깔려있다. 현대인은 고대 그리스 철학을 고리타분하고 비실용적이며 지적 허영심을 위한 수단으로 여기기도 한다. 하지만 우리가 살아가는 사회의 구조를 깊이 들여다보면, 그 토대는 수천 년 전 그리스에서 시작되었고 지금까지도 이어지고 있다는 사실을 알 수 있다. 그리스 철학은 단지 고대의 지혜가 아니다. 그것은 서양 문명의 뼈대를 이룬 지적 체계다. 국가와 법의 개념, 신과 인간의 분리, 인간 자체에 대한 탐구, 민주주의의 씨앗이 그리스 철학의 유산이다. 오늘날에도 이 시대의 정신과 철학은 반복적으로 재생산되고 있다. 고대 그리스의 철학자들 역시 불확실성이 주는 두려움을 떨쳐 내고 싶어 했다. 그들은 신이 세상과 인간의 운명을 정해 놓았다는 결정론을 받아들이지 않았다. 그렇기에 미래가 주는 불확실성 앞에서, 인간의 이성과 사유로 그 두려움을 해소하려 했다. 그 탐구의 한 중심에 소크라테스가 있었다.

소크라테스의 친구였던 카이레폰은 델포이로 여행을 떠났다. 델포이는 아폴론 신을 모시는 예언의 성지로 유명했다*. 카이레폰은 무녀에게 물었다. 소크라테스보다 지혜로운 사람이 존재합니까? 무녀는 없다, 라고 답했다. 아테네로 돌아온 카이레폰은 곧장 소크라테스를 찾아가 신탁을 전했다. "자네가 세상에서 가장 지혜로운 사람이라더군." 소크라테스는 의아해했다. 그는 스스로를 무지한 사람이라고 여겼기 때문이다. 그는 신탁이 틀렸음을 증명하고자 직접 지혜로운 사람을 찾아 나섰다. 그가 처음 찾아간 사람은 정치인이었다. 하지만 정치인들은 무지했고, 스스로 지혜롭다는 착각에 빠져 있었다. 다음은 시인들이었다. 그들 역시 비슷했다. 그들의 말은 현명해 보였지만, 정작 자신들이 그 뜻을 깊이 이해하지는 못했다. 수공예 장인들을 찾아갔을 때는, 그들이 자신의 기술에는 능했지만, 그 밖의 사안에 대해서는 무지하다는 사실을 알게 되었다. 소크라테스는 많은 이들을 만나 지혜를 겨뤘지만, 진정으로 지혜로운 사람은 찾지 못했다. 대신 자신이 무지하다는 사실을 알고 있다는 점에서 그 신탁의 의미를 비로소 깨닫게 되었다. 그의 지혜는 아는 것이 아니라 모른다는 사실을 인정하는 데 있었다. 하지만 이 깨달음은 많은 사람들에게 불편함을 줬다. 소크라테스는 특유의 대화법, 산파술로 끊임없이 질문을 던졌고, 이는 많은 이들을 당황하게 만들었다. 결국 그는 정치인 아나투스, 시인 멜레토스, 웅변가 리콘에게 고소당했고, 법정에서 사형을 선고받는다. 그가 많은 이들의 미움을 산 이유는 그의 대화법, 즉 산

---

* 윌리엄 A. 서든은 자신의 저서 〈미래를 알고 싶은 욕망을 파는 사람들〉에서 델포이 신탁을 역사상 가장 성공적인 예측사업으로 꼽았다. 약 천년간 고대 통지자들이 전쟁을 벌일지 혹은 동맹을 맺을지와 같은 국가의 중요한 문제를 델포이 신탁을 통해서 결정했다. 어떤 국가나 기업도 천년 동안 이어지기 어렵다는 점을 볼 때 그의 말처럼 델포이 신탁은 가장 성공한 예측사업이다.

파술 때문이었다. 산파술은 질문을 통해 상대가 스스로 생각을 끌어내게 만드는 방식이다. 하지만 그 질문들은 공격적으로 느껴졌고, 사람들을 불편하게 했다.

소크라테스는 사람들이 자신이 아는 것을 착각하고 있다는 사실을 깨닫기를 원했다. 자신처럼 무지함을 인정하고, 자존감을 잃지 않은 채 사유하는 인간이 되기를 바랐다. 소크라테스의 철학은 인지적 겸손과 무지의 인정을 기반으로 한다. 그는 인간의 지식이 어떤 분야나 현상에 대해서도 완전할 수 없다고 보았다. 이는 곧 불확실성을 받아들이고, 예측이라는 행위가 본질적으로 불가능하다는 뜻이기도 하다. 인간의 지식에는 한계가 있으며, 미래의 결과는 현재의 정보만으로는 알 수 없다. 그래서 소크라테스가 택한 방식은 질문을 통한 사유와 성찰이었다. 질문을 던진다는 것은, 곧 모른다는 사실을 인정하는 행위다. 그리스 철학의 토대를 세운 위대한 성인 소크라테스의 관점에서 본다면, 투자자가 바라는 미래의 주가를 예측하는 일은 불가능에 가까울 것이다. 그가 오늘날 살아 있었다면, 아마 투자자에게 이렇게 말하지 않았을까? "주가를 예측하기 전에 너 자신을 알라."

스토아학파는 고대 그리스 헬레니즘 시대를 대표하는 세 가지 철학 중 하나로, 소크라테스의 후계자였던 플라톤이나 아리스토텔레스조차 시도하지 못한 대중철학을 만들어냈다. 스토아 철학이 대중 속으로 스며들 수 있었던 이유는, 이론적 체계를 넘어 죽음, 고난, 가난, 용기, 미덕, 재산, 노예제 같은 인간 삶에 밀착된 문제들을 다루었기 때문이다. 키프로스 출신 키티온의 제논*이 창시한 이 철학은 아테네의 스토아 포이킬레, 즉 기둥만 있고 벽이 없는 열린 공간에서 대중에게 전파되었고, 그 장소의 이름을 따 스토아학파라 불리게 되었다. 스토아학파가 등장하게 된 배경에는 에피쿠로스** 학파와의 논쟁이 있었다. 에피쿠로스는 신들은 인간세계에 간섭하지 않으며, 세상은 본질적으로 무작위적이라고 보았다. 그래서 미래 예측은 근본적으로 불가능하며, 운명은 우연의 산물이라고 주장했다. 이에 반박해 등장한 스토아학파는 세계를 논리적이고 필연적인 질서로 구성된 것으로 보았고, 인간 역시 이 질서 안에 존재한다고 주장했다. 스토아학파는 철저한 결정론을 기반으로 한다. 이 관점은 얼핏 보면 투자자에게 매력적으로 들릴 수 있다. 만약 모든 것이 정해져 있다면, 미래의 주가 흐름도 어느 정도 예측 가능한 것 아닐까 하는 기대를 품게 만든다. 하지만 스토아학파의 결정론은 그런 단순한 운명론과는 다르다. 스토아학파의 3대 학장 중 하나였던 솔로이의 크리시포스는, 세상에서 일어나는 모든 일은 과거의 원인에 의해 필연적으로 결정된다고 보았다. 그러나 인간은 이 모든 인과관계를 알 수 없기 때문에, 미래를 예

---

* 키티온의 제논(Zeno of Citium, 기원전 334년경~262년경)은 스토아학파의 창시자로, 인간은 이성(logos)에 따라 살아야 하며 자연(자연의 질서)과 조화를 이루는 삶이 덕스러운 삶이라고 가르쳤다. 제논은 무역상인 아버지를 도와 지내던 중 상선 항해 중 폭풍을 만나 난파되었고, 우여곡절 끝에 아테네에 도착했다. 그곳에서 우연히 소크라테스 관련 책을 접한 그는 철학에 매료되어, 키니코스 학파의 테베의 크라테스 등 여러 철학자에게 배운 뒤 스토아학파를 창시했다. 그는 자신의 경험을 두고 "나는 난파선 덕분에 아주 호사스러운 여행을 했다"고 표현했다.

** 에피쿠로스(Epicurus, 기원전 341년~270년)는 쾌락을 인간 삶의 최고선으로 보았던 고대 그리스 철학자로, 고통의 부재와 마음의 평온(아타락시아)을 참된 행복의 조건으로 강조했다. 신은 존재하지만 인간 세계에 개입하지 않는다고 보았고, 죽음을 두려워할 필요가 없다고 가르쳤다.

측하려는 시도 자체가 무의미하다고 했다. 스토아 철학의 진짜 가르침은 미래를 알아내는 것도 아니고, 운명에 체념하는 것도 아니다. 중요한 것은 오직 현재에 충실하는 것이다. 세네카*는 이렇게 말했다. "현자는 결과보다 행동 속 의도에 더 관심을 가진다. 초기 행동은 우리가 통제할 수 있지만, 결과는 행운의 여신이 결정한다." 이 말은 결과를 포기하라는 뜻이 아니라, 결과를 통제하려는 헛된 집착을 버리고 오직 자신의 행동에 집중하라는 조언이다. 스토아학파의 철학을 가장 잘 보여 주는 인물로는 에픽테토스**를 들 수 있다. 그는 노예로 태어나 가혹한 삶을 살았지만, 자신이 통제할 수 없는 외부 세계에 연연하지 않고, 오직 자신의 내면을 다스리는 데 집중했다. 에픽테토스는 말했다. "행복과 자유는 한 가지 원칙에 대한 명확한 이해에서 시작된다. 당신의 통제 안에 있는 것인지, 그렇지 않은 것인지를 구분하는 것이다." 과거와 현재의 사건들이 미래를 결정짓는다는 점은 인정했지만, 그렇다고 해서 과거와 현재를 분석해 미래를 예측하려는 것은 부질없다고 본 것이다. 스토아학파는 미래를 예측하려 하기보다, 현재를 살아가는 태도에 집중하라고 가르쳤다. 만약 스토아 철학자들이 오늘날 미래 주가를 예측하려는 투자자들을 본다면, 통제할 수 없는 시장의 움직임에 집착하지 말고, 오직 통제할 수 있는 자신의 판단과 행동에 집중하라고 조언했을 것이다.

---

* 세네카(Seneca, 기원전 4년경~서기 65년)는 로마 제국 시기의 스토아 철학자이자 정치가로, 인간의 감정 조절과 운명 수용을 강조했다. 그는 '운명에 순응하되, 덕을 통해 자율성을 지켜야 한다'는 스토아적 이상을 설파했으며, 《인생의 짧음에 대하여》, 《분노에 대하여》 등의 저술을 남겼다.

** 에픽테토스(Epictetus, 50년경~135년경)는 노예 출신의 로마 스토아 철학자로, '통제할 수 있는 것과 통제할 수 없는 것을 구분하라'는 가르침을 중심으로 인간의 내적 자유와 덕을 강조했다. 그의 가르침은 제자 아리안이 기록한 《명상록》과 《강의록》에 전해진다.

아리스토텔레스는 다시 세계는 어떤 방향성을 갖고 있는가? 라는 질문으로 나아간다. 그는 세상을 우연과 기계적 인과율만으로는 설명할 수 없다고 보았다. 모든 존재는 자기 안에 목적을 품고 있으며, 씨앗이 나무로 자라고, 인간이 이성을 통해 완성된 삶을 추구하듯, 세계는 내면적 원리에 따라 질서 있게 변화한다고 믿었다. 이러한 관점은 근대 과학에서 말하는 기계적 인과율, 즉 외부 자극과 힘에 의해 세계가 작동한다는 설명과는 본질적으로 다르다. 아리스토텔레스는 자연에서 벌어지는 사건들을 세 가지 범주로 구분했다. 첫째는 언제나 같은 방식으로 반복되는 확실한 사건이다. 예를 들면 태양이 동쪽에서 떠서 서쪽으로 지는 자연의 순환이다. 둘째는 일반적으로는 그렇게 되지만 때때로 예외가 발생하는 있음직한 사건이다. 대부분의 인간은 특정 환경에서 비슷한 행동을 하지만 항상 그런 것은 아니다. 셋째는 완전히 예측할 수 없고 드물게 일어나는 우연한 사건이다. 예를 들어, 지진으로 무너진 절벽에서 떨어진 바위가 마침 아래를 지나던 동물을 덮치는 경우처럼, 각각의 인과적 흐름은 설명 가능하지만, 그 사건들의 교차 자체는 예측할 수 없는 방식으로 발생한다. 이러한 사건은 인간의 통제나 예측을 넘어서는 자연의 우연성이며, 아리스토텔레스는 이런 불확실한 요소까지도 세계 이해의 일부로 포함시켰다. 이처럼 아리스토텔레스는 세상을 단일한 인과율로 환원하지 않고, 반복과 예외, 질서와 우연이 공존하는 다층적인 세계로 보았다.

그에게 중요한 것은 우리가 무엇을 예측할 수 있는가가 아니라, 우리가 어떤 존재가 되어야 하는가였다. 그는 자연을 관찰하며 그 안에 스며든 형상과 목적을 찾아내려 했고, 인간 역시 이 세계의 일부로서 자신의 본성을 완성해 가는 존재라고 보았다. 그래서 인간의 삶은 무작위적 사건들의 연속이 아니라, 내면의 형상을 실현해 가는 과정, 곧 가능태에서 현실태로 나아가는 여정이었다. 결국 고대 그리스 철학은 오늘날의 기계론적 세계관, 즉 세계를 완전히 분석하고 예측 가능한 시스템으로 보는 시각과는 다른 길을 걸었다. 소크라테스는 예측의 한계를 자각했고, 스토아는 그 한계를 인정하며 삶의 태도를 다듬었으며, 아리스토텔레스는 그 안에서 질서와 목적을 발견하려 했다. 이들은 공통적으로 미래를 통제하려는 환상보다, 현재를 어떻게 살아야 하는가에 대한 깊은 물음을 던졌던 것이다.

기독교적 세계관

> 루터가 요구한 기독교인의 자유는 끝이 났다. 종교가 개인의
> 양심의 문제라는 생각도 종말을 고했다. 칼뱅이 발을 들여놓는
> 순간, 제네바에서는 어떤 형태의 자유도 끝나고 말았다.
>
> ―슈테판 츠바이크―

    그리스 철학은 세계를 이성과 관찰을 통해 이해하려는 시도였다. 플라톤은 감각 세계 너머에 이데아라는 진리의 세계가 있다고 믿었고, 아리스토텔레스는 세계 안에 목적과 질서, 그리고 때로는 우연이 함께 공존한다고 보았다. 그러나 이 철학적 세계에 기독교가 도입되면서, 그 열린 공간은 닫힌 질서로 전환되기 시작한다. 신이 세계를 창조했다는 믿음은, 세계의 모든 운행과 사건이 신의 뜻 아래 놓여 있다는 전제를 낳았다. 철학적 사고는 계시와 신앙의 논리에 자리를 내주었고, 아리스토텔레스가 말한 우연은 점차 사라져 갔다. 대표적인 인물이 성 아우구스티누스*였다. 그는 "우연처럼 보이는 모든 사건조차도 신의 섭리 안에 있다"고 주장했고, 《신국론》에서 역사는 인간이 아니라 신의 계획에 따라 전개된다고 선언했다. 이로써 우연은 단지 인간의 무지일 뿐, 신의 시선에서는 모든 것이 예정된 인과로 이어진 것이었다. 이처럼 신의 절대적 섭리를 강조하

---

* 성 아우구스티누스(Aurelius Augustinus, 354~430)는 기독교 신학의 가장 중요한 교부 중 한 사람으로, 서양 사상의 기초를 놓은 인물이다. 그의 저서 《고백록》은 개인의 내적 성찰과 신앙을, 《신국론》은 역사를 신의 섭리와 계획 속에서 이해하는 관점을 제시했다. 아우구스티누스는 인간이 우연이라 부르는 사건조차 신의 뜻 안에 포함된 것이라 보았고, 이로써 서양 기독교 세계관에서 '우연'은 단순한 무지의 다른 이름이 되었다.

던 신학에, 토마스 아퀴나스*는 아리스토텔레스를 끌어들인다. 그는 "자연 안의 질서와 목적은 신이 부여한 것이며, 인간의 이성은 그 질서를 이해하도록 설계되었다"고 보았다. 신앙과 이성을 조화시키려는 이 시도는 기독교 세계관을 더 정교한 체계로 만들었다. 아퀴나스에게는 우연조차 신의 틀 안에서 의미를 가지며, 자연의 법칙은 신의 존재를 증명하는 논리의 일부였다. 형상, 질료, 목적, 제일원인 같은 아리스토텔레스의 개념은 아퀴나스를 통해 신학 체계로 재해석되었고, 세계는 더더욱 신이 부여한 목적과 구조에 따라 완전하게 작동하는 닫힌 체계로 굳어졌다. 이러한 사상은 중세 기독교 세계관의 기초가 되었고, 제도와 정치로도 확대되었다. 프랑스의 루이 11세는 주사위놀이를 금지시켰는데, 그 이유는 단순한 도박 방지가 아니라, 인간이 우연이라는 개념을 통해 신의 뜻을 넘보려는 시도를 차단하기 위해서였다. 주사위가 굴러 떨어지는 방향조차 신이 정한 것이며, 인간이 그 불확실성을 흥밋거리로 삼는 것은 신성모독이었다.

가장 급진적으로 이 사상을 밀어붙인 인물은 장 칼뱅이었다. 그는 이중예정설을 통해 인간의 구원과 멸망마저도 신이 창조 이전부터 미리 정해두었다고 주장했다. 인간은 어떤 행위로도 그 운명을 바꿀 수 없으며, 자신이 구원받은 자인지 아닌지를 확신할 수도 없다. 그 결과, 사람들은 그 불안을 잠재우기 위해 자신의 삶을 신의 질서와 일치시키려는 강박 속에

---

* 토마스 아퀴나스(Thomas Aquinas, 1225~1274)는 중세 스콜라 철학을 집대성한 신학자로, 기독교 신앙과 아리스토텔레스 철학을 결합해 체계화했다. 그의 대표 저서 《신학대전》에서 자연의 질서와 목적은 신이 부여한 것이며, 인간 이성은 그 질서를 이해하도록 만들어졌다고 설명했다. 아퀴나스는 형상과 질료, 제일원인 같은 아리스토텔레스의 개념을 신학적으로 재해석해, 우연조차도 신의 섭리 속에서 의미를 지니는 닫힌 체계로 세계를 바라보았다.

서 살아가야 했다. 질서, 금욕, 예측 가능성, 성실함은 예정된 구원의 징표처럼 여겨졌고, 사회 전체는 우연과 혼돈이 배제된 신정적 통제로 이행했다. 이런 세계관 속에서 점성술은 공격받을 수밖에 없었다. 별을 통해 미래를 예측하려는 시도는 신의 주권에 대한 도전으로 간주되었다. 중세 교회는 점성술을 이단으로 규정했고, 아우구스티누스도 《고백록》에서 별의 움직임이 인간의 삶을 결정한다는 주장에 단호히 반대했다. 미래는 신이 정하는 것이지, 인간이 미리 훔쳐볼 수 있는 것이 아니기 때문이었다.

14세기 흑사병이 유럽을 휩쓸었을 때, 사람들은 자연현상으로서의 전염병이 아니라, 인간의 죄에 대한 신의 심판으로 이해했다. 우연한 감염은 없었다. 모든 죽음은 이유가 있었고, 그것은 죄에 대한 대가였다. 신의 뜻은 모호하지만 결코 무의미하지 않았고, 우연히 살아남은 자조차도 특별한 이유가 있다고 여겨졌다. 하지만 신의 뜻만이 모든 질서를 지배한다는 중세 기독교의 닫힌 세계에 균열을 내기 시작한 이들은, 아이러니하게도 기독교 내부에서 자란 사상가들이었다. 니콜라우스 코페르니쿠스는 오랫동안 당연하게 여겨졌던 지구 중심 우주관을 뒤엎고, 태양을 중심으로 한 우주의 구조를 제안했다. 이 주장은 단순한 천문학적 모델의 전환이 아니었다. 그것은 곧, 신이 인간을 중심에 두었다는 중세적 질서관에 대한 철저한 도전이자, 우주를 신의 섭리보다 수학적 규칙으로 설명할 수 있다는 기계론적 사고의 서막이었다. 이후 갈릴레오 갈릴레이는 망원경을 통해 달의 표면이 거칠고, 목성에 위성이 있으며, 천상은 완전한 결정 구가 아니라 관찰 가능한 물리적 세계라는 사실을 밝혀냈다. 그는 "자연은 수학의 언어로 쓰인 책"이라 말하며, 신의 의도가 아닌 법칙과 수학, 관측에 기반한 질서가 세계를 설명한다고 주장했다. 이 사유는 근대 과학이 시작되는 순간이자, 기계론적 세계관의 실제적인 기원이었다.

그러나 이 새로운 시도는 기존의 기독교 질서를 위협했다. 우주는 신의 목적에 따라 존재하며, 교회는 그 진리를 해석하는 유일한 통로라는 믿음은 흔들릴 수 없었다. 갈릴레오는 종교재판에 회부되었고, 자신의 주장 철회를 강요받았다. 코페르니쿠스의 책은 금서로 지정되었으며, 관찰과 수학이라는 인간의 도구는 신의 진리를 침범하는 것으로 간주되었다. 즉, 기계론적 세계관은 기독교적 세계관의 내부에서 잉태되었지만, 동시에 그에 의해 억압당한 사상적 아이러니로 시작된 것이다. 그러던 중 1755년 11월 1일, 포르투갈의 수도 리스본에서 일어난 대지진은 그 세계관을 한순간에 뒤흔들었다. 규모 8.5 이상의 강진과 뒤따른 해일, 도시 전체를 삼킨 대화재는 수만 명의 생명을 앗아 갔고, 유럽 전체를 충격에 빠뜨렸다. 더욱 충격적인 것은, 이 비극이 유럽에서 가장 독실한 가톨릭 도시인 리스본에서, 그것도 가톨릭의 중요한 축일인 모든 성인 대축일(만성절)에 발생했다는 점이었다. 수많은 시민들이 성당에 모여 미사를 드리던 그 시각, 신의 집은 무너졌고, 가장 경건한 자들이 가장 먼저 죽었다.

이 끔찍한 사건은 사람들로 하여금 묻지 않을 수 없게 만들었다. "전지전능하고 선하다는 신이, 왜 가장 믿음 깊은 자들에게 이토록 무차별적인 고통을 허락하는가?" 이 질문은 단순한 감정적 동요가 아니라, 기독교적 섭리 세계관 자체에 대한 근본적 회의였다. 이전까지 재앙은 종종 인간의 죄에 대한 신의 심판으로 해석되었지만, 리스본 대지진은 그 해석을 무력하게 만들었다. 성당에서 기도하던 이들은 몰살당했고, 반면에 타락한 장소로 여겨지던 홍등가 지역은 오히려 상대적으로 피해가 적었다는 보고는 아이러니와 당혹감을 증폭시켰다. 신의 질서와 보상의 논리가 무너졌고, 우연과 무차별의 세계가 실재함을 인정하지 않을 수 없게 된 것이다.

이 사건은 당시 유럽 사상계를 지배하던 라이프니츠의 낙관주의에도 결정적 도전장을 던졌다. 그는 이 세계가 신에 의해 선택된 가능한 최선의 세계라고 주장했지만, 리스본의 폐허는 그 주장의 윤리적, 신학적 기반을 산산이 깨뜨렸다. 만약 이것이 최선이라면, 이토록 무고한 고통은 어떻게 설명해야 하는가? 그 물음은 단지 철학자의 사유에 그치지 않았고, 유럽 전역에서 신과 세계에 대한 신념 그 자체에 균열을 만들어냈다. 볼테르는 《캉디드》*에서 이 대지진을 조롱과 냉소로 묘사했고, 장 자크 루소, 임마누엘 칸트 같은 사상가들은 이 사건을 계기로 재난을 신의 심판이 아닌 자연 현상으로 이해해야 한다는 주장에 무게를 실었다. 이성적 사고와 과학적 탐구, 자연법칙에 기반한 질서관이 본격적으로 대두했고, 이는 곧 계몽주의의 심화로 이어졌다. 리스본 대지진은 단순한 자연재해가 아니었다. 그것은 우연이 존재하지 않는 세계라는 전제, 즉 기독교적 세계관의 마지막 방어선을 무너뜨린 사건이었다.

---

* 캉디드(Candide, 1759)는 프랑스 계몽사상가 볼테르(Voltaire, 1694~1778)가 쓴 풍자 소설로, "이 세상은 최선의 세계"라는 낙관주의를 비판하기 위해 집필되었다. 주인공 캉디드는 스승 팡글로스의 가르침을 믿고 세상을 여행하지만, 전쟁·기근·재난·폭정 등 인간 사회의 비극을 직접 겪으며 그 낙관이 허망한 환상임을 깨닫는다. 볼테르는 이 작품을 통해 맹목적인 낙관론과 종교적 독단을 비꼬면서, 결국 "각자는 자기의 밭을 가꿔야 한다"는 현실적이고 실천적인 태도로 결론을 맺는다.

기계론적 세계관

지금까지 학문들에서 진리를 탐구한 모든 이들 가운데 몇몇 증명들을, 다시 말해 확실하고 명증적인 몇몇 근거들을 찾아낼 수 있었던 이들은 오직 수학자들뿐이었음을 고찰하면서, 그들이 조사한 바로 그것들에서 시작해야 한다는 것을 나는 전혀 의심하지 않았다.

-르네 데카르트-

17세기 유럽은 세계를 바라보는 눈이 근본적으로 바뀌던 시기였다. 인간은 더 이상 신의 계시를 기다리는 존재가 아니라, 자연의 원리를 스스로 해석하고 통제할 수 있는 존재로 자리 잡기 시작했다. 이 거대한 인식 전환의 배경에는 하나의 혁명적인 사유가 깔려 있었다. 세계는 기계처럼 작동한다는 사고방식, 바로 기계론적 세계관이다. 이 새로운 시선은 신학적 해석이 지배하던 중세의 자연관을 몰아내고, 수학과 실험, 그리고 이성에 기반한 새로운 질서를 만들어 냈다.

1561년 잉글랜드 런던에서 태어난 프랜시스 베이컨은 토머스 쿤이 말한 과학적 혁명, 즉 패러다임 전환*을 시도했던 인물 중 하나다. 그가 벗어나고자 했던 세계관은 고대 그리스 철학과 기독교적 세계관이었다. 특

---

* 토머스 쿤(Thomas S. Kuhn, 1922~1996)은 《과학혁명의 구조》(1962)에서 과학 발전이 점진적인 축적이 아니라 '패러다임(paradigm)'의 전환을 통해 비약적으로 일어난다고 주장했다. 기존 과학 체계는 점차 문제를 해결하지 못하게 되고, 결국 새로운 패러다임이 이를 대체하며 과학혁명이 일어난다고 보았다.

히 그는 아리스토텔레스의 기관론(오르가논)*을 정면으로 반박하며 신기관론을 저술했고, 새로운 방법론으로 귀납적 탐구, 즉 경험을 통해 자연을 이해하고자 했다. 그는 그리스 철학자들의 사상을 비판하며 그들은 말만 번지르르했을 뿐 실제로 인간 삶을 개선하거나 실험을 통해 자연을 탐구하려는 노력을 하지 않았다고 평가절하했다.[44] 아리스토텔레스의 연역적 형이상학을 비판하고, 지식이 곧 힘이며 과학이 인류 발전의 열쇠라고 주장했다. 그는 자신이 꿈꾸는 유토피아를 단편 소설[45]로 남겼는데, 그곳에서 "우리 연구소의 목적은 자연의 원리와 사물의 비밀스러운 운동을 탐구하고, 인간의 지식을 확장하여 가능한 모든 것을 실현하는 데 있다"고 썼다. 사실 우리는 의식하지 못한 채 프랜시스 베이컨의 세계관에 영향을 받고 있다. 오늘날 철학은 여전히 실용적이지 못하다고 여겨지고, 과학과 철학은 서로 상반된 영역처럼 느껴진다. 이는 프랜시스 베이컨이 만들어 낸 과학적 사고와 기계론적 세계관이 깊숙이 뿌리내린 결과일지도 모른다. 투자를 공부하는 사람들이 철학을 함께 공부하는 경우는 드물고, 철학과 돈은 어딘가 어울리지 않는 조합처럼 느껴진다. 과학적 사고, 즉 경험과 실험을 통한 증명이 훨씬 더 실용적으로 보이기 때문이다. 그렇다면 과학적 사고만으로 미래를 예측할 수 있을까? 아직은 부족하다. 베이컨은 새로운 방법론을 제시했지만, 명확한 과학적 증명에는 이르지 못했다.

---

* 오르가논(Organon, '도구'라는 뜻)은 아리스토텔레스의 논리학 저술들을 묶어 부르는 이름이다. 여기에 포함된 《범주론》, 《해석에 관한 책》, 《분석론》, 《토피카》, 《소피스트적 논박》 등은 사유를 분석하고 올바른 추론을 규정하는 논리학의 기초를 세웠다. 중세 스콜라 철학자들은 오르가논을 사고의 도구로 삼아 신학과 철학을 체계화했고, 이후 근대 과학 방법론의 출발점에도 큰 영향을 주었다.

이러한 사유는 점차 수학적 정밀성과 결합한 물리적 모델로 구체화되기 시작한다. 그다음 주자가 바로 요하네스 케플러*였다. 그는 고대와 중세 내내 당연하게 여겨졌던 천상의 조화라는 개념을, 신의 설계 속 질서로 간주하면서도 그 질서를 수학으로 해석할 수 있는 실체로 바꾸는 데 성공한 인물이었다. 특히 케플러는 천문학자로서 독특한 입지를 가졌는데, 그는 망원경 없이도 당시 덴마크 천문학자 티코 브라헤가 수십 년에 걸쳐 축적한 관측 데이터를 토대로, 행성의 궤도가 원이 아닌 타원이라는 사실을 밝히는 데 이르렀다. 이는 단순히 하나의 궤도 형태를 바꾼 문제가 아니었다. 천상은 완전한 원의 운동으로 구성되어 있다는 플라톤적 우주관의 붕괴를 의미했다. 즉, 케플러는 고대 이래 '하늘은 신적인 조화와 원운동으로 이루어진다'는 미학적 가정을 버리고, 대신 현실의 데이터를 따른 수학적 질서를 세계의 기초로 세운 것이다.

그의 세 가지 행성운동 법칙(타원 궤도, 면적 속도 일정 법칙, 조화 법칙)은 그 자체로도 혁명이었지만, 더 중요한 것은 이 발견이 우주가 수학적으로 구조화된 체계라는 인식을 강화하는 데 기여했다는 점이다. 케플러는 여전히 자신의 과학을 신학과 연결시켰다. 그는 우주의 질서가 신의 창조물이며, 그 질서는 인간의 이성에 의해 이해되도록 만들어졌다고 믿었다. 그러나 그가 말한 이성은 더 이상 성서 해석이나 신학적 직관

---

* 요하네스 케플러(Johannes Kepler, 1571~1630)는 독일 출신의 천문학자이자 수학자로, 근대 과학혁명의 핵심 인물 가운데 한 사람이다. 그는 행성의 궤도가 원이 아니라 타원이라는 사실을 밝히고, 이를 바탕으로 행성운동의 세 가지 법칙(케플러 법칙)을 정립했다. 이 법칙은 코페르니쿠스의 지동설을 수학적으로 뒷받침했을 뿐 아니라, 이후 아이작 뉴턴이 만유인력 법칙을 세우는 데 결정적 단서를 제공했다. 케플러의 정밀한 계산과 수학적 모델은 뉴턴이 "행성을 타원 궤도로 붙잡아 두는 힘"을 중력으로 설명할 수 있는 길을 열어 주었다.

이 아니라, 수학과 기하학의 언어를 통해 드러나는 자연의 내재적 질서였다. 케플러는 "신은 수학적으로 세계를 창조했으며, 인간은 그 수학을 해독함으로써 신의 의도를 이해할 수 있다"고 보았다. 이 관점은 이후 뉴턴과 라이프니츠로 이어지며, 과학의 언어를 철저하게 수학적이고 기계적인 질서로 전환시키는 철학적 가속기가 되었다. 또한 케플러는 단순히 정적이고 닫힌 우주를 묘사한 것이 아니라, 힘과 운동의 개념을 도입하여 자연 현상을 설명하고자 했다. 그는 태양이 일종의 능동적인 중심체로서 행성들에게 힘을 미치며 움직이게 한다고 추론했고, 이는 이후 중력 개념의 전단계로 평가받는다. 다시 말해, 그는 관측된 움직임만을 기술하는 데 머물지 않고, 그 움직임이 물리적 힘에 의해 유발된 것이라는 동역학적 설명으로 나아가려 했다. 이러한 시도는 자연 현상을 원인과 법칙, 그리고 수학적 구조에 따라 설명하는 기계론적 접근의 시초로 볼 수 있다. 그가 우주에서 본 것은 신비로운 조화가 아니라 정량화 가능한 규칙성이었다. 케플러의 눈에 비친 우주는 더 이상 상징의 세계도, 신비의 장막도 아니었다. 그것은 하나의 정교한 기계장치, 즉 일정한 법칙에 따라 부품처럼 회전하고 상호작용하는 운동의 체계였다. 그는 자신이 천문학자로서 하늘을 바라볼 때, 마치 시계장치 안에서 톱니바퀴의 회전을 측정하듯 자연을 기술하고 예측 가능한 대상으로 환원할 수 있다는 믿음을 갖고 있었다. 비록 그는 여전히 신에 대한 믿음을 과학과 양립시키려 했지만, 그가 실제로 만들어 낸 인식 지형은 신학적 세계관에서 물리적 기계론적 세계관으로의 전환을 상징하는 역사적 분기점이었다.

프랜시스 베이컨이 자연을 인간의 이성으로 탐구하고 지배할 수 있는 대상으로 전환시켰다면, 그 뒤를 이은 르네 데카르트는 이 사유를 한층 더 급진적인 철학으로 밀고 나갔다. 그는 철학자이자 수학자로서, 나는 생각한다, 고로 존재한다는 선언을 통해, 인간 이성 자체를 세계를 이해하는 출발점이자 유일한 확실성으로 세웠다. 그는 자연과 인간 사고를 연결할 관절을 끊임없이 탐구했고, 하찮은 것이라도 확실하고 흔들리지 않는 단 하나의 진리를 발견할 수 있다면 위대한 일을 이룰 수 있다고 말했다.[46] 데카르트에게 있어서 진리란 경험이나 감각이 아니라, 이성이 스스로 논리적으로 확신할 수 있는 토대에서 시작해야 했다. 그는 한 치의 의심도 끼어들 수 없는 확실한 명제로부터 출발해, 자연 전체를 수학적 질서로 해석할 수 있으리라는 믿음을 가졌다. 이런 점에서 그는 베이컨의 자연 철학을 계승하되, 귀납보다 연역을, 실험보다 수학을 더 중시하는 방식으로 사유를 전개했다. 데카르트는 세상의 모든 복잡성과 변화 속에서도 단 하나의 흔들리지 않는 진리를 찾아낸다면, 그 위에 세계 전체의 원리를 세울 수 있다고 믿었다. 그는 자연과 인간 사고를 분리된 것이 아니라, 동일한 이성의 구조로 연결된 것이라고 보았고, 따라서 인간 이성이 자연의 법칙을 밝혀내고, 나아가 미래까지 예측할 수 있는 힘을 가질 수 있다고 확신했다.

그가 꿈꾼 위대한 작업은 결국 수학을 통해 세계를 설명하는 것이었다. 자연의 모든 운동과 변화, 생명의 작용과 우주의 질서까지도 기하학과 논리의 법칙으로 환원할 수 있다는 확신, 그것이 데카르트 철학의 핵심이다. 그는 여전히 신의 존재를 인정했지만, 더 이상 신이 직접 세계를 조절하지는 않는다고 보았다. 오히려 신은 세계를 하나의 완전한 기계로 창조했으며, 이제 그 기계를 작동시키고 해석하는 책임은 인간 이성에게 있다고 본 것이다. 이 관점에서 보면, 미래를 예측하는 일조차 더 이상 신의 권능이 아니라 인간의 과제가 된 셈이다. 오늘날 투자자들이 주가를 예측하고자 하는 시도 또한, 데카르트가 주장한 합리적 세계 해석과 예측 가능성이라는 세계관의 연장선에 있다고 볼 수 있다. 하지만 데카르트는 자신의 이상을 완성하지는 못했다. 그는 자연을 수학적 구조로 환원하고자 했지만, 실제 자연의 운동과 복잡한 상호작용은 그의 수학만으로 완전히 설명되지 않았다. 그의 철학은 강력한 철학적 기초를 세웠지만, 경험과 실험을 통해 구체적 법칙을 도출한 과학자들, 특히 이후의 뉴턴에 이르러서야 비로소 실현 가능성을 갖게 된다. 그럼에도 불구하고, 데카르트는 자연을 이해하는 방식, 나아가 세계는 분석되고 예측 가능한 기계라는 사고방식의 철학적 정초를 남겼다. 그것은 이후 수백 년 동안 과학과 사상의 기본 전제가 되었으며, 현대 세계의 심층 구조를 지배해 온 기계론적 세계관의 한 축을 형성했다.

뉴턴, 기계론적 세계관을 완성하다

나는 이제 세상이 돌아가는 이치를 확인했다.

-아이작 뉴턴-

많은 역사학자들은 1666년을 기적의 해라고 부른다. 1665년 런던에 흑사병*이 퍼지면서 런던 인구의 약 20%가 희생되었고, 도시 전체가 봉쇄되며 모든 학교에 휴교령이 내려졌다. 이때 케임브리지 대학에 다니던 아이작 뉴턴은 고향인 링컨서 울소프로 돌아가 방에 칩거하며 깊은 사유에 빠진다. 이 시기 뉴턴은 현대 과학을 근본부터 바꾼 미적분학을 개발했다. 미적분학은 움직이는 물체를 정밀하게 계산할 수 있게 해 주었고, 이를 통해 뉴턴은 만유인력과 운동법칙을 설명할 수 있었다. 이 모든 결과는 1687년 출간된 《프린키피아》**에 담겼고, 이 책은 단순한 과학서가 아니라 인류의 세계관을 근본적으로 전환시킨 책이 되었다. 뉴턴이 고향으로 돌아와 미적분학을 개발하고, 만유인력과 운동법칙을 서술하며, 결국 인류의 사고방식과 삶 자체를 바꾸게 된 것이다. 그러나 프린키피아가 세상에 나오기까지 과정은 순탄하지 않았다. 그리고 이 과정을 살펴

---

* 17세기 런던에서 발생한 흑사병은 1665년~1666년에 발생한 런던 대역병을 지칭하며, 이는 1347년에 시작되어 1750년까지 지속된 제2차 페스트 범유행의 마지막 사례이다. 이 시기 런던에서는 한 주에 6,000명까지 사망자가 발생하기도 했으며 런던 인구의 약 20%에 해당하는 7만 명 이상이 사망했다.
** 《프린키피아》(Philosophiæ Naturalis Principia Mathematica, 1687)는 아이작 뉴턴이 저술한 과학사적 명저로, 만유인력의 법칙과 운동의 세 가지 법칙을 수학적으로 체계화했다. 이 책은 근대 물리학과 기계론적 세계관의 토대를 마련했다. 프린키피아에는 중력법칙과 관성의 법칙, 가속도의 법칙, 작용 반작용의 법칙인 3대 운동법칙을 제시했다.

보는 것은 뉴턴이 완성한 세계관이 현대에 미친 영향을 이해하는 데 매우 중요하다.

부유한 비누 제조업자 집안 출신의 아마추어 천문학자 에드먼드 헬리*는 자신의 비용으로 장비를 구입해 세인트헬레나 섬에서 별자리를 관측하며 탐구에 몰두했다. 그는 직접 혜성을 관측해 신비로운 움직임을 발견하고, 이 문제를 풀기 위해 뉴턴을 찾아갔다. 뉴턴은 이미 20년 전부터 혜성을 관측해 왔고, 만유인력 법칙을 적용해 혜성의 궤도를 손쉽게 계산해 냈다. 헬리는 이에 깊은 감명을 받아 뉴턴의 중력이론을 책으로 출간할 수 있도록 전폭적인 지원을 했다. 그렇게 1687년 프린키피아가 세상에 나오게 되었다. 여기서 예측을 꿈꾸는 우리가 주목해야 할 점은 바로 혜성이다. 혜성은 태양을 중심으로 타원 궤도를 그리며 도는 얼음과 먼지로 이루어진 작은 천체다. 혜성의 등장은 중국과 한국의 고대 기록에도 자세히 남아 있다. 그러나 우주에 대한 지식이 부족했던 과거에는 혜성의 출현을 대부분 재앙의 징조로 여겼고, 이는 동서양을 막론하고 공통된 인식이었다. 에드먼드 헬리가 관측한 혜성은 육안으로 볼 수 있을 정도로 컸고, 약 76년 주기로 나타났기에 더욱 많은 기록이 남아 있다. 이 혜성에 대한 최초의 기록은 기원전 240년 중국 사기에 등장한다. 고대 인류는 그리스 철학과 기독교적 세계관 안에서 세상을 이해했고, 천체의 움직임을 신의 뜻이나 초자연적 현상으로 받아들였다. 천체의 회전 운동에 대해 처음으로 본격적으로 언급한 사람은 많았지만, 실제로 이를 설명하

---

* 에드먼드 헬리(Edmond Halley, 1656~1742)는 영국의 천문학자이자 수학자로, 혜성의 주기적 공전을 처음으로 예측했다. 그는 뉴턴이 《프린키피아》를 집필하고 출판하는 데 중요한 재정적·학문적 지원을 했다. 그가 발견한 혜성은 그의 예언대로 1758년 다시 등장해 '헬리 혜성'으로 명명되었다.

거나 예측할 수 있는 근거를 찾은 이는 없었다. 16세기에 들어서야 코페르니쿠스가 태양중심설을 주장했고, 뉴턴은 미적분학을 통해 움직이는 물체를 수학적으로 계산하는 데 성공했다. 이전 시대 사람들이 두려움으로만 받아들였던 혜성조차 이제는 수학으로 예측할 수 있게 된 것이다. 뉴턴은 1682년 관측된 혜성이 1758년에 다시 나타날 것이라고 예측했고, 헬리는 이를 세상에 알렸다. 그리고 예측대로 1758년, 그 혜성은 다시 나타났다. 인류는 처음으로 자연 현상을 정확하게 예측했다. 뉴턴의 이론은 프랜시스 베이컨이 제시하고 데카르트가 조각한 세계관에 방점을 찍었다. 이제 인간은 자연을 통제할 수 있게 되었고, 세상은 뉴턴의 이론이 만든 기계론적 세계관 안에 갇히게 되었다. 당시 뉴턴의 영향력이 얼마나 대단했는지는 시인 알렉산더 포프의 시구에서도 드러난다. "자연, 그리고 자연의 법칙들은 어둠 속에 숨어 있었다. 그러나 신이 '뉴턴이 있으라' 하고 말씀하시자 세상에는 빛이 가득했다."

그러나 여기서 가장 중요한 질문이 남는다. 뉴턴의 이론으로 주가의 미래를 예측할 수 있을까? 만약 프린키피아가 출간된 당시 뉴턴에게 이 질문을 던졌다면, 그는 아마도 모든 정보를 알 수 있다면 가능하다고 답했을지도 모른다. 실제로 1692년, 성직자 리처드 벤틀리는 뉴턴의 만유인력 법칙에 의문을 제기했다. 우주의 모든 천체는 서로 끌어당긴다. 그렇다면 우주가 유한하다면 별들은 결국 충돌할 것이고, 무한하다면 별들은 무한히 멀어져 갈 것이다. 뉴턴은 이에 대해 "우주는 무한하고 균일하게 분포해 있기 때문에 별들은 서로 균형을 이루며 정적 상태를 유지한다"고 답했다. 그리고 덧붙였다. "저의 논리에 틀린 점은 없지만 완벽한 해결책은 아니다. 우주의 균형을 유지하기 위해서는 신의 기적이 필요할 것이다."⁴⁷ 뉴턴은 또한 프린키피아에서 삼체문제를 해결하지 못했다고 인정했다. 그는 천체의 움직임은 계산할 수 있었지만, 삼체 이상의 상호작용이 일어나면 아주 작은 초기 조건의 차이가 시간이 지나면서 극단적으로 증폭될 수 있다는 문제를 풀지 못했다. 재밌는 사실은 뉴턴이 실제로 주식 투자에도 손을 댔다는 것이다. 그는 남해회사 버블에 투자했다가 대부분의 자산을 잃었고, 그 후 "나는 천체의 움직임은 계산할 수 있어도 인간의 광기는 계산할 수 없다"고 말했다. 만약 그가 삼체문제를 풀지 못한 이유를 깊이 깨달았다면, 즉 복잡계와 비선형성의 본질을 이해했다면, 인간의 광기를 예측하려는 시도 자체를 하지 않았을지도 모른다. 뉴턴은 위대한 과학자였지만, 자신의 실패를 통해 주가의 미래를 예측하려는 인간의 욕망이 얼마나 무모한지를 스스로 증명했다.

기계론적 세계관의 계승자들

현재의 우주는 과거의 결과이며 미래의 원인이다. 앞으로 우리는 자연을 지배하는 모든 힘과 우주에 존재하는 모든 물체의 위치를 알 수 있을 것이다.

-시몽 라플라스-

17세기 말, 유럽의 지식인들은 학문 분야와 사회적 지위를 막론하고 뉴턴이 세운 질서에 매료됐다. 사과가 땅에 떨어지는 단순한 현상에서부터 우주의 행성 궤도까지, 모든 움직임을 하나의 법칙, 만유인력으로 설명할 수 있다는 사실은 충격이었다. 설명할 수 있다는 것은 곧 예측할 수 있다는 뜻이었고, 이는 인간이 마치 신의 뜻과 분노마저 계산할 수 있는 경지에 이른 듯한 착각을 불러일으켰다. 뉴턴 이전의 세계는 혼돈 그 자체였다. 모든 사건은 신의 의지에 따라 일어났고, 인간은 그 뜻을 달래기 위해 애썼지만 번번이 실패했다. 그러나 뉴턴의 법칙이 세상에 등장하면서 상황은 달라졌다. 우리가 경험하는 모든 일, 심지어 머나먼 우주의 행성 운동까지 일정한 원리에 따라 움직이며, 마치 정교한 시계장치처럼 예측 가능한 세계라는 확신이 퍼져 나갔다. 이 기계론적 세계관은 과학과 물리학을 넘어 철학과 정치, 경제까지 스며들었다.

존 로크는 《인간오성론》에서 빈 서판 이론을 제시했다. 인간의 인식과 생각은 선천적으로 주어지는 것이 아니라, 태어난 이후 경험을 통해 하나씩 쌓여 만들어진다는 주장이다. 이 개념은 단순한 은유가 아니라, 당시 지식인 사회가 공유하던 과학적 사고방식과 맞닿아 있었다. 로크는 뉴턴의 이론을 직접 언급하지 않았지만, 두 사람은 모두 왕립학회 회원이었고 런던의 지적 네트워크 속에서 연결된 인물들이었다. 뉴턴이 《프린키피아》를 출간하며 런던의 지식계가 그의 사상에 열광하던 시기에, 로크의 《인간오성론》이 세상에 나왔다. 뉴턴이 자연의 모든 현상을 수학적 법칙으로 계산해 미래의 움직임을 예측하고자 했다면, 로크는 인간의 마음 역시 경험의 법칙에 따라 설명할 수 있다고 보았다. 자연과 인간, 두 영역은 달랐지만 그 접근 방식은 같았다. 관찰하고, 경험하며, 분석하는 과정이었다. 이런 점에서 로크가 뉴턴의 영향을 받았다고 보는 것은 무리가 아니다.

정치철학에서도 로크는 기계론적 사고를 적용했다. 그는 사회를 우연과 감정이 지배하는 집단이 아니라, 계약과 법칙에 의해 질서 지워질 수 있는 체계로 보았다. 자연상태에서 인간은 자유롭지만, 생명과 재산을 지키기 위해 사회계약을 맺고 정부를 세운다. 이때 사회를 움직이는 근본 원리는 바로 자연법이었다. 로크가 말하는 자연법은 단순한 관습이나 도덕 규칙이 아니라, 신이 모든 인간에게 부여한 보편적이고 불변하는 도덕 질서였다. 그 내용은 이성에 의해 누구나 알 수 있으며, 핵심은 타인의 생명, 자유, 재산을 침해하지 말아야 한다는 것이다. 로크는 이를 물리학의 법칙처럼 확고하고 예외 없는 원리로 이해했다. 천체가 중력 법칙을 벗어나 움직일 수 없듯, 정당한 정치 질서도 자연법을 벗어나 존재할 수 없다. 그리고 그는 이 질서가 안정적으로 유지되려면, 이익추구라는 동력이 계속 작동해야 한다고 보았다. 로크는 뉴턴의 만유인력이 우주를 멈추지 않게 하는 지속적인 힘이라고 이해했다. 그리고 인간사회에도 그와 같은 지속적 동력이 필요하다고 보았다. 그가 발견한 사회의 만유인력은 바로 인간의 자기이익 추구였다. 인간은 본성적으로 생명·자유·재산을 보존하고 확대하려는 경향이 있으며, 이 욕구가 사회를 끊임없이 움직이게 한다. 만약 이익추구가 억압되거나 멈춘다면, 사회의 동력은 꺼지고 질서는 무너질 수 있다. 따라서 국가는 사회계약을 통해 이 이익추구를 보장해야 하며, 그 핵심 방식이 사유재산의 인정과 축적의 보호였다.

그렇기에 로크의 정치철학이 유지되기 위해서는 재산의 인정과 축적이 멈추지 않아야 했다. 이익추구가 사회의 만유인력이라면, 재산은 그 힘을 유지시키는 연료였다. 이를 위해 사회는 끊임없이 자원을 개척하고, 자연을 정복하며, 새로운 부를 창출해야 했다. 무한한 확장과 물질적 풍요는 단순한 경제적 선택이 아니라, 사회계약을 지속시키는 필수 조건이었다. 로크의 세계에서 국가는 이익추구를 제도적으로 보장하는 시계공이었고, 구성원들은 그 힘을 원천 삼아 끊임없이 발전하는 톱니바퀴였다. 로크가 남긴 가장 큰 유산은, 인간과 사회를 이해하는 방법이 감정이나 전통이 아니라 관찰, 경험, 법칙이라는 과정을 거쳐야 한다는 원칙이었다. 물리학이 별과 행성의 운동을 수학적으로 해석했듯, 사회과학도 인간의 행동을 일정한 법칙 속에서 설명할 수 있다는 확신이었다. 하지만 로크의 사상은 인간사회에서 도덕성을 제거하는 것이었다. 인간의 이성은 오로지 이익추구를 할 때에만 제대로 발휘되며, 이기적인 인간의 본성을 지켜 주지 않는다면 사회에 혼돈이 찾아온다고 주장했다.

그로부터 한 세대 뒤, 애덤 스미스는 이 기계론적 사고를 경제 질서에 적용해 보이지 않는 손이라는 개념을 탄생시켰다. 존 로크가 인간사회를 계약과 법칙이라는 구조 속에 배치했다면, 스미스는 그 구조를 경제라는 영역에 옮겨 왔다. 그의 눈에 시장은 혼란과 우연이 지배하는 장소가 아니었다. 오히려 수많은 개인이 각자 이익을 추구하는 행동이, 마치 별과 행성이 중력에 의해 궤도를 지키듯 일정한 질서를 이루는 곳이었다. 스미스가 살던 시대의 지성계는 뉴턴 역학의 영향력 아래 있었고, 뉴턴이 만유인력 법칙 하나로 다양한 현상을 통합했듯, 스미스도 경제 현상을 관통하는 단일한 원리를 찾고자 했다. 그에게 그 원리는 시장 참여자들의 자발적 거래였다. 각 개인이 자신의 부와 안녕을 추구하는 과정은 우연적이고 제각각인 것처럼 보이지만, 전체로 보면 가격과 생산량은 균형을 향해 움직인다. 이는 뉴턴이 발견한 물리 법칙처럼, 인간이 만든 제도가 아니라 인간 행동의 집합에서 자연스럽게 나오는 법칙이었다. 이러한 시각은 기계론적 세계관의 전형적인 확장이었다. 스미스는 시장을 거대한 시계장치로 보았다. 소비자와 생산자는 시계의 부품처럼 각자의 위치에서 움직이며, 가격이라는 축을 중심으로 서로 맞물린다. 어느 부품이 고장 나더라도, 전체 메커니즘은 스스로 조정되어 균형을 찾는다. 정부의 역할은 시계공처럼 끊임없이 부품을 갈아 끼우는 것이 아니라, 시계가 설계된 원리에 맞게 작동하도록 불필요한 마찰과 장애를 줄이는 것이었다. 그러나 스미스의 기계론은 로크와는 중요한 차이가 있었다. 로크가 사회질서의 원리를 '이익추구'라는 단일한 힘에 가깝게 본 반면, 스미스는 인간사회를 움직이는 힘을 두 가지 축으로 설명했다.

첫째는 이익추구의 원리였다. 《국부론》에서 그는 인간이 자신의 부와 안녕을 추구하며 행동하고, 이러한 이익추구가 시장에서 자원 배분과 가격 형성의 동력이 된다고 설명했다. 둘째는 도덕감정의 원리였다. 《도덕감정론》에서 인간이 타인의 시선을 의식하고, 공감을 통해 행동을 조정한다는 점을 강조했다. 즉, 인간은 단순히 계산기처럼 움직이는 존재가 아니라 사회적·정서적 관계 속에서 판단을 내리는 존재였다. 스미스의 기계론은 오직 이익추구만을 법칙으로 본 것이 아니라, 이익추구와 도덕감정이 함께 맞물려 돌아가는 사회의 톱니바퀴를 상정한 것이었다. 이익추구가 시장의 엔진이라면, 도덕감정은 그 엔진이 사회적 신뢰를 무너뜨리지 않도록 제어하는 브레이크였다.

하지만 후대의 해석은 이 균형을 무너뜨렸다. 19세기 자유방임주의자들은 《국부론》의 보이지 않는 손만을 발췌해 국가 개입을 최소화하고, 개인의 이익추구만을 강조했다. 산업혁명 시기, 영국 자본가 계층은 스미스를 이익추구를 합법화한 학자로 재해석하며 노동 착취와 불평등을 정당화하는 논리로 삼았다. 또한 경제학이 정치철학·도덕철학에서 분리되면서 스미스의 도덕철학적 기초는 경제학에서 잘려 나갔다. 그 결과 현대 경제학 교과서 속 스미스는 시장주의의 창시자로만 남았고, 균형 잡힌 인간관은 사라졌다. 스미스의 원래 구상에서 시장은 무도덕한 투기장이 아니라, 이익추구와 도덕감정이 동시에 작동하는 기계였다. 뉴턴의 우주가 중력이라는 힘으로 질서를 유지하듯, 스미스의 시장은 이익추구라는 힘과 도덕감정이라는 힘이 균형을 이루며 돌아간다. 그 균형이 깨질 때, 시장은 효율성을 잃고 사회적 신뢰마저 붕괴된다. 따라서 그의 기계론적 세계관은 단순한 시장 숭배가 아니라, 법칙성과 도덕성이 함께 작동하는 사회 메커니즘에 대한 설계도였다. 애덤스미스는 존 로크처럼 도덕성을 제거하지는 않았지만, 그 역시 뉴턴의 기계론적 세계관에 입각하여 경제와 시장원리를 계산하고 예측하고자 했음은 틀림없다.

뉴턴의 기계론적 세계관은 단순히 17세기 과학혁명의 산물로 끝나지 않았다. 그것은 이후 한 세기 넘게 유럽 지성계를 지배하며, 새로운 학문 분야로 끝없이 확장됐다. 뉴턴이 그려낸 세계는 완벽하게 질서 잡힌 시계장치였다. 행성과 사과가 똑같은 힘, 만유인력에 의해 움직이고, 그 움직임은 수학으로 계산할 수 있었다. 이 세계관이 던진 핵심 메시지는 단순했다. 법칙이 있다면, 미래는 계산할 수 있다. 이 믿음은 물리학의 경계를 넘어 전 우주와 인간의 사고 체계로까지 확장됐고, 그 작업을 밀어붙인 인물이 라플라스와 조지 불이었다.

라플라스는 뉴턴 역학을 계승해 결정론을 절대적인 수준으로 끌어올렸다. 뉴턴이 태양계 행성의 궤도를 수학적으로 예측했듯, 라플라스는 우주의 모든 사건이 동일한 법칙에 따라 전개된다고 보았다. 그는 라플라스의 악마라는 사고실험을 제시했다. 만약 어떤 전지적 지성이 우주의 모든 입자의 위치와 속도를 한순간에 알 수 있다면, 과거와 미래를 완벽히 계산할 수 있다는 것이다. 뉴턴이 물리 법칙으로 태양계의 미래를 계산했다면, 라플라스는 그 법칙을 전 우주, 모든 시간, 모든 사건에 적용하려 한 셈이었다. 그의 세계에서 우연과 불확실성은 존재하지 않았다. 불확실하다고 느끼는 것은 단지 필요한 정보를 모두 알지 못하기 때문이었다. 19세기 중반, 조지 불은 이 계산 가능성의 원리를 물리적 우주에서 인간의 정신 세계로 옮겨 왔다. 그는 논리와 추론을 수학 기호로 표현하는 체계를 만들었고, 이를 '불 대수'라 불렀다. 참(1)과 거짓(0)이라는 두 상태를 정의하고, 이를 결합하는 규칙을 수학적으로 기술한 것이다. 뉴턴이 물리적 운동을 수식으로 표현했듯, 불은 인간의 사고 과정을 수식으로 표현했다. 그의 작업은 "인간의 판단과 추론도 기계처럼 작동한다"는 가설을 현실로 끌어냈고, 훗날 전자회로와 컴퓨터 과학, 인공지능의 기초가 되었다.

라플라스와 불은 서로 다른 분야에서 활동했지만, 둘 다 뉴턴의 기계론적 세계관을 한 단계씩 확장했다. 라플라스는 그 법칙을 전 우주로 확장해 시간과 공간 전체를 계산의 대상으로 만들었고, 불은 그 법칙성을 인간 정신과 사고 체계로 옮겨 논리와 판단까지 계산 가능하게 했다. 뉴턴의 시계장치 우주는 이들의 손을 거치며 자연·인간·우주 전체를 아우르는 거대한 '계산 가능한 세계'로 변모했다. 이렇게 기계론적 세계관은 단순한 자연철학을 넘어, 사회·철학·기술을 지배하는 하나의 패러다임이 되었다.

불가능한 계산, 그리고 예측

"그러니까 규칙이 전혀 없는 혼란한 세계라는 겁니까?"
"그렇다네"

-소설 《삼체》 중에서-

19세기 말, 기계론적 세계관은 전성기를 누리고 있었다. 라플라스의 결정론은 여전히 절대적인 권위를 가지고 있었고, 뉴턴의 역학은 태양계의 미래마저 예측 가능한 '닫힌 시계장치'로 그려 냈다. 과학자들의 눈에는 우주는 이미 정복된 영역처럼 보였다. 수학과 물리학이 모든 법칙을 손에 넣었고, 남은 것은 세부 사항을 채워 넣는 일뿐이라는 낙관이 팽배했다. 1887년, 스웨덴 국왕 오스카르 2세는 이 과학적 자신감에 불을 지피는 문제를 내걸었다. 그의 60세 생일을 기념해, 스웨덴 왕립과학아카데미는 "태양계가 무한히 안정적으로 유지되는지를 수학적으로 증명하라"는 도전 과제를 제시했다. 단순히 말해, 뉴턴의 법칙과 행성의 초기 조건을 알면, 태양계의 미래가 영원히 예측 가능하다는 것을 보이라는 것이었다. 우승자에게는 상금과 명예, 그리고 과학사에 이름을 남길 기회가 주어졌다.

이 문제는 삼체문제로 알려져 있었다. 두 개의 천체가 서로 끌어당기는 경우(이체문제)는 뉴턴 역학으로 완벽하게 풀 수 있다. 하지만 세 개 이상이 서로 중력으로 영향을 주고받으면, 상황은 훨씬 복잡해진다. 스웨덴 왕의 문제는 바로 이 삼체문제의 해법을 찾으라는 요구였다. 그리고 그 도전장을 받은 사람이 프랑스의 수학자 앙리 푸앵카레였다. 그는 당대 최고의 수학자이자 물리학자였고, 뉴턴과 라플라스의 후계자처럼 보였고, 이 문제를 해결해 기계론적 결정론의 마지막 퍼즐을 완성할 수 있는 인물로 여겨졌다. 사실 삼체 문제는 350년전 뉴턴이 이미 계산을 시도했고, 실패했다. 뉴턴은 삼체문제의 계산의 변수가 너무 많아서 모든 운동의 원인을 동시에 계산한다는 것은 인간의 능력을 벗어난다고 말했다. 그럼에도 푸앵카레는 수년간 방대한 계산과 새로운 수학적 기법을 동원해 문제에 매달렸다. 1889년, 그는 마침내 논문을 완성했다. 비록 완벽한 답을 적어 내지는 못했지만 행성간 주기적으로 반복되는 궤도를 발견했기에 스웨덴 왕립과학아카데미는 그에게 우승을 안겼다. 전 세계가 그의 업적을 찬탄했다. 그러나 그 영광은 오래가지 않았다. 출판 직전, 왕립 아카데미의 편집팀이 그의 계산에 결정적 오류가 있다는 사실을 찾아냈기 때문이다. 이를 전달받은 푸앵카레는 오류를 수정하려고 계산을 다시 들여다보았고, 그 과정에서 전혀 예상치 못한 현상을 발견했다. 행성의 궤도는 단순히 규칙적으로 반복되지 않았다. 극도로 초기 조건에 민감해, 아주 미세한 차이가 시간이 지날수록 기하급수적으로 커졌다. 이는 단순한 계산상의 어려움이 아니라, 완벽히 알고 있는 법칙과 초기 조건이 있어도 장기 예측이 불가능한 근본적 성질이었다. 그는 자신의 오류를 인정하고 출판을 취소해 줄 것을 요청했고, 이미 배포된 논문 회수 비용과, 출판 비용까지 직접 부담하게 됐다.

푸앵카레는 오류를 수정하기 위해 새로운 개념과 기법을 개발했다. 궤도는 규칙적인 원이나 타원이 아니라, 절대 반복되지 않는 복잡한 경로를 그렸다. 작은 오차가 시간이 흐르며 거대한 차이를 만들어 내는 민감한 의존성, 훗날 카오스 이론의 핵심 원리가 여기서 처음으로 세상에 발표됐다. 푸앵카레의 이론은 과학자들에게 충격이었다. 라플라스의 악마는 모든 것을 계산할 수 있다고 했지만, 푸앵카레는 이렇게 말했다. "자연의 법칙을 안다고 해서 미래를 완벽히 예측할 수 있는 것은 아니다." 이는 단순한 기술적 한계가 아니라, 자연 자체의 본성이었다. 인간의 능력으로는 절대 알 수 없다고 말한 뉴턴의 말이 사실이었다. 푸앵카레의 작업은 당시에는 혼돈이라는 이름으로 불리지 않았다. 그러나 20세기 후반, 로렌츠와 맨델브로 같은 과학자들이 날씨 예측, 유체 역학, 생태계 모델에서 동일한 성질을 확인하면서, 그의 발견은 카오스 이론이라는 이름 아래 재조명됐다. 스웨덴 왕이 내건 문제는 우주의 안정성을 증명하는 것이었지만, 푸앵카레가 가져온 답은 정반대였다. 우주는 안정과 질서 속에 있지만, 그 안에서 벌어지는 세부 움직임은 결코 완전히 예측할 수 없다는 것이었다. 이로써 기계론적 세계관의 핵심 명제인 "계산 가능하다면 예측도 가능하다"에는 처음으로 균열이 생겼다. 푸앵카레는 뉴턴과 라플라스의 거대한 시계장치 속에서, 미세한 톱니 하나의 위치가 전체 장치의 미래를 바꿀 수 있다는 사실을 밝혀 낸 첫 번째 인물이 되었다. 즉 미래를 완벽하게 예측할 수 있었던 도구의 치명적 오류를 발견했고, 미래 예측은 더 미궁속으로 빠져 버렸다.

10장

미래를 보고 싶은 사람들

예측 그 달콤한 유혹

뇌는 과거를 저장하려는 것이 아니라, 미래에 대비하기 위해 기억을 재구성한다.

-다니엘 샥터-

크리스 존스는 라스베이거스의 작은 무대에서 공연하는 무명 마술사다. 쇼를 마치면 그는 곧장 카지노로 향해 블랙잭 테이블에 앉는다. 놀라운 건 그의 승률이다. 하지만 그는 모든 판에 나서지 않는다. 2분을 넘기는 게임은 아예 배팅하지 않고, 2분 안에 끝나는 게임에만 돈을 건다. 이기는 판과 지는 판을 적절히 섞어 눈에 띄지 않으려 하지만, 그의 지나치게 높은 승률은 이미 카지노 보안팀의 관심을 끌고 있다. 그가 가진 비밀은 단 하나, 2분 뒤의 미래를 볼 수 있다는 것이다. 평범한 사람에게 2분은 별 의미 없는 짧은 시간이지만, 그 2분이 확실하게 보인다면 상황은 완전히 달라진다. 카지노라면 말할 것도 없고, 주식시장에서도 가장 탐나는 능력이 아닐까? 크리스 존스는 니콜라스 케이지가 연기한 영화 《넥스트》의 주인공이다. 현실에서 단 2분 앞도 내다볼 수 있는 사람은 없다. 누구나 미래를 볼 수 있는 능력을 원하지만 적어도 공식적으로는 미래를 볼 수 있는 사람은 없다.

인간은 예측하는 동물이라 부를 수 있다. 예측은 단순한 호기심이나 편리함을 위한 기능이 아니다. 필멸자라는 조건 아래에서 두려움과 불안과 맞닿아 있는, 본능적인 생존 도구다. 우리는 언젠가 반드시 죽는다는 사실을 알고 있다. 하지만 그 시점과 방식이 불확실하다는 점이 평생을 따라다니는 심리적 압박이 된다. 이 불확실성은 단순히 죽음의 문제를 넘어, 먹고사는 일부터 인간관계, 미래 계획까지 삶의 모든 장면에 영향을 미친다. 원시 인류에게 예측은 다음 날 비가 올지를 짐작하는 수준에 그치지 않았다. 맹수가 언제 나타날지, 먹이가 풍부한 계절이 언제 돌아올지, 강이 범람하는 시기를 알아내는 일은 곧 목숨을 지키는 기술이었다. 예측은 곧 생존이었다. 문명이 발달해 생존의 기본 조건이 어느 정도 갖춰진 사회에서도 우리는 여전히 미래를 점치려 한다. 그 이유는 단순히 경제적 이익이나 성공을 위해서가 아니라, 불확실성을 견디지 못하는 필멸자로서 스스로를 통제하고 있다는 심리적 안정감을 얻기 위해서다. 미래를 알 수 없다는 사실은 인간이 느낄 수 있는 가장 큰 불안이다. 죽음이라는 확정된 결말이 기다리고 있어도, 그 과정과 시점이 불투명하다는 점이 불안을 더 크게 만든다. 그래서 인류는 불안을 줄이기 위해 예측이라는 인지적 장치를 발명했고, 그것을 과학, 철학, 종교, 점술 같은 다양한 형태로 발전시켜 왔다. 그러나 예측은 불안을 완전히 없애지 못한다. 날씨를 예측하면 그 날씨가 계획에 어떤 변화를 줄지 걱정하게 되고, 주식시장을 분석하면 분석 속에 또 다른 변수가 숨어 불확실성을 만든다. 예측은 불안을 줄이면서 동시에 새로운 불안을 낳는, 언제나 양날의 검이었다.

뇌과학적으로 보면 인간은 하루에도 수백만 번의 예측을 한다. 단순히 내일의 날씨나 주가를 짐작하는 수준이 아니라, 몸의 움직임, 시선의 방향, 말 한마디까지도 뇌 속 예측 메커니즘이 개입한다. 뇌는 외부 자극을 수동적으로 받아들이지 않는다. 오히려 다음에 들어올 입력을 미리 만들어 두고, 실제 들어온 정보와 비교해 오차를 수정한다. 이를 예측 부호화라 부른다. 방에서 나와 화장실로 걸어갈 때, 발을 내디디는 순간마다 뇌는 다음 발의 감각과 손잡이의 촉감을 미리 그려 놓는다. 만약 예상과 다르면 즉시 경로를 바꾸고 새로운 모델을 만든다. 대화를 할 때도 마찬가지다. 혀와 입술의 움직임, 상대방의 표정과 억양을 시뮬레이션 하며, 심지어 상대방의 말이 끝나기도 전에 다음 단어를 예측한다. 시각 정보도 다르지 않다. 눈은 초당 여러 번 장면을 샘플링하고, 뇌는 과거 경험과 문맥을 활용해 그 빈틈을 채운다. 우리가 보고 있다고 믿는 현실은 사실 뇌가 예측해 재구성한 결과물이다. 관계 속에서도 예측은 쉼 없이 작동한다. 우리가 크게 당황하거나 화가 날 때는 대개 상대가 전혀 예상치 못한 행동을 할 때다. 평소라면 상대의 반응을 예측하고 거기에 맞춰 감정을 조율하는데, 예측이 빗나가면 그 순간 뇌는 계획을 다시 세워야 하고, 그 불일치가 감정의 파동을 일으킨다. 이렇게 우리는 의식하지 못하는 사이에도 사회 속에서, 관계 속에서, 심지어 자기 자신에 대해서도 끊임없이 예측한다.

진화적으로 예측은 생존의 핵심이었다. 위험을 피하고 기회를 잡으려면, 일단 다가올 상황을 가정해야 했다. 그래서 인간의 뇌는 현재를 처리하는 장치를 넘어, 미래를 미리 그려 보고 그 그림을 계속 수정하는 장치로 발달했다. 심지어 기억조차 과거를 그대로 저장한 것이 아니라, 미래를 대비하기 위해 재구성한 데이터다. 결국 우리의 모든 행동은 의식적이든 무의식적이든, 다음을 상상하고 검증하는 예측 과정 위에 놓여 있다. 지금 이 순간에도 당신은 이 문장을 다 읽었을 때 어떤 생각이 떠오를지를 예측하고 있다. 그리고 그 예측이 빗나갈 때, 뇌는 더 많은 주의를 기울인다. 필멸자인 인간은 불확실성을 견디지 못하고, 뇌는 그 불확실성을 줄이기 위해 예측을 멈추지 않는다. 죽음을 피할 수 없다는 것을 알면서도 내일을 예측하는 이유, 그것이야말로 우리가 살아 있음을 증명하는 방식이다.

예언자를 원하는 사람들

인간은 장차 일어날 일을 알기를 열망한다. 그러나 그것을 아는 것이 언제나 행복을 주는 것은 아니다.

-세네카-

 필멸자인 인간은 불확실성을 극도로 꺼리고 끊임없이 예측하는 기계로 진화했다. 우리가 미처 의식하지도 못하는 순간조차 우리의 뇌는 쉬지 않고 예측이라는 행위를 거듭한다. 예측은 곧 계획이다. 한때 유행했던 MBTI에서 J형과 P형을 계획형과 즉흥형으로 나누지만, 이는 어디까지나 행동 양식을 설명하는 틀일 뿐이다. J형은 계획을 세우고 일정에 맞춰 움직이는 것을 선호하고, P형은 상황에 맞춰 유연하게 대응하는 것을 좋아한다. 그러나 이 차이가 예측의 존재 여부를 가르지는 않는다. 인간이라면 누구나 계획하고 예측한다. 다만 J형은 그 예측을 보다 구체적이고 구조적으로 드러내는 반면, P형은 느슨하게 세우고 상황에 따라 수정하는 쪽에 가깝다. 예를 들어 J형은 여행을 갈 때 출발 시간, 이동 경로, 교통 수단, 숙소 체크인 시간을 미리 정해 놓는다. 반면 P형은 겉으로는 '그냥 가서 정하자'고 말하지만, 실제로는 '그 시간대에 버스가 있을 것이다', '그 근처에 숙소가 있을 것이다'라는 식의 암묵적인 예측을 이미 세워 두고 있다. 결국 무계획적이고 즉흥적이라고 말하는 사람조차, 그 안에서 끊임없이 예측을 하고 있는 셈이다.

 인간의 본능이 이렇기에 의도적으로 예측을 멈추려는 시도는 애초에 불가능에 가깝다. 인류의 역사를 돌아보면, 예언자는 단 한 번도 사라진적이 없다. 고대 신전의 제사장과 무당, 중세 궁정의 점성술사, 마을 광장의 샤먼, 그리고 오늘날 방송국의 경제전문가와 인터넷의 자칭 예언자까지, 시대와 형태만 달라졌을 뿐 본질은 그대로다. 사람들은 늘 누군가의 입을 통해 '다가올 일'을 듣고자 했다. 겉으로는 예언을 냉소적으로 바라보고 비웃으면서도, 막상 위기와 불확실성이 커지면 예언자의 말에 귀를 기울였다. 노스트라다무스가 살던 중세까지 거슬러 올라갈 필요도 없다. 불과 몇 년 전, '인도 소년'의 예언이 전 세계를 달궜고, 2025년에는 일본의 한 만화가가 대지진을 예언했다는 이야기가 화제가 됐다. 시간이 지나고 보면 그들의 말은 철저히 무시되거나 조롱거리가 되었지만, 그 순간만큼은 많은 이들이 혹시나 하는 기대와 불안, 두려움을 동시에 품었다.

예언자가 어느 시대에나 존재하는 이유는 단순하다. 사람들은 항상 예언자를 원하기 때문이다. 농경사회에서 하늘과 계절을 읽어 주는 무당이 필요했던 이유, 전쟁과 권력 다툼이 끊이지 않던 왕국에서 점성술사가 곁에 있었던 이유도 같다. 그들은 단순히 미래를 알려 주는 존재가 아니라, 불안 속에서 선택할 수 있는 기준을 제공하는 사람이었다. 흥미로운 점은, 사람들은 예언을 믿으면서도 동시에 경계했다는 것이다. 고대 그리스인들은 델포이 신탁을 숭배하면서도 그 해석이 모호하고 변덕스럽다고 불평했다. 중세 유럽의 군주들은 점성술사를 후원했지만, 예언이 불리하게 나오면 그를 추방하거나 처형했다. 현대인도 과학과 통계를 신뢰한다고 말하면서, 주식시장 전망, 날씨 예보, 심지어 인터넷 점술 서비스까지 꾸준히 소비한다. 이는 예언을 완벽한 진리로 믿어서가 아니라, 예언이 주는 심리적 안전망을 놓지 못하기 때문이다. 결국 예언자는 시대가 만들어낸 산물이다. 불확실성이 커지고 두려움이 깊어질수록, 예언자의 자리는 더 단단해진다. 그리고 인간은 어떤 시대를 살든 '앞을 내다보는 누군가'를 곁에 두고 싶어 한다. 냉소와 신뢰는 언제나 공존했고, 바로 그 긴장 속에서 예언자는 수천 년 동안 사라지지 않았다.

인류 역사에서 예언은 오랫동안 신탁과 점성술 같은 미신의 영역에 속해 있었다. 고대 그리스의 델포이 신탁이나 중세 유럽의 점성술은 미래를 신의 뜻이나 천체의 움직임으로 해석했고, 그 속에서 예언은 경고나 징벌처럼 인간이 개입할 수 없는 힘의 표현이었다. 사람들은 그 결과를 그저 받아들이거나 피하려 애쓸 뿐, 그 원인을 통제할 수 있다고는 생각하지 않았다. 그런데 주식투자를 생각해 보면 이야기는 조금 달라진다. 투자라는 행위는 본질적으로 거래를 통해서만 성립한다. 아무리 좋은 회사와 훌륭한 종목이 있어도, 그 종목을 사고파는 거래가 없다면 시장에서 아무런 의미가 없다. 그리고 거래를 일으키는 결정적인 촉매는 다름 아닌 예측이다. 예를 들어 어떤 회사가 과거에 꾸준히 실적을 올렸고, 현재 성과도 탁월하다고 하자. 그 회사 주식을 매수한다는 결정은 결국 과거와 현재의 실적이 앞으로도 이어질 것이라는 예측이 수반되기 때문에 가능한 일이다. 즉, 예측이 없다면 거래도 없다. 그래서 주식 투자자에게 예측 능력은 어떤 기술보다도 값진 자산이자, 때로는 축복처럼 여겨진다. 이 때문에 수많은 투자자가 과거의 뛰어난 선구자와 지식인들에게 시장을 예측하는 법을 물어 왔다. 그러나 앞서 살펴본 것처럼, 그 노력은 번번이 실패로 돌아갔다.

위대한 철학자 소크라테스에게 주식시장의 예측 가능성을 묻는다면, 그는 아마 이렇게 말할 것이다. "나는 내가 모른다는 것을 알고 있다." 시장을 아는 길은 모른다는 사실을 인정하는 것에서 시작된다는 의미다.

그의 제자 플라톤에게 같은 질문을 던지면, 그는 이렇게 답할 것이다. "시장을 예측한다는 것은 세상의 필연적 질서를 보는 일이다. 그러나 인간은 결코 진리를 완벽히 알 수 없으니, 시장 예측이란 불완전한 모사에 불과하다." 플라톤의 제자 아리스토텔레스라면 조금 다르게 말할 것이다. "자연과 마찬가지로 시장에도 우연이 존재한다. 훌륭한 분석은 예측 가능성을 높일 수 있지만, 어떤 분석도 완벽한 예측을 보장하지는 않는다." 스토아 학파의 에픽테토스에게 물으면, 그는 단호하게 대답할 것이다. "주식시장은 우리가 통제할 수 없는 영역이다. 통제할 수 없는 예측에 매달리기보다, 통제할 수 있는 감정을 다스리는 것이 시장에서 살아남는 길이다." 이렇게 보면, 고대 그리스 철학자에게서 우리가 원하는 확실한 방법은 끝내 들을 수 없을 듯하다. 이번에는 기독교적 세계관을 지닌 성 아우구스티누스에게 물어보자. 그는 아마 이렇게 답할 것이다. "주식시장을 예측하는 행위는 시간을 앞서가려는 시도다. 그러나 시간은 오직 하나님 안에서만 완전하다. 인간의 예측은 한낱 추정에 불과하다." 루이 11세나 장 칼뱅에게는 굳이 묻지 않도록 하자. 그들에게 주식시장을 예측해 달라고 부탁하는 것은, 곧 신을 부정한다는 이유로 내 목을 거두어 달라는 것과 다르지 않기 때문이다. 이렇게 철학과 종교를 거쳐도, 결국 우리가 원하는 확실한 답은 나오지 않는다. 남은 선택지는 하늘의 별을 읽거나, 신탁을 받으며 투자하는 것뿐이다.

하지만 이때 한 줄기 희망이 보였다. 프랜시스 베이컨과 데카르트가 세상의 모든 움직임을 수학으로 계산할 수 있다고 주장했고, 결국 뉴턴이 이를 실제로 풀어냈기 때문이다. 그는 하늘에 떠 있는 행성의 움직임마저 정밀하게 계산해 냈다. 행성의 궤도까지 계산할 수 있는데, 주식시장의 흐름을 계산하지 못할 이유가 있을까? 기계론적 세계관의 후계자인 라플라스에게 시장 예측 가능성을 묻는다면, 그는 주저 없이 이렇게 말할 것이다. "우리가 시장 예측에 실패하는 이유는 단 하나, 정보가 부족하기 때문이다. 만약 모든 정보를 알 수만 있다면 주식시장의 움직임을 완벽하게 예측할 수 있다." 여기에 기계론적 세계관을 계승한 또 다른 인물, 앙리 푸앵카레가 등장한다. 그는 실제로 행성의 움직임을 완벽히 계산해 내는 데 성공하며, 마치 그동안의 수고가 결실을 맺은 듯 보였다. 이제 남은 일은 모든 정보를 손에 넣고, 예측을 통해 돈을 쓸어 담는 것뿐이었다. 정말 고생 끝, 행복 시작처럼 보였다. 그러나 푸앵카레는 곧 자신의 계산에 치명적인 허점이 있음을 발견한다. 이를 보완하는 과정에서 그는 '카오스 이론'에 도달했다. 그의 이론에 따르면, 아주 미세한 감정의 변화나 선택이 예측을 완전히 뒤집는 결과를 만든다. 결국 변수로 가득한 시장을 완벽하게 예측한다는 것은, 행성의 움직임을 계산하는 것보다 훨씬 불가능한 일이었다. 하지만 인간이 불확실성을 통제할 수 있다는 희망이 너무 강했던 탓일까? 사람들은 푸앵카레가 카오스 이론을 발표하고 나서도 기계론적 세계관에서 벗어나지 못했다. 그 세계관은 이미 경제, 철학, 정치, 과학, 사회, 교육 등 거의 모든 영역으로 깊이 뿌리내리고 있었다. 정보만 충분히 주어진다면, 우리의 미래와 운명조차 계산해 낼 수 있다고 믿었다. 주식시장 역시 예외가 아니었다. 예측이 번번이 빗나가고, 변수가 통제 불가능하다는 사실을 확인하면서도 우리는 여전히 미래를 내다보고자 애쓰며, 예측에 매달린다. 어쩌면 예측은 실현 가능성보다 희망 그 자체가 인간을 붙잡고 놓아주지 않는 것인지도 모른다.

전문가의 예측

확실한 지식을 얻기를 원하며 지식 없이는 살 수 없다고 생각하는 부류의 사람들이 제언에 대한 위험한 욕구를 가진 사람들이다. 확신 없이, 확실성 없이, 혹은 권위나 리더 없이 살아갈 용기가 없는 사람들이다. 어쩌면 아직 유년기에서 벗어나지 못한 사람들이라 할 수 있다. 지식은 공허한 단어이다. 과학은 진리를 향한 탐구다. 그러나 진리는 확실한 진리가 아니다.

-칼 포퍼-

당연하게도 대부분의 사람들은 투자에서 수익을 내려면 뛰어난 예측 능력이 필요하다고 믿는다. 미래를 얼마나 정확히 맞추느냐가 곧 투자의 성패를 가른다고 여긴다. 나 역시 처음에는 그렇게 생각했고, 그런 능력을 갖고 싶어 했다. 물론 예언자처럼 미래를 꿰뚫어 보는 능력은 불가능하니, 그보다는 정확한 분석과 데이터 해석을 통해 예측의 정밀도를 높이고자 했다. 나는 애초에 주식투자를 직업으로 삼을 생각으로 접근했기에, 일정하고 지속 가능한 수입이 절대적으로 필요했다. 안정적인 수익구조를 만들 수 있다면 전업 투자자로 전환하겠다는 계획이 있었기에, 시장에 접근하는 태도부터 일반적인 개인 투자자와는 달랐다. 예를 들어 많은 개인 투자자가 오를 만한 종목을 사서 단기 차익을 얻고 매도하는 전략을 선호했다면, 나는 상승이든 하락이든 심지어 시장이 움직이지 않는 구간에서도 꾸준히 수익을 낼 수 있는 구조를 찾고자 했다. 그러나 투자를 오래 해 본 사람이라면 누구나 알겠지만 시장에서 한 번 크게 수익을 내는 것보다 더 어려운 일이 바로 지속적으로 수익을 내는 일이다. 지금의 나는 투자시장에서 장기적으로 안정적인 수익을 유지하는 것이 거의 불가능에 가깝다고 본다. 세계 최고의 투자자라 불리는 워렌 버핏조차도 수익률의 고저를 피해 가지 못했다. 물론 배당주 투자를 통해 안정적인 현금 흐름을 기대하는 방법도 있지만, 그것조차 시장이라는 불확실성 앞에서는 영원한 안전망이 될 수 없다. 더구나 시드머니가 부족했던 내게는 현실적인 대안이 아니었다.

그 시절 나는 나만의 투자 원칙을 세우고, 관련 자료들을 모아 둔 폴더에 우주의 비밀이라는 유치한 이름을 붙였다. 그때는 단순한 장난 섞인 작명이었지만, 훗날 우주의 움직임을 연구하다 예측이 본질적으로 불가능하다는 사실을 수학적으로 증명한 푸앵카레의 사례를 접하면서, 그 이름이 묘하게 실패의 복선이었나 하는 생각이 들었다. 나는 안정적인 수익을 위해 예측력을 높이겠다는 목표 아래 각종 분석 기법을 만들고 다듬었지만, 이상하게도 그럴수록 더 깊은 수렁에 빠져드는 기분이었다. 하나의 문제를 풀면 다른 문제가 나타났고, 부족한 부분을 보완할수록 구조는 더 복잡해졌다. 그렇게 끝없는 미로를 헤매다 결국 모든 것을 멈추고, 완전히 처음부터 다시 생각하기로 했다. "과연 주식시장에서 예측이라는 행위가 본질적으로 가능한가?" 그리고 "더 많이 알고, 더 똑똑한 사람들은 과연 예측에서 더 나은 성과를 보일까?" 이 두 질문에 대한 답을 먼저 찾기로 했다.

1929년 미국의 저명한 경제학자이자 투자자였던 예일대 교수 어빙 피셔*는 1929년 10월 언론 인터뷰에서 이렇게 말했다. "주가는 영구적으로 높은 고원에 도달했다. 이제부터 큰 폭의 하락은 없을 것이다." 그러나 1929년 10월 24일과 29일, 주가는 폭락했고 미국 경제는 대공황에 빠졌다. 피셔는 이 하락을 일시적인 조정으로 판단해 전 재산을 주식에 투자했고, 결국 거의 모든 것을 잃었다. 집마저 팔아야 했지만, 예일대의 배려로 그는 그 집에서 계속 머무르며 연구를 이어갈 수 있었다. 학문적 성취, 투자 성공, 대중적 명성까지 누렸던 그는 확신에 찬 예측이 틀리면서 명성과 재산을 동시에 잃었다. 이후 연구에 전념하며 학자로서는 재평가받았지만, 잃어버린 많은 것들은 끝내 되돌리지 못했다. 똑똑한 그가 왜 실패했을까? 과도한 낙관, 부채 수준에 대한 과소평가, 경제학 모델의 구조적 한계 등 다양한 이유가 거론되지만, 결국 이 모든 것은 사후적 해석일 뿐이다. 본질적으로 예측이 불가능한 영역을 예측하려 했고, 자신이 만든 모델을 지나치게 신뢰한 것은 아니었을까? 당시 과도하게 낙관적인 전망을 내놓은 전문가는 피셔만이 아니었다. 하버드 경제학회는 불황은 오지 않을 것이라며 낙관적 보고서를 냈고, 주가 폭락 후에도 단기 조정에 불과하다고 진단했다. 정치가이자 재정가였던 버나드 배러치**는 아메리칸 매거진과의 인터뷰에서 "세계경제가 대호황의 초입에 들어선 것 같다"고 말했고, 프린스턴 대학교의 로렌스 교수는 "양호한 평가를 받는

---

* 어빙 피셔(Irving Fisher, 1867~1947)는 미국의 경제학자이자 통계학자로, 현대 금융이론과 화폐이론의 기초를 세운 인물이다. 그는 '현가(현재가치) 이론', 'Fisher 방정식(명목이자율 = 실질이자율 + 기대인플레이션)' 등을 정립했다.
** 버나드 배러치(Bernard Baruch, 1870~1965)는 미국의 금융가이자 정치 자문가로, 제1차 세계대전 당시 전시산업관리위원회(WIB) 위원장을 맡아 미국의 전시 경제를 총괄했다. 이후에도 루스벨트와 트루먼 대통령의 경제·국방 정책 자문으로 활동했으며, 금융시장에서도 큰 성공을 거둔 대표적 전략적 투자자였다.

증권거래소에서 통용되는 수백만의 일치된 판단은 현재 주가가 과대평가되지는 않았다는 것이다"고 말했다. [48]

심리학자이자 정치학자인 필립 테틀록* 교수는 스스로를 낙관적 회의주의자라 부르며, 인간이 노력한다면 더 나은 예측을 할 수 있다고 주장했다. 그러나 아이러니하게도 그의 연구는 전문가들의 예측력이 얼마나 형편없는지를 세상에 드러내는 계기가 되었다. 그는 경제, 정치, 전쟁 등 다양한 분야의 전문가들에게 미래를 예측하게 하고, 이 작업을 무려 20년간 이어 갔다. 결과는 충격적이었다. 전문가들의 예측은 무작위 추측과 큰 차이가 없었고, 심지어 학문적 성취가 높을수록 예측의 정확도는 떨어지고 확신만 더 강해졌다. 그는 "전문가의 예측력은 다트를 던지는 원숭이와 다르지 않다"고 말했고, 이 발언은 큰 논란을 불러일으켰다. 신문과 방송에서 전문가들이 자주 등장하는 이유는 그들의 예측이 정확해서가 아니라, 확신을 가지고 말하는 기술 덕분이라는 것이다. [49]

비슷한 관점을 제시한 사람은 모건 하우절이다. 그는 "전문가가 아무것도 하지 말라고 조언하면 고객은 그를 쓸모없는 사람으로 여기기에, 그들은 늘 무언가를 해야 한다는, 때로는 해롭기까지 한 복잡한 조언을 내놓는다"고 말한다. 영국 경제학자 윌리엄 니콜라스 허턴은 경제학자들을 폭풍우의 원리조차 모르는 기상예보관에 비유했고, 앨프리드 콜스는 주식 분석 리포트를 바탕으로 투자했을 때의 성과를 연구했는데, 그 결과

---

* 필립 테틀록(Philip E. Tetlock, 1954~)은 미국의 심리학자이자 정치학자로, 전문가들의 예측 능력을 20년에 걸쳐 분석한 연구로 유명하다. 그는 《전문가 정치 판단의 한계》(2005)에서, 전문가들의 예측이 무작위 추정보다 나을 것이 없다는 사실을 실증적으로 보여 주었고, 이후 《슈퍼 예측》(Superforecasting, 2015)을 통해 어떤 조건에서 인간이 더 나은 예측을 할 수 있는지를 제시했다.

역시 무작위 추측과 큰 차이를 보이지 않았다. 물론 전문가의 예측 실패는 주식이나 경제에만 국한되지 않는다. 지구물리학자 로버트 겔러는 지진 예측을 둘러싼 학계의 오랜 시도에 대해 이렇게 말했다. "지진을 예보하려는 노력은 100년이나 계속되었지만, 여전히 이렇다 할 발전이 없다. 돌파구를 열었다는 주장들도 조사 과정에서 모두 허점이 드러났다. 방대한 연구 속에서도 신뢰할 만한 전조 현상은 발견되지 않았고, 대지진의 긴박한 상황을 사전에 경보하는 일은 현실적으로 불가능해 보인다." 실제로 지진 예측과 관련된 사례는 수없이 많다. 1970년대 후반 도카이 대지진이 임박했다고 경고한 일본의 과학자들, 1981년과 1982년 페루 해안에 대지진이 발생할 것이라 예측한 미국 광산관리소의 브라이언 브래디, 1995년 캘리포니아 중부에 대지진이 일어날 것이라 경고한 서던 캘리포니아대 지질학과장, 그리고 1982년, 태양계 행성들이 정렬하면서 로스앤젤레스에 대지진이 발생할 것이라고 주장한 두 천체물리학자에 이르기까지, 수많은 예측이 있었지만 단 하나도 정확히 맞지 않았다. 오히려 대부분은 공포와 혼란만 초래했다.[50] 미국 지질조사소 소속의 지질학자인 수전 휴 박사는 다음과 같이 말했다. "사람들이 지진과 관련된 어떤 발견을 들고서 나타납니다. 이 사람들은 드디어 지진을 예측할 방법을 찾았다고 좋아합니다. 한 10년쯤 지나죠? 그 방법론이 엉터리였다는 게 드러납니다. 10년 뒤에 또 새로운 방법론이 등장하고, 다시 10년이 지나면 엉터리로 밝혀집니다. 이러는 동안에 세월은 다 갑니다. 있지도 않은 성배를 쫓는 일이 허망할 뿐이란 건 이제 진지한 과학자들이라면 누구나 다 압니다."[51]

기상학계는 이보다 더 복잡한 상황에 처해 있다. 전 세계 기상청은 슈퍼컴퓨터를 동원해 날씨를 예측하고 있지만, 날씨는 본질적으로 카오스적 특성을 지닌다. 에드워드 로렌츠*가 말한 "브라질에서 나비 한 마리의 날갯짓이 텍사스에서 토네이도를 일으킬 수 있다"는 비유는 이런 특성을 상징적으로 보여 준다. 날씨는 초기 조건에 민감하게 반응하며, 아주 미세한 변화가 거대한 결과로 이어질 수 있기 때문이다. 그나마 기상학계는 이 한계를 인정하고, 확률 기반의 예보로 접근하고 있다. 기상청은 절대적인 단정 대신, '80%의 확률로 비가 올 것이다'처럼 확률적 표현을 사용한다. 그리고 대중 역시 그것이 언제든 빗나갈 수 있음을 알고 있다. 기상학자는 감히 "한 달 뒤 특정 지역에 반드시 폭풍우가 몰아칠 것"이라고 확언하지 않는다. 이는 예측의 불완전함을 직시하고, 그 한계 안에서 신중하게 정보를 제공하려는 태도다.

과학자들은 오랫동안 지식이 축적될수록 세상의 작동 원리를 더 정밀하게 파악할 수 있고, 그만큼 미래를 예측할 가능성도 높아진다고 믿어 왔다. 과학의 선구자들에게 우주는 원리만 알면 설명할 수 있고, 그 설명이 가능하다면 예측도 가능하다는 전제가 깔려 있었다. 뉴턴과 아인슈타인 역시 이런 확신 속에서 우주의 움직임을 수학적으로 계산하려 했고, 그들이 남긴 방정식과 이론은 지금까지도 현대 과학의 기둥 역할을 하고 있다. 예측은 인간의 본능이며, 스스로의 의지만으로 이를 거부하기란 불가능에 가깝다. 그러나 정작 위험한 것은 우리의 예측이 아니라, 타인의 예측을 아무 의심 없이 받아들이는 태도다. 특히 그 예측의 주체가

---

* 에드워드 로렌츠(Edward Lorenz, 1917~2008)는 미국의 기상학자이자 수학자로, 1961년 기후 예측 모델을 연구하던 중 초기 조건의 미세한 차이가 예측 결과에 큰 영향을 미친다는 사실을 발견했다. 그는 이를 바탕으로 **카오스 이론(chaos theory)**을 정립하고, "나비효과"라는 개념을 대중화시켰다.

전문가일 때 우리는 훨씬 자연스럽게 순응하게 된다. 순응 역시 인간 본성의 일부다. 집단생활을 하는 동물에게서 우두머리의 자리는 늘 도전을 받고, 언젠가는 빼앗기며, 그 결과 집단에서 밀려난 개체는 생존 가능성이 급격히 낮아진다. 인간도 마찬가지다. 사회적 동물인 우리에게 집단에서 쫓겨난다는 것은 곧 생존의 위협이다. "나는 친구도 없고, 가족도 없으며 혼자 살아간다"고 말하는 사람이 있어도, 그들이 진정한 의미에서 혼자인 경우는 거의 없다. 여전히 전기와 수도, 식료품, 의약품, 심지어 인터넷까지 사회의 시스템 안에서 공급받으며 살아간다. 다른 사람이 재배한 곡식을 먹고, 누군가가 만든 옷과 집에서 살며, 우리가 아는 지식과 생각 대부분은 다른 사람의 손을 거쳐 전해진 것이다. 뇌가 느끼는 '집단에서의 격리'란 이런 상태를 말하지 않는다. 그것은 사회적 안전망이 완전히 사라지고, 먹고 마시는 기본적인 생존 활동조차 스스로 해결해야 하는 상황이다. 말하자면 무인도에 홀로 떨어진 상태다. 우리는 톰 행크스가 연기한 척 놀랜드*가 아니다 실제로 무인도에 고립되면 대부분의 사람은 며칠 안에 목숨을 잃는다. 인간의 뇌는 이런 상황을 회피하기 위해, 그리고 생존 확률을 높이기 위해, 집단에 순응하는 방향으로 진화해 왔다.

 문제는 이 순응 편향이 권위 편향과 결합할 때 그 영향력이 훨씬 더 강력해진다는 점이다. 권위 편향이란 '더 많이 알고 있을 것 같은 사람'의 말일수록 신뢰하는 경향을 말한다. 이 경향은 인류의 지식사와 깊이 맞물려 있다. 니콜라스 게오르게스쿠-뢰겐은 "지식은 환경에 대한 지배력을 제

---

* 척 놀랜드는 영화 《캐스트 어웨이》(2000)의 주인공으로, 비행기 사고로 무인도에 고립된 뒤 생존과 자아를 찾아가는 페덱스 직원이다. 그는 외부 세계와 단절된 상황 속에서 현대인의 시간 중심적 삶을 성찰하며, 고립 속 인간성 회복을 상징하는 인물로 묘사된다.

공하며, 지식을 가진 자의 삶은 더 편안했다"고 말했다. 인류는 또한 "다른 사람의 경험을 배우는 편이 직접 시행착오를 거쳐 지식을 얻는 것보다 훨씬 경제적"이라는 사실을 깨달았다. 이것이 바로 지식의 축적과 전승이 시작된 근본 이유다. 초기에는 구전으로 지식이 전달되었겠지만, 정보가 많아질수록 말로만 전하는 데는 한계가 있었고, 기억력이 뛰어난 사람이 집단의 지식을 외워서 전하는 역할을 맡게 되었다. 그렇게 탄생한 인물이 '지식인'이었다. 지식은 곧 권력이 되었고, 지식인은 자연스럽게 권위자가 되었다. 이 과정을 이해하면, 왜 인간이 전문가의 말에 쉽게 순응하고 권위에 굴복하는지를 설명할 수 있다. 그것은 생존과 직결된, 진화적으로 각인된 반응이기 때문이다. 찰스 더들리 워너의 말처럼 "우리는 순응으로 인해 반쯤 망가지지만, 순응하지 않는다면 완전히 망가지고 만다."

현대 사회의 미디어는 이런 인간의 심리를 누구보다 잘 이해하고 활용한다. 권위 편향을 자극하는 뉴스 헤드라인은 이렇게 쏟아진다.

"하버드대 교수 '이제는 부동산이 답이다'"
"노벨경제학상 수상자, 비트코인에 투자한 이유는?"
"前 인텔 부회장 '반도체, 아직 끝나지 않았다'"
"WHO 경고: 이번 여름, 치명적 바이러스 확산 가능성"
"美 국방부 보고서 '2030년까지 중국이 세계 군사 1위 될 것'"
"10명 중 9명의 전문가가 경고한 경제위기 시나리오"
"의사들이 뽑은 가장 위험한 식습관은 이것"

무심코 넘겼을지도 모를 이런 제목들은, 사실 우리의 뇌가 권위에 주목하도록 설계된 장치를 건드린다. 권위의 활용은 뉴스에만 국한되지 않는다.

"피부과 전문의 10명 중 9명이 추천한 선크림"

"치과의사들이 선택한 잇몸약"
"의학저널에 등재된 유산균 제품"
"옥스퍼드대 연구팀이 밝힌 뇌 활성화 성분 함유"
"서울대 공동연구진 개발!"
"미국 FDA 인증 완료!"
"한국영양학회 인증 건강기능식품"

이런 장치는 인간의 편향을 역이용하는 마케팅 전략 그 자체다. 나 역시 이 책을 쓰면서 수많은 책과 인물의 말을 인용했다. 그리고 그 인용구를 소개할 때면, 그 인물이 가진 명성이나 권위도 함께 언급한다. '하버드 교수', '저명한 경제학자', '위대한 투자자' 같은 수식어는 단순한 정보가 아니라, 인용의 신뢰도를 높이는 장치다. 같은 말이라도 권위를 입히면 독자의 수용도는 달라진다. 평범한 문장이었을 때는 무심코 넘겼을지도 모를 내용이, 권위가 더해지는 순간 주목과 설득력을 동시에 얻게 된다. 이는 글쓰기 기술의 문제가 아니라, 인간의 뇌가 집단과 권위에 의존하도록 진화한 본성 때문이다. 그러나 우리는 지금, 이 편향을 인식할 수 있는 시대에 살고 있다. 의식하지 않으면 속지만, 의식하면 피할 수 있다. 이것이 내가 말하는 '인지적 자유'의 출발점이다. 아인슈타인은 어떤 비평가의 생일날 다음과 같은 축전을 보냈다. "자신의 눈으로 직접 보는 것, 당대의 유행에 휩쓸리지 않고 스스로 느끼고 판단하는 것, 보고 느낀 바를 간결한 문장이나 묘한 하나의 단어로 표현해 내는 것, 영광스럽지 않은가? 축하할 만한 일 아니겠는가?"[52]

내 눈으로 시장을 바라보고 시장 움직임에 휩쓸리지 않는 투자자가 되는 것이 나의 최종 목표이자 방향성이다.

멈출 수 없는 예측

지식을 가진 사람은 예언하지 않는다. 예언하는 사람은 지식인이 아니다.

-노자-

이런 현실은 내게 절망과 안도라는 두 가지 감정을 동시에 안겨 줬다. 절망은, 아무리 공부를 많이 하고 정보를 분석해도 예측의 정확도가 극적으로 높아지지 않는다는 사실에서 왔다. 반대로 안도는, 그들처럼 모든 자원을 동원하지 않더라도, 예측의 정확도에서 본질적인 차이는 없다는 점에서 생겼다. 결국 전문가들의 시장 예측은 뉴턴이 말한 거인의 어깨 위에서 내려다보는 것이 아니었다. 그렇다면 왜 그들은 여전히 예측을 계속할까? 첫 번째 이유는 간단하다. 그것이 그들의 직업이기 때문이다. 전문가들은 예측을 함으로써 돈을 번다. 인간은 예측기계이기 때문에 누구라도 금융, 경제, 주식시장에 참여하고 있다면 각자의 예측을 품고 있다. 우리가 접하는 대부분의 예측은 금융권 종사자, 혹은 이름이 알려진 사람들의 것이다. 당연한 일이다. 인간의 뇌는 모든 정보를 수집하고 저장할 수 없기 때문에 필터링을 거치고, 그 결과 더 자주 노출되는 사람들의 목소리가 더 많은 영향을 끼친다. 이들은 수식어가 화려하고, 권위가 덧씌워지기에 쉽게 노출된다. 그리고 더 많이 노출되는 사람일수록 더 많은 돈을 벌 수 있는 구조다. 문제는 바로 여기서 시작된다. 더 많이 노출되는 것이 곧 더 나은 예측을 의미하지 않는데도, 우리는 그들의 말에 더 많은 가치를 부여한다. 이는 인센티브가 개입된 세계의 본질적 비효율이다. 잘 맞추는 것보다 더 많이 노출되는 편이 인센티브에 유리하기 때문이다.

찰리 멍거는 인센티브 유발 편향에 누구보다도 경계심이 강한 인물이다. 그는 인센티브와 보상이 개입된 판단은 신뢰할 수 없다고 말하며, 특히 직업적 판단일수록 그 위험이 크다고 봤다.[53] 나심 탈레브도 같은 맥락에서 책임지지 않는 자의 말은 아예 듣지 말라고 말한다. 그들은 자신이 만든 체제가 무너질 때까지도 예측을 멈추지 않을 것이며, 그들의 해법은 점점 더 복잡해질 것이라고 경고한다.[54] 요컨대, 예측이라는 행위는 인간의 욕망, 시스템의 보상 구조, 책임 회피가 얽힌 복합적 메커니즘이다. 그리고 그 대가는 예측한 사람이 아니라, 예측을 들은 우리가 치른다.

물론 전문가의 예측이 자주 틀린다고 해서 그것이 완전히 무의미하다고 보진 않는다. 그들의 예측은 시장에서 일종의 기준점 역할을 하며, 투자자들에게 가이던스를 제공한다. 만약 아무런 기준점도 없이 시장이 열린다면 매매 자체가 성립되기 어려울 것이다. 그런 점에서 전문가의 예측은 참고할 수 있는 정보로 기능한다. 다만 나는 특별한 경우가 아니면 그들의 가이던스를 의도적으로 참고하지 않는다. 나 역시 사람이기에, 한번 기준점을 제시받으면 그것이 머릿속에 남아 무의식적으로 기준점 편향에 빠지기 때문이다. 그래서 나는 세이렌의 유혹을 피해 항해한 오디세우스처럼*, 특별한 상황이 아니라면 의도적으로 귀를 막고 눈을 감는

---

* 그리스 서사시 《오디세이아》에서 세이렌은 아름다운 노랫소리로 뱃사람들을 유혹해 난파시키는 존재로 등장한다. 오디세우스는 이 유혹을 피하기 위해 선원들의 귀를 밀랍으로 막게 하고, 자신은 배의 돛대에 몸을 묶어 두었다. 그는 세이렌의 노래를 들을 수 있었지만 배에서 벗어나지 못해 무사히 지나갈 수 있었고, 이는 흔히 '유혹을 이겨 내는 자기 통제'의 상징으로 해석된다.

다. 그럼에도 기준점의 영향에서 완전히 벗어날 수는 없다. 전문가의 의견이든, 스쳐 지나가는 타인의 한마디든, 지금 이 순간의 주가든, 어떤 형태로든 우리는 이미 그 영향권 안에 들어간다.

그래서 나는 이 편향을 줄이기 위해 아주 단순하지만 효과적인 방법을 쓴다. 영향을 받은 것 같다는 느낌이 들면, 그 즉시 그 순간의 감정을 글로 기록하는 것이다. 내가 어떤 감정 상태에 있는지, 어떤 뉴스나 정보에 반응하고 있는지를 구체적으로 적는다. 이 방법은 투자뿐 아니라 삶 전반에도 쓸 수 있다. 예를 들어 누군가 "요즘 경제가 너무 어렵다"고 말하면, 나는 그 말에 곧바로 동의하지 않고, 누가 어떤 맥락에서 그 말을 했으며 나에게 어떤 심리적 반응을 일으켰는지를 적어 둔다. 그리고 반드시 데이터를 확인한다. 그 말이 사실인지 검증하지 않으면 '경제가 어렵다'는 인식이 뇌 속에 자리 잡아 이후 의사결정에 영향을 미칠 수 있기 때문이다. 그렇게 되면 매수나 매도 시점에 무의식적으로 그 인식이 개입한다. 이런 이유로 나는 경제신문은 읽지만, 일반 신문이나 뉴스는 거의 보지 않는다. 경제 뉴스는 내용이 어떻게 쓰였든 스스로 판단할 내성이 있지만, 사회, 정치, 문화 뉴스에서는 그 방어막이 약해져 기사 자체에 쉽게 휘둘리기 때문이다. 그 뉴스가 예측이든, 사실이든, 단순한 해석이든 상관없이 말이다.

두 번째 이유는 우리가 예측을 원하기 때문이다. 예측은 인간이 가진 가장 오래된 욕망이다. 아마도 세상에서 가장 오래된 직업 가운데 하나는 예언자일 것이다. 고대부터 현대까지 어느 시대, 어느 문화권에서도 예언자가 존재했다는 사실은 곧, 예언자를 필요로 하는 사람들이 끊임없이 존재해 왔다는 의미다. 1950년대 미국에서 활동한 짐 존스는 자신을 예언자이자 메시아라고 주장하며, 남아메리카 가이아나의 정글 속에 '존스타운'이라는 정착지를 세우고 수백 명의 신도들을 이끌었다. 그는 이탈을 막기 위해 구타와 감금을 일삼았고, 미국 하원의원 레오 라이언이 현장을 방문해 신도들을 구출하려 하자 무장 세력을 동원해 의원을 포함한 다섯 명을 살해했다. 그리고 1978년 11월, 그는 신도들에게 집단 자살을 명령했고, 909명이 목숨을 잃었다. 비슷한 참사는 1993년에도 벌어졌다. 데이비드 코레시는 자신을 예언자이자 신의 사자라 칭하며, 텍사스 주 웨이코에서 연방경찰과 51일간 대치했다. 결국 화재가 발생해 교단 신도 82명이 사망했다. 이런 일들은 단지 먼 과거의 이야기가 아니다. 예언자는 오늘날에도 여전히 사람들의 신뢰를 얻고 있으며, 지금 이 순간에도 세계 곳곳에서 활동하고 있다. 예언자가 사라지지 않는 이유는 단순하다. 사람들이 그들을 원하기 때문이다. 예언에 대한 욕망은 종교나 종파에만 국한되지 않는다. 예언자를 비판하거나 회의적으로 보는 사람조차도, 정작 금융, 주식, 경제 분야에서는 각종 예측치를 필요 이상으로 신뢰하고 따른다. 특히 주식 시장에서는 더 많은 예측이 쏟아지고, 그것을 맹신하는 사람도 적지 않다. 예측은 단순한 정보가 아니다. 그것은 불안을 잠재워 주는 심리적 안식처이자, 미래의 불확실성 앞에서 인간이 붙잡을 수 있는 버팀목처럼 작용한다.

미주

1. 닥치는 대로 끌리는 대로 오직 재미있게 이동진 독서법, 이동진, 위즈덤하우스, 2022-05-31, 나만의 서재, 나만의 전당 중
2. 블랙스완, 나심 니콜라스 탈레브, 차익종 역, 동녘사이언스, 2008-10-24, 움베르트 에코의 반서재 중
3. 사랑을 위한 과학, 토머스 루이스, 패리 애미니, 리처드 래넌, 김한역 역, 사이언스북스, 2001-04-17
4. 프랑스 혁명에서 파리 코뮌까지, 1789~1871, 노명식, 책과함께, 2011-06-30
5. 진리와 방법1, 한스 게오르크 가다머, 이길우, 이선관, 임호일, 한동원 역, 문학동네, 2012-10-31
6. 빈 서판, 스티븐 핑커, 김한영 역, 사이언스북스, 2004-02-16, 공식이론 중
7. 왜 다윈이 중요한가, 마이클 셔머, 류운 역, 바다출판사, 2021-08-23, 14p
8. 편견, 고든 올포트, 석이용 역, 교양인, 2020-05-11, 45p
9. 다정한 것이 살아 남는다, 브라이언 헤어, 버네사 우즈, 이민아 역, 박한선 감수, 디플롯, 2021-07-26, 서론 중
10. 자유로부터의 도피, 에리히 프롬, 김석희 역, 휴머니스트, 2020-09-07
11. 군중심리, 귀스타브 르 봉, 강주헌 역, 현대지성, 2021-10-08
12. 경험의 멸종, 크리스틴 로젠, 이영래 역, 어크로스, 2025-05-20, 26p
13. 경험의 멸종, 크리스틴 로젠, 이영래 역, 어크로스, 2025-05-20, 18p
14. 분노설계자들, 터바이어스 로즈-스톡웰, 홍선영 역, 시공사, 2024-07-25, 56~64p
15. 인스타브레인, 안데르스 한센, 김아영 역, 동양북스, 2020-05-15, 6장
16. 열린사회와 그 적들, 칼 포퍼, 이한구 역, 민음사, 2006-04-30
17. 휴먼 네트워크, 매슈 O. 잭슨, 박선진 역, 바다출판사, 2021-02-26, 41p
18. https://www.kcc.go.kr/user.do?mode=view&page=A02060100&dc=K02060100&boardId=1027&boardSeq=65111 방송통신 위원회
19. 대중의 반역, 오르테가 이 가세트, 황보영조 역, 역사비평사, 2005-05-20, 54~56p

20	쇼펜하우어 인생론, 아르투어 쇼펜하우어, 박현석 역, 나래북.예림북, 2010-12-30, 인간을 이루는 세 가지 기본 규정 중
21	결핍은 우리를 어떻게 변화시키는가, 센딜 멀레이너선, 엘다 샤퍼, 이경식 역, 빌리버튼, 2025-03-27, 정신에 부과되는 세금 중
22	대중의 반역, 오르테가 이 가세트, 황보영조 역, 역사비평사, 2005-05-20, 3장 시대의 높이 중
23	감시와 처벌, 미셸 푸코, 오생근 역, 나남출판, 2부 처벌 중
24	원칙, 레이 달리오, 고영태 역, 한빛비즈, 2018-06-05, 5 최고의 선물 중
25	원칙의 배신, 롭 코플랜드, 임경은 역, 상상스퀘어, 2025-06-18, PART 3 중
26	12가지 인생의 법칙, 조던 B. 피터슨, 강주헌 역, 메이븐, 2018-10-30, 법칙1 중
27	바람의 열두 방향, 어슐러 K. 르 귄, 최용준 역, 시공사, 2014-12-05, 452~465p
28	크리슈나무르티, 교육을 말하다, 지두 크리슈나무르티, 캐서린 한 역, 한국NVC 출판사, 2016-07-11, 18~21P
29	나, 연필, 레너드E. 리드, 자유기업원, 2023-02-02
30	자기로부터의 혁명 1권, 지두 크리슈나무르티, 권동수 역, 범우사, 1992-10-10, 31p
31	모든 것은 영원했다, 사라지기 전까지는, 알렉세이 유르착, 김수환 역, 문학과지성사, 2019-09-30, 39P
32	대중의 반역. 오르테가 이 가세트, 황보영조 역, 역사비평사, 2005-05-20, 96p
33	집단학살 일기, 아테프 아부 사이프, 백소하 역, 두번째테제, 2024-06-18
34	지적 사기, 앨런 소칼, 장 브리크몽, 이희재 역, 민음사, 2000-01-25
35	행운에 속지 마라, 나심 니콜라스 탈레브, 이건 역, 신진오 감수, 중앙북스, 2016-12-05, 4부 운, 허튼소리, 과학적 지성 중
36	프랑스 혁명에서 파리 코뮌까지, 노명식, 책과함께, 2011-06-30, 77p
37	군중심리, 귀스타브 르 봉, 강주헌 역, 현대지성, 2021-10-08
38	회의주의자 사전, 로버트 토드 캐롤, 한기찬 역, 잎파랑이, 2007-06-03, 183p
39	군중의 망상, 윌리엄 번스타인, 노유기 역, 포레스트북스, 2023-01-25, 146p
40	엔프로피, 제레미 리프킨, 이창희 역, 세종연구원 2015-04-01, 20P
41	가르시아 장군에게 보내는 편지, 엘버트 허버드, 박순규 역, 새로운 제안, 2004-03-30
42	과학혁명의 구조, 토마스 쿤, 김명자, 홍성욱 역, 까치, 2013-09-10 서문
43	우발과 패턴, 마크 뷰캐넌, 김희봉 역, 시공사, 2014-08-20, 1장 제일 원인
44	엔프로피, 제레미 리프킨, 이창희 역, 세종연구원 2015-04-01, 38P~40P

45	새로운 아틀란티스, 프랜시스 베이컨, 김종갑 역, 에코리브르, 2002-01-24
46	지식의 기초, 데이비드 니런버그, 리카도 L. 니런버그, 이승희 역, 아르테, 2023-07-28, 5장 192P
47	평행우주, 미치오 카쿠, 박병철 역, 김영사, 2006-03-09, 53~56P
48	대폭락 1929, 존 케네스 갤브레이스, 이헌대 역, 일리, 2008-01-07, 4장 환상의 소멸
49	슈퍼예측, 필립 E. 테틀록, 댄 가드너, 이경남 역, 알키, 2017-06-23, 1장 낙관적 회의론자
50	우발과 패턴, 마크 뷰캐넌, 김희봉 역, 시공사 2014-08-20, 2장 지진
51	신호와 소음, 네이트 실버, 이경식 역, 더퀘스트, 2021-01-05, 278p
52	나는 세상을 어떻게 보는가, 알베르트 아인슈타인, 강승희 역, 호메로스, 2024-02-20, 어느 비평가에게 보내는 축하
53	가난한 찰리의 연감, 찰리 멍거, 김태훈 역, 김영사, 2024-11-08, 3강 종목을 선정하는 철학과 기술
54	스킨 인 더 게임, 나심 니콜라스 탈레브, 김원호 역, 비즈니스북스, 2019-04-29, 서론2 행동과 책임의 균형